EXAMPRESS®

第 **5** 版

福祉
教科書®

# 社会
# 福祉士
出る！
出る！　一問一答

社会福祉士
試験対策研究会　著

SE

SHOEISHA

# 本書の使い方

　本書は、社会福祉士国家試験の試験対策書です。過去問題16年分（第20回〜第35回）から重要な内容かつ今後も出そうなところを集めて構成しています。本書はコンパクトなサイズですので、いつも持ち歩いていただくことができます。ちょっとした時間に本書を開いて、問題文に慣れたり、問われるところを確認したりなど、さまざまな方法でお使いください。

**■ 要点チェックポイント**
各科目の頭に、「要点チェックポイント」があります。頻出の内容をここにまとめています。

## 17 児童や家庭に対する支援と児童・家庭福祉制度

### 出る！出る！
# 要点チェックポイント

#### ポイント① 児童や少年などの定義

| 根拠法 | 区分 | 定義 |
|---|---|---|
| 児童福祉法 | 児童 | 満18歳に満たない者 |
| | 乳児 | 満1歳に満たない者 |
| | 幼児 | 満1歳から、小学校就学の始期に達 |
| | 少年 | 小学校就学の始期から、満18歳に達 |
| 母子保健法 | 妊産婦 | 妊娠中又は出産後1年以内の女子 |
| | 乳児 | 1歳に満たない者 |
| | 幼児 | 満1歳から小学校就学の始期に達す |
| | 保護者 | 親権を行う者、未成年後見人その他…は幼児を現に監護する者 |
| | 新生児 | 出生後28日を経過しない乳児 |

**■ 覚えておくべき数字**
本書は試験に受かることのみに主眼を置いています。覚えておくべき数字やキーワードは必ずおさえておきましょう。

**■ チェックボックス**
正答しなかった問題にはチェックを入れておきましょう。

**■ 赤いシート**
本書付録の赤いシートを使って効率よく暗記しましょう。

---

## 社会調査の基礎

**Q943** 会話分析の関心は、調査対象者がどのように日常的な相互行為を秩序立てて生み出すのかを解明するために、会話内容ではなく、会話の形式や構造に向けられる。

**Q944** 構造化面接では、面接の進行は、調査対象者に任せるのが望ましい。

**Q945** 非構造化面接では、予想される調査対象者の回答を「イエス」「ノー」で記入できるシートを作成する。

**Q946** 半構造化面接では質問項目を事前に用意し、いつ、どの順番で質問を行うかを面接中に調査者が判断する。

**Q947** ライフストーリー・インタビューは、標準化された質問紙を用いて、回答者の人生の客観的事実について明らかにすることを目標とする。

**Q948** フォーカス・グループインタビューは、あるテーマについてインタビュー参加者の合意形成に至ることを目標とする。

**Q949** グループインタビューでは、調査対象者同士が相互に影響を与えることを防ぐために、調査者は一人ずつの調査対象者に対して順に質問し回答を得る。

### 参考 フォーカス・グループインタビューにおける調査者の役割

| 調査協力者の募集 | 通常、機縁法や応募法といった有意抽出を用いる |
|---|---|
| 司会進行 | 調査中、以下の点に気をつけながら司会進行を行う<br>・誰もが自由に発言しやすい空間づくり<br>・参加者によって発言量に極端な差が出ないようにする |
| 記録 | 調査中、各参加者の発言はもちろん、可能な限り非言語的な反応についても記録を行う |

294

2

## 本書でできること

● 「出る！出る！要点チェックポイント」で重要事項を確認しよう

● 一問一答に繰り返しチャレンジ

● 問題横のチェックボックス ☑ を使って、正答しなかった問題は後で再チャレンジしよう

● 右ページを赤シートで隠して、穴埋め部分を暗記しよう

---

| | | |
|---|---|---|
| A943 | × | 会話分析は、会話の形式や構造だけではなく、[会話内容] にも関心が向けられる。 |
| A944 | × | 構造化面接とは、質問項目や質問順序を [事前に決めて] おき、すべての対象者に同じ質問を同じ順序で行う。そのため、面接の進行は調査者が主導して行うこととなる。 |
| A945 | × | [非構造化面接] では、質問項目や質問順序をあらかじめ決定しておくことはない。質問を用意しないため、回答を記入できるシートも用意しない。 |
| A946 | ○ | 半構造化面接は、質問項目や質問順序をある程度事前に決めるものの、対象者との [会話の流れ] によって質問を増やしたり減らしたり、質問順序を入れ替えたりする。 |
| A947 | × | ライフストーリー・インタビューとは、客観的な事実だけでなく、対象者がその出来事についてどう感じたのかといった [主観的な側面] も交えながら、対象者と調査者がともに [協力] し合って「対象者の人生についての語り」を [つくり上げていく] 過程のことをいう。 |
| A948 | × | フォーカス・グループインタビューの目的は、全員の一致した意見をとりまとめたり合意形成することではなく、[異なる意見を幅広く] 収集することにある。 |
| A949 | × | [グループインタビュー] の利点は、対象者たちが互いの言葉に [刺激] を受け合い、個別面接では生まれ得ないであろう意見などが出てくる点にある。調査者は対象者同士が相互に影響を与えることを妨げるべきではない。 |

**12 社会調査の基礎**

---

■ 覚えておきたい用語など

右ページでは問題の重要なキーとなる部分や正誤が問われた部分を赤い文字で示しています。赤シートを使っていただき、[ ] 部分に入る適切な語句を考えるなどして、穴埋め問題としてお使いいただけます。

---

■ ワンポイント解説

掲載問題に関連して押さえておきたい内容を「参考」や「重要」などで補足解説しています。

# 目 次

# 1 人体の構造と機能及び疾病

## 出る！出る！

# 要点チェックポイント

 **ポイント❶ 老化**

・日本人の死因の第1位は、悪性新生物である
・介護が必要となった主な原因は、認知症や脳血管疾患である

| 免疫機能 | 細菌などの病原体から人体を守る免疫機能が低下することにより、感染症にかかりやすく、重症化することが多くなる |
| --- | --- |
| 咀嚼機能 | 歯の摩耗や喪失、歯周病、唾液分泌量の減少、咬筋力の低下などにより咀嚼機能が低下すると食物を噛み砕きにくくなる |
| 嚥下機能 | 嚥下するときの喉頭挙上が不十分になり、喉頭閉鎖が弱まることで誤嚥をしやすくなる |
| 消化・吸収機能 | 消化酵素の減少、胃壁の運動や腸管の蠕動運動の低下などにより、便秘や下痢を起こしやすく、栄養素の消化・吸収機能の低下が起こりやすくなる |
| 循環器の機能 | 拡張期血圧（最低血圧）が低下し、収縮期血圧（最高血圧）が上昇する。不整脈の頻度が増加する |
| 呼吸器の機能 | 肺実質の弾力性の低下、呼吸筋の活動の不足などにより、肺活量や換気量の低下が起こり、肺の残気量が増加する |
| 泌尿器の機能 | 腎臓の機能が低下すると、体内の老廃物を濾過する機能が低下して、薬剤が排出されにくくなり、薬剤の作用・副作用が増大する |
| 造血機能 | 骨髄の造血機能が低下し、赤血球の数が減少する。赤血球の減少により酸素運搬量が低下するため、息切れや動悸、貧血が起こりやすくなる |

 **ポイント❷ 主な認知症**

| アルツハイマー型認知症 | 日本で最も多い認知症。ゆるやかに発症、少しずつ進行して知能全般が障害される |
| --- | --- |
| 脳血管性認知症 | まだら認知症。段階的に知能が低下。歩行障害、言語障害、感情失禁が見られる |
| レビー小体型認知症 | 現実感のある幻視が特徴的。パーキンソン病症状が見られる |
| 前頭側頭型認知症 | 初期には人格の著しい変化、常同行動や行動の障害が見られる。記憶の障害は目立たない |

### ポイント③ 国際生活機能分類（ICF）

・人間の生活機能と障害の分類法として、2001年5月、世界保健機関（WHO）総会において採択された
・ICFは、健康状態を、生活機能というプラス面からみるように視点を転換し、さらに環境因子等の観点を加えた
・ICFの目的は、健康状態及び健康関連状況を記述する新たな枠組みを提供することである

ICFの構成要素間の相互作用

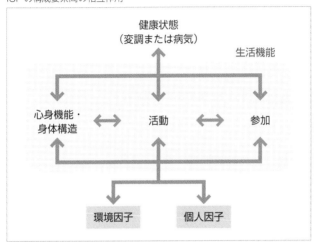

### ポイント④ ICFによる定義

| <生活機能> | |
|---|---|
| 心身機能 | 身体系の生理的機能（心理的機能を含む） |
| 身体構造 | 器官・肢体とその構成部分等、身体の解剖学的部分 |
| 活動 | 課題や行為の個人による遂行 |
| 参加 | 生活・人生場面のかかわり |
| <背景因子> | |
| 環境因子 | 人々が生活し、人生を送っている物的な環境や社会環境、人々の社会的な態度による環境を構成する因子 |
| 個人因子 | 個人の人生や生活の特別な背景（性別、人種、年齢、職業など） |

# 1 人体の構造と各器官の機能

**Q1** 脳幹は、上部から延髄・中脳・橋の順で並んでいる。

☑ ☑

**Q2** 大脳の後頭葉は、聴覚の中枢である。

☑ ☑

**Q3** 肺静脈の中の血液は静脈血である。

☑ ☑

**Q4** 頸椎は 12 個の骨で構成される。

☑ ☑

**Q5** 平滑筋は随意的に収縮できる。

☑ ☑

**Q6** 気管は食道の後方に位置する。

☑ ☑

**Q7** 嚥下（えんげ）時には、喉頭蓋（こうとうがい）が開くことによって誤嚥（ごえん）を防止している。

☑ ☑

**Q8** 腸管は、口側より、空腸、回腸、十二指腸、大腸の順序である。

☑ ☑

**Q9** 副交感神経は、消化管の運動を亢進する。

☑ ☑

**A1** × 脳幹は、上部から [中脳・橋・延髄] の順で並んでいる。

**A2** × 大脳の後頭葉は、[視覚] の中枢である。大脳の側頭葉が [聴覚] の中枢であり、前頭葉は [運動]、頭頂葉は [感覚] を司る。

**A3** × 肺静脈の中の血液は [動脈血] である。肺から出ていく血液を [動脈血]、肺へ向かう血液を [静脈血] と定義する。肺静脈の中の血液は肺から出ていく血液なので [動脈血] である。

**A4** × 頚椎は [7] 個の骨で構成されている。脊柱（背骨）は、上から順に頚椎 [7] 個、胸椎 [12] 個、腰椎 [5] 個、仙椎 [5] 個、尾椎 [3〜5] 個の椎骨が連なって構成されている。

**A5** × 平滑筋は、血管、消化管、気管支などに分布しており、[自発的] に収縮し、これらの器官の働きを制御している。

**A6** × 気管は食道の [前方] に位置する。

**A7** × 嚥下時には、気管の入り口にある喉頭蓋が [閉じる] ことによって誤嚥を防止している。

**A8** × 腸管は、口側より、[十二指腸]、[空腸]、[回腸]、[大腸] の順序である。十二指腸、空腸、回腸は小腸であり、小腸に続いて大腸がある。

**A9** ○ 副交感神経は、消化管の運動を [亢進] する。それに対して、交感神経は、消化管の運動を [抑制] する。

**Q10** 膵臓には、内分泌腺と外分泌腺がある。

☐ ☐

**Q11** 脊髄神経は、中枢神経である。

☐ ☐

**Q12** 左心房と左心室の間には、大動脈弁がある。

☐ ☐

**Q13** 胆汁は、胆のうで作られる。

☐ ☐

**Q14** 思春期に伴う心身の変化として、第二次性徴という身体的な変化が始まる。

☐ ☐

**Q15** 乳歯は、生えそろうと 32 本になる。

☐ ☐

**Q16** 生後 6 か月までに、大泉門は閉鎖する。

☐ ☐

## 2 国際生活機能分類（ICF）の基本的考え方と概要

**Q17** 国際生活機能分類（ICF）の対象は障害のある人に限定されている。

☐ ☐

A10　O　膵臓には、消化酵素を含む膵液を膵管を通して十二指腸に送り込む［外分泌腺］と、インスリンなどのホルモンを血液中に分泌する［内分泌腺］がある。

A11　×　脊髄神経は、［末梢］神経である。神経系は脳と脊髄からなる［中枢］神経系と、中枢神経系と身体各部を結ぶ［末梢］神経系から構成されている。末梢神経は、［脳神経］と［脊髄神経］からなる。

A12　×　左心房と左心室の間には、［僧帽弁］がある。大動脈弁は、［左心室］と［大動脈］の間にある。

A13　×　胆汁は、［肝臓］で作られる。生産された胆汁は、肝臓の下に位置する［胆のう］で蓄えられる。

A14　O　胎児のときに出現する生殖腺及び内外生殖器の性差を［第一次性徴］、思春期に出現する性器以外の身体の各部位にみられる性差のことを［第二次性徴］という。

A15　×　乳歯は、生えそろうと［20］本になる。通常、生後3〜9か月ぐらいで下の前歯から生え始め、生えそろう時期は［2歳6か月］頃になる。

A16　×　大泉門は、［1歳〜1歳6か月］で閉鎖する。大泉門とは、新生児の［前頭部にあるへこみ］（頭蓋骨が閉じていない部分）のことである。

A17　×　国際生活機能分類（ICF）は人間の健康状態を生活機能で捉えており、［すべての人］を対象としている。

**Q18** 国際生活機能分類（ICF）に関して、「生活機能」に影響を与える背景因子には、「環境因子」と「個人因子」がある。

☑ ☑

**Q19** 国際生活機能分類（ICF）における生活機能は、心身機能、身体構造及び活動の3つから構成される。

☑ ☑

**Q20** 国際生活機能分類（ICF）における活動とは、生活・人生場面へのかかわりである。

☑ ☑

**Q21** 国際生活機能分類（ICF）における参加とは、個人による課題や行為の遂行のことである。

☑ ☑

**Q22** 機能障害とは、個人が何らかの生活・人生場面にかかわるときに経験する難しさのことである。

☑ ☑

**Q23** WHO憲章による健康の定義は、「健康とは、身体的にも精神的にも社会的にもスピリチュアルにも完全に良好な状態をいう」とされている。

☑ ☑

**Q24** 1978年にWHOが採択したアルマ・アタ宣言は、先進国と開発途上国間における人々の健康状態の不平等について言及している。

☑ ☑

**Q25** 「健康日本21」は、一次予防を重視している。

☑ ☑

**Q26** 健康寿命とは、健康上の問題で制限されることなく仕事ができる期間と定義される。

☑ ☑

**A18** 〇 国際生活機能分類（ICF）に関して、「生活機能」に影響を与える背景因子には、[環境因子] と [個人因子] がある。

**A19** ✕ ICF における生活機能は、[心身機能・身体構造]、[活動]、[参加] の3つから構成される。

**A20** ✕ ICF における [参加] とは、生活・人生場面へのかかわりである。

**A21** ✕ ICF における [活動] とは、個人による課題や行為の遂行のことである。

**A22** ✕ [参加制約] とは、個人が何らかの生活・人生場面に関わるときに経験する難しさのことである。

**A23** ✕ WHO 憲章による健康の定義は、「健康とは、[肉体的] にも [精神的] にも [社会的] にも良好な状態であり、単に疾病又は病弱の存在しないことではない」とされている。

**A24** 〇 アルマ・アタ宣言では「人々の健康に関してとりわけ先進国と発展途上国の間に存在する大きな不平等は国内での不平等と同様に政治的社会的経済的に容認できないものである」と、[健康状態の不平等] について言及している。

**A25** 〇 「健康日本21」の基本的な方針は、国民の [健康増進] の総合的推進を図ることである。健康増進は [一次予防] に該当する。

**A26** ✕ 健康寿命とは、健康上の問題で日常生活が制限されることなく [生活] できる期間と定義される。

**Q27** 早期発見を目的とするがん検診は、がんの一次予防
である。
☑ ☐

**Q28** 日本の特定健康診査は、メタボリックシンドローム
に着目した健康診査である。
☐ ☐

## 3 疾病と障害の概要

**Q29** 糖尿病は、インスリンの分泌増加により起こる。
☐ ☐

**Q30** 糖尿病は、動脈硬化症を促進する。
☐ ☐

**Q31** 腰部脊柱管狭窄症は若年者に多い疾患である。
☐ ☐

**Q32** 大腿骨近位部骨折は保存治療が優先される。
☐ ☐

**Q33** 踵骨部の 褥瘡 は、仰臥位で起こる。
☐ ☐

A27　× 早期発見を目的とするがん検診は、がんの［二次予防］である。一次予防が［発病予防］、二次予防が疾病の［早期発見］と［早期治療］、三次予防が疾病の［再発予防］と［リハビリテーション］になる。

A28　○ 日本の特定健康診査は、［メタボリックシンドローム］の有病者・予備群を減少させることを目的に、40 ～ 74 歳の被保険者・被扶養者に対して実施されている。

A29　× 糖尿病は、インスリンの分泌［減少］により起こる。

A30　○ 糖尿病は、［動脈硬化症］を促進する。大血管における動脈硬化や細小血管障害は、慢性合併症を引き起こす。代表的なものに、糖尿病性神経障害、糖尿病性網膜症、糖尿病性腎症の３大合併症がある。

A31　× 腰部脊柱管狭窄症は［中高年］に多い疾患である。立つ、歩くなど運動するときの足の痛みやしびれ、［間欠性跛行］などを特徴とする。

A32　× 大腿骨近位部骨折は［手術による治療］が優先される。［寝たきり］になる可能性が高い骨折であるため、手術で臥床期間の短縮を目指す。

A33　○ 褥瘡は、過度の持続的圧迫による血流障害により引き起こされる組織の局所的壊死のことをいう。骨の隆起部で起こりやすく、仰臥位では［仙骨部］や［踵骨部］、側臥位では［臀部大腿骨頚部］に多く発生する。

**Q34** 対麻痺とは、左右両側の下肢の麻痺である。

☑ ☑

**Q35** 甲状腺機能低下症は、浮腫の原因となる。

☑ ☑

**Q36** 筋萎縮性側索硬化症（ALS）の初期症状は、呼吸不全である。

☑ ☑

**Q37** デュシェンヌ型筋ジストロフィーでは、呼吸困難が初発症状である。

☑ ☑

**Q38** 脳血管障害による片麻痺は、脳の障害部位と同側に症状が出る。

☑ ☑

**Q39** 関節リウマチは、夕方に手がこわばりやすい。

☑ ☑

**Q40** 肺結核の主な感染経路は空気感染である。

☑ ☑

**Q41** ノロウイルスの潜伏期間はおよそ14日である。

☑ ☑

**Q42** 咀嚼機能障害は、内部障害に含まれる。

☑ ☑

A34　○　[対麻痺] とは、左右両側の下肢の麻痺である。身体の片側の上下肢の麻痺を [片麻痺]、上下肢のうち一肢の麻痺を [単麻痺]、四肢すべての麻痺を [四肢麻痺] という。

A35　○　甲状腺機能低下症とは、甲状腺ホルモンが [不足] した状態をいう。指で圧迫してもすぐに元に戻る [粘液水腫] と呼ばれる浮腫が見られる。

A36　×　筋萎縮性側索硬化症 (ALS) の初期症状は、[筋力低下、筋萎縮] が最も多い。末期になると、呼吸筋の麻痺により、[呼吸不全] で死亡する。

A37　×　デュシェンヌ型筋ジストロフィーでは、[転びやすい]、[階段を登れない] などの症状で気づくことが多い。呼吸困難は [運動機能障害が進行] してから生じる。

A38　×　脳血管障害による片麻痺は、脳の障害部位と [反対] 側に症状が出る。

A39　×　関節リウマチは、[起床時] に手がこわばりやすい。

A40　○　肺結核の主な感染経路は [空気感染] である。咳やくしゃみで空気中に放出された病原菌 (結核菌) が空気中を漂い、その空気を吸い込むことで感染する。

A41　×　ノロウイルスの潜伏期間はおよそ [1 〜 2 日]である。

A42　×　咀嚼機能障害は、[音声・言語・咀嚼] 機能障害に含まれる。内部障害ではない。

**Q43** 近年の日本において、がんは死因の第2位となっている。

☐ ☐

## 4　高齢者の身体・精神の特徴と疾病

**Q44** 老年期には、収縮期血圧が上昇する。

☐ ☐

**Q45** 加齢に伴う身体の変化として、聴力は高周波音域から低下する。

☐ ☐

**Q46** 本態性高血圧（一次性高血圧）は、高血圧全体の約50％を占める。

☐ ☐

**Q47** 加齢に伴う身体の変化として、肺の残気量が増加する。

☐ ☐

**Q48** 常同行動は、脳血管性認知症の特徴的な症状である。

☐ ☐

**Q49** 脳血管性認知症では、まだら認知症が特徴的な症状である。

☐ ☐

**Q50** 正常圧水頭症による認知症は、外科手術で回復することがある。

☐ ☐

A43　× 近年の日本において、がんは死因の第［1］位となっている。「令和3年人口動態統計」によると、第1位が［がん（悪性新生物）］、第2位が［心疾患］、第3位が［老衰］である。

A44　○ 老年期には、［収縮期血圧］が上昇する。血管の老化により動脈が硬くなり、心臓から強い圧力で血液を押し出す必要があるためである。

A45　○ 聴力は［高周波音域］から低下するため、加齢とともに［高い］声や音が聞き取りにくくなる。

A46　× 本態性高血圧（一次性高血圧）とは［原因が特定できない］高血圧のことで、全体の約［90］％を占める。

A47　○ 加齢に伴い［肺活量］が低下して、肺の［残気量］が増加する。［残気量］とは吐ききった後に肺内に残る空気の量のことである。

A48　× 常同行動は、［前頭側頭型認知症］の特徴的な症状である。

A49　○ 脳血管性認知症では、［まだら認知症］が特徴的な症状である。

A50　○ 正常圧水頭症による認知症は、［外科手術（髄液シャント術）］で回復することがある。正常圧水頭症とは、脳脊髄液の吸収障害や循環の異常により髄液が頭蓋腔内にたまる疾患である。

**Q51** □ □ 感情失禁は、脳血管性認知症に特徴的な症状である。

**Q52** □ □ レビー小体型認知症の幻覚症状の中では幻聴が最も多い。

**Q53** □ □ レビー小体型認知症の特徴として、注意力に著明な変動が見られる。

**Q54** □ □ パーキンソン病は、脳内のドーパミンが増加して発症する。

**Q55** □ □ 前頭側頭型認知症では、人格変化は生じにくい。

**Q56** □ □ 認知症に伴うせん妄は、夜間よりも昼間の方が多い。

**Q57** □ □ 変形性膝関節症は、廃用症候群に属する。

**Q58** □ □ 骨粗鬆症の重大な合併症は骨折で、脊椎椎体の圧迫骨折がその代表的なものである。

**Q59** □ □ 外傷性脳損傷による注意力の低下は、高次脳機能障害の症状の1つである。

A51　○　[感情失禁] は、脳血管障害を原因として起こる、脳血管性認知症に特徴的な症状である。

A52　×　レビー小体型認知症の幻覚症状の中では [幻視] が最も多い。[現実感のある幻視] は、特徴的な症状の１つである。

A53　○　レビー小体型認知症の特徴として、[注意力] に著明な変動が見られる。日により時によりはっきりしているときと、ボーっとしているときがある。

A54　×　パーキンソン病は、脳内のドーパミンが [欠乏] して発症する。

A55　×　前頭側頭型認知症では、初期から著しい [人格変化] が生じやすい。

A56　×　認知症に伴うせん妄は、[昼間] よりも [夜間] の方が多い。[夜間せん妄] とも呼ばれる。

A57　×　変形性膝関節症は、[老化] のために関節の骨や軟骨がすり減り、関節に変形が生じる疾患である。[廃用症候群] とは、寝たきりや安静状態が長期間続き、活動性が低下したことによって生じた身体の状態をいう。

A58　○　骨粗鬆症の重大な合併症は [骨折] であり、[脊椎椎体の圧迫骨折] と [大腿骨頸部骨折] がその代表である。

A59　○　高次脳機能障害の症状には、[記憶障害]、[注意・情報処理障害]、[遂行機能障害]、[病識欠落]、[社会的行動障害] などがある。

**Q60** 高齢になっても、流動性知能は維持される。

☐ ☐

**Q61** 高齢者において、嚥下障害による肺炎はまれである。

☐ ☐

**Q62** 脳血管疾患は、嚥下障害の原因疾患の1つである。

☐ ☐

**Q63** 高齢者の体全体の水分量は、若年者と変わらない。

☐ ☐

**Q64** 皮膚の湿潤は、褥瘡の発症リスクとなる。

☐ ☐

## 5 リハビリテーション医療

**Q65** フレイルはリハビリテーションの対象に含まれる。

☐ ☐

**Q66** 嚥下障害のリハビリテーションは視能訓練士が行う。

☐ ☐

**Q67** 脳卒中のリハビリテーションは、急性期、回復期、生活期（維持期）に分けられる。

☐ ☐

**Q68** リハビリテーションには、補装具の処方による代償的・適応的アプローチは含まれない。

☐ ☐

A60 × 高齢になっても比較的よく維持されるのは、教育や経験から得られる [結晶性知能] である。

A61 × 高齢者において、嚥下障害は [肺炎] や [窒息] を引き起こす重大な原因である。

A62 ○ [脳血管疾患] は、嚥下障害の原因疾患の1つである。

A63 × 高齢者の体全体の水分量は、若年者より [少ない]。成人では体全体の約 [60] ％を水分が占めているが、高齢者では約 [50] ％に減少する。

A64 ○ 褥瘡の主要因は [圧迫] であるが、皮膚の [湿潤]、[低栄養] などが加わることで褥瘡が発生しやすくなる。

A65 ○ [フレイル] はリハビリテーションの対象に含まれる。フレイルとは加齢により心身が衰えた状態のことをいう。

A66 × 嚥下障害のリハビリテーションは [言語聴覚士] が行う。

A67 ○ 脳卒中のリハビリテーションは、3つの区分に分けられる。発症から約1か月が [急性期]、その後の約3か月が [回復期]、それ以降が [生活期（維持期）] リハビリテーションである。

A68 × リハビリテーションには、補装具や補助具の活用、残存機能の活用などが [含まれる]。機能障害そのものへのアプローチだけでなく、[代償的・適応的] アプローチもある。

**Q69** リハビリテーションの目的は生活機能の回復にあるので、心臓、腎臓、ヒト免疫不全ウイルスなどの内部障害は対象には含まれない。
☑ ☑

**Q70** 作業療法は、身体又は精神に障害のある者に対して行われる。
☑ ☑

## 6 精神障害と精神福祉政策

**Q71** 精神疾患の診断・統計マニュアル（DSM-5）における「神経性やせ症 / 神経性無食欲症」には、過食を生じるタイプもある。
☑ ☑

**Q72** 精神疾患の診断・統計マニュアル（DSM-5）において、「自閉スペクトラム症（ASD）」と診断するための症状に、同一性への固執が含まれている。
☑ ☑

**Q73** 精神疾患の診断・統計マニュアル（DSM-5）において、「統合失調症」と診断するための症状に、まとまりのない発語が含まれている。
☑ ☑

**Q74** アルコール依存症候群には、離脱症状として振戦せん妄がある。
☑ ☑

**Q75** 思考途絶は、双極性障害の躁状態に特徴的な症状である。
☑ ☑

**Q76** 精神疾患の診断・統計マニュアル（DSM-5）では、4歳以前に症状があることを ADHD の診断基準としている。
☑ ☑

A69 × リハビリテーションの目的は［生活機能］の回復にあり、心臓、腎臓、ヒト免疫不全ウイルスなどの［内部障害］も対象に含まれる。

. . . . . . . . . . . . . . . . . . . . . . . . . . . . . . . .

A70 ○ 作業療法は、［身体又は精神に障害のある］者に対して行われる。主としてその応用的動作能力又は社会的適応能力の回復を図るため、手芸、工作、その他の作業を行わせる。

A71 ○ 神経性やせ症 / 神経性無食欲症の下位分類として、［制限型］と［過食・排出型］がある。過食・排出型では、過去 3 か月間に、繰り返し行われる過食又は排出行動（自己誘発性嘔吐、下剤や利尿剤、浣腸剤の誤用）が認められる。

. . . . . . . . . . . . . . . . . . . . . . . . . . . . . . . .

A72 ○ 精神疾患の診断・統計マニュアル（DSM-5）において、同一性への固執は、「自閉スペクトラム症（ASD）」の主要徴候の 1 つである［限局的反復行動］に含まれる。

. . . . . . . . . . . . . . . . . . . . . . . . . . . . . . . .

A73 ○ 統合失調症と診断するための 5 つの症状は、まとまりのない発語、［妄想］、［幻覚］、ひどくまとまりのない、又は緊張病性の［行動］、［陰性症状］（情動表出の減少と意欲欠如）である。

. . . . . . . . . . . . . . . . . . . . . . . . . . . . . . . .

A74 ○ アルコール依存症候群には、離脱症状として［振戦せん妄］や［妄想］がある。

. . . . . . . . . . . . . . . . . . . . . . . . . . . . . . . .

A75 × 思考途絶は、［統合失調症］に特徴的な症状である。突然、思考の流れが途切れてしまう思考の障害であり、統合失調症の初期や急性期にみられる陽性症状の 1 つである。

. . . . . . . . . . . . . . . . . . . . . . . . . . . . . . . .

A76 × 精神疾患の診断・統計マニュアル（DSM-5）では、［12］歳以前に症状があることを ADHD の診断基準の 1 つとしている。

# 要点チェックポイント

**ポイント①** **長期記憶の種類**

| 種類 | 概要 | 例 |
|---|---|---|
| エピソード記憶 | 個人にまつわる出来事の記憶 | 自分が体験したこと<br>昨日したこと |
| 展望的記憶 | 将来の予定や約束に関する記憶 | 明日の予定 |
| 意味記憶 | 概念や知識に関する記憶 | 日本の首都は東京<br>雪は白い |
| 手続き記憶 | 運動を学習することに関する記憶 | 自転車の乗り方<br>楽器の演奏 |

**ポイント②** **知覚の特徴**

| 特徴 | 概要 |
|---|---|
| 知覚の選択性<br>（選択的注意） | 個人に関係する刺激や注意を向けている刺激のみを選択抽出して知覚する働き |
| カクテルパーティ現象（効果） | 雑踏の中から、特定の人物の声を聞きとり会話を続けることができる現象 |
| 知覚の恒常性 | 物理的刺激が変化しても、そのものの性質（大きさ、形、色）を保とうとする働き |
| 錯視 | 実際には同じ大きさや長さのものが、異なっているように知覚される現象（目の錯覚） |
| 知覚の補完 | 物理的情報が部分的に欠けていても、その情報が補われて知覚される働き |
| 盲点における充填知覚 | 視野における盲点周辺と同じような色、明るさ、模様を知覚することで、足りない情報を補完する働き |
| 仮現運動 | 静止画像を連続して提示すると画像が動いているように見える現象 |
| 知覚の体制化 | まとまりある全体として秩序づけ、意味づける働き |
| 群化 | 図がまとまりをつくり、単純化されて知覚される働き |

**集団が及ぼす影響**

| 集団行動 | 概要 |
|---|---|
| 同調行動 | 集団規範から逸脱しないようにと自他の圧力がかかると、意見や行動を合わせてしまう |
| 社会的促進 | 周囲の他者の存在によって、行動が起こりやすくなる |
| 社会的抑制 | 周囲の他者の存在によって、行動が起こりにくくなる |
| 社会的手抜き | 集団作業の成果が個人に問われない場合、個人の作業への遂行量・努力が低下する |
| 社会的補償 | 集団作業の成果が個人に重要な意味を与える場合、個人の作業への遂行量・努力が向上する |
| 集団極性化 | 集団討議により意思決定する場合、より危険性の高い決定、あるいはより安全性の高い決定になる |

**適応機制（防衛機制）**

| 機制 | 概要 |
|---|---|
| 抑圧 | 認められない自分の欲求・感情を、無意識の層に押し込めて、意識にのぼらないようにする |
| 逃避 | 直面している不安や葛藤から、空想や疾病などに逃げ込む |
| 退行 | 直面している不安や緊張などに対して、以前の発達段階に逆戻りして未熟な行動をとる |
| 代償 | 目標としているものが得られないとき、獲得しやすい代わりのもので我慢する |
| 補償 | ある面での優越感情で、他の面における劣等感情を補う |
| 合理化 | 自分の失敗や欠点を正当化するために、都合のよい理屈づけ・いいわけをする |
| 昇華 | そのままでは社会的に承認されない欲求・衝動を、社会的に認められる形で満たそうとする |
| 同一化 | 自分では満たせない願望を実現している他者と自分を重ね合わせて、代理的に満足する |
| 投射（投影） | 自分の内にある欲求や感情を、他者の中にあるかのように指摘・非難する |
| 置き換え | ある対象への欲求・感情を、他の対象に向けて表現する |
| 反動形成 | 本当の欲求や感情を隠そうとして、正反対の行動をとる |

# 1 人の心理学的理解 I

**Q77**
☐ ☐
マズローが唱えた欲求の階層説において、第4の段階は自己実現の欲求である。

**Q78**
☐ ☐
マズローの欲求階層又は動機づけに関する理論において、自己実現の欲求は成長欲求（成長動機）といわれる。

**Q79**
☐ ☐
達成動機の高い人は、自分が取り組んだ課題に失敗すると、その原因を運などの外的要因のせいにする。

**Q80**
☐ ☐
「興味を持ったので、社会保障の勉強を始めた」のは、内発的動機に基づく行動である。

**Q81**
☐ ☐
「叱責されないように、勉強に取り掛かった」のは、内発的動機づけによる行動である。

**Q82**
☐ ☐
圧刺激によって光を感じ取る場合、この刺激を適刺激という。

**Q83**
☐ ☐
朝、暗い部屋で目覚めたときに、カーテンを開けると非常にまぶしいが、しばらく経つと普通に見えるようになるのは、暗順応の働きである。

**Q84**
☐ ☐
中空にある月より地平線に近い月の方が大きく見える。これは錯視による。

**A77** × マズローが唱えた欲求の階層説において、第4段階は［承認］の欲求である。第5段階が［自己実現］の欲求である。

**A78** ○ マズローの理論において、自己実現の欲求は［最も高次の欲求］に位置づけられており、人間的成長を求め続ける［成長欲求（成長動機）］といわれる。

**A79** × 達成動機の高い人は、失敗の原因を［自身の努力不足］などの［内的］要因に求める傾向がある。達成動機の低い人は、失敗の原因を運などの外的要因のせいにする傾向がある。

**A80** ○ 「興味を持ったので、社会保障の勉強を始めた」のは、［内発的］動機に基づく行動である。

**A81** × 「叱責されないように、勉強に取り掛かった」のは、［外発的動機づけ］による行動である。

**A82** × 圧刺激によって光を感じ取る場合、この刺激を［不適刺激］という。視覚に対する光線、聴覚に対する音波のように、その感覚受容器が通常感受するものが［適刺激］、適刺激以外は［不適刺激］である。

**A83** × 次第にまぶしさに目が慣れてくるのは［明］順応、次第に暗さに目が慣れてくるのは［暗］順応である。

**A84** ○ 中空にある月より地平線に近い月の方が大きく見えることを［月の錯視］という。錯視とは、［実際の物理的状態］と［知覚］とが一致せず、客観的には同じものが違って見える現象である。

**Q85** ☐ ☐ 映画のフィルムは1コマごとの静止画像なのに、連続して提示すると動いて見えるのは、仮現運動によるものである。

**Q86** ☐ ☐ 網膜像から対象物の形を知覚するには、認識対象の形を背景から浮き立たせる「図と地の分離」が必要である。

**Q87** ☐ ☐ 5因子モデル(ビッグファイブ)では、外向性、内向性、神経症傾向、開放性、協調性の5つの特性が示されている。

**Q88** ☐ ☐ シェルドンは、関心や興味の方向性に着目し、外向型と内向型の2つの類型を示した。

**Q89** ☐ ☐ クレッチマーは、特性論に基づき、体格と気質の関係を示した。

**Q90** ☐ ☐ キャッテルは、因子分析によって、パーソナリティの根源特性を明らかにした。

**Q91** ☐ ☐ 周囲で見ている人がいると作業が早くなるなど、個人の作業成績が向上する現象を同調行動という。

**Q92** ☐ ☐ 集団の多数派の意見や期待に影響されて、同じ意見や行動をとることを社会的促進という。

**Q93** ☐ ☐ 内集団バイアスとは、各個人が、自分が属している集団に魅力を感じていることである。

**Q94** ☐ ☐ 初対面の人の職業によって、一定のイメージを抱いてしまうことを同調という。

**A85** ○ ［仮現運動］とは、映画のフィルムのように、静止画像を連続して提示すると画像が動いているように見える現象のことをいう。

. . . . . . . . . . . . . . . . . . . . . . . . . . . . .

**A86** ○ 網膜像から対象物の形を知覚するには、認識対象の形を背景から浮き立たせる［図と地の分離（分化）］が必要である。

. . . . . . . . . . . . . . . . . . . . . . . . . . . . .

**A87** × 5因子モデル（ビッグファイブ）では、［外向性］、［勤勉性］、［神経症傾向］、［開放性］、［協調性］の5つの特性が示されている。

. . . . . . . . . . . . . . . . . . . . . . . . . . . . .

**A88** × ［ユング］は、関心や興味（心的エネルギー：リビドー）の方向性に着目し、外向型と内向型の2つの類型を示した。

. . . . . . . . . . . . . . . . . . . . . . . . . . . . .

**A89** × クレッチマーは、［類型論］に基づき、体格と気質の3類型を提唱した。

. . . . . . . . . . . . . . . . . . . . . . . . . . . . .

**A90** ○ ［キャッテル］は、因子分析によって、パーソナリティの根源特性を明らかにした。

. . . . . . . . . . . . . . . . . . . . . . . . . . . . .

**A91** × 周囲で見ている人がいると作業が早くなるなど、個人の作業成績が向上する現象を［社会的促進］という。

. . . . . . . . . . . . . . . . . . . . . . . . . . . . .

**A92** × 集団の多数派の意見や期待に影響されて、同じ意見や行動をとることを［同調行動］という。

. . . . . . . . . . . . . . . . . . . . . . . . . . . . .

**A93** × 内集団バイアスとは、自分が属する集団（内集団）の成員を、それ以外の集団（外集団）の成員よりも［好意的に評価する］現象で、［内集団ひいき］とも呼ばれる。

. . . . . . . . . . . . . . . . . . . . . . . . . . . . .

**A94** × 初対面の人の職業などによって、一定のイメージを抱いてしまうことを［ステレオタイプ］といい、過度に一般化された認知と定義される。

**Q95**
☑ ☑ 路上でケガをしたために援助を必要とする人の周囲に大勢の人が集まったが、誰も手助けしようとしなかった。これは社会的手抜きの事例である。

**Q96**
☑ ☑ 頻繁に接触する人に対して、好意を持ちやすくなることを、単純接触効果という。

**Q97**
☑ ☑ 自分が持っている受け入れがたい感情や欲求を、他人が持っているように感じる適応機制を補償という。

**Q98**
☑ ☑ 父から叱られ腹が立ったので弟に八つ当たりした。これは置き換えという適応機制である。

**Q99**
☑ ☑ 苦手な人に対していつもより過剰に優しくした。これは投影という適応機制である。

**Q100**
☑ ☑ 気分が生起した原因は曖昧であることが多い。

## 2 人の心理学的理解 Ⅱ

**Q101**
☑ ☑ 梅干しを見ただけで、唾液が分泌されるのは、オペラント条件づけによる行動である。

A95 × 路上でケガをしたために援助を必要とする人の周囲に大勢の人が集まったが、誰も手助けしようとしなかったのは、[傍観者効果]の事例である。[傍観者効果]は、他者の存在によって援助行動が抑制される現象のことである。

A96 ○ 接触回数が増えるほど、好印象を持つようになる現象を[単純接触効果]という。[ザイアンス効果]とも呼ばれる。

A97 × 自分が持っている受け入れがたい感情や欲求を、他人が持っているように感じることを[投射（投影）]という。

A98 ○ 父から叱られ腹が立ったので弟に八つ当たりするのは[置き換え]である。置き換えとは、ある対象に向けられた欲求や感情を、他の対象に向けて表現する適応機制である。

A99 × 苦手な人に対していつもより過剰に優しくしたのは[反動形成]である。反動形成とは、欲求や願望とは正反対の態度や行動をとる適応機制である。

A100 ○ 気分（mood）とは、感情（feeling）の中でも、一定の状態で[長時間持続]する心的作用である。生起した原因は[曖昧]であることが多い。

A101 × 梅干しを見ただけで、唾液が分泌されるのは、[古典的条件づけ（レスポンデント条件づけ）]による行動である。

**Q102** ☑ ☑ 自動車を運転しているときに事故に遭ってから、自動車に乗ろうとすると不安な気持ちを強く感じるようになった。これはレスポンデント（古典的）条件づけの事例である。

**Q103** ☑ ☑ ボタンをつつくとエサの出る装置にハトを入れたら、ボタンを盛んにつつくようになった。これはレスポンデント条件づけである。

**Q104** ☑ ☑ 同じ大きな音が繰り返されるにつれて驚愕反応が小さくなったのは、馴化による行動である。

**Q105** ☑ ☑ 概念や知識に関する記憶は、意味記憶と呼ばれる。

**Q106** ☑ ☑ 作動記憶の機能は、加齢による影響が顕著にみられる。

**Q107** ☑ ☑ 友人と遊園地に行く約束をしていたので、朝から出掛けた。これは展望的記憶の事例である。

## 3 人の成長・発達と心理

**Q108** ☑ ☑ 成熟優位説では、学習を成立させるために必要なレディネスを重視する。

**Q109** ☑ ☑ ピアジェの発達理論によると、感覚運動期には「ごっこ遊び」のようなシンボル機能が生じる。

A102 〇 自動車の運転中に事故に遭ってから、自動車に乗ろうとすると不安な気持ちを強く感じるのは [レスポンデント（古典的）条件づけ] の事例である。自動車の運転に、事故への不安な気持ちが条件づけされたと考えられる。

- - - - - - - - - - - - - - - - - - - - - - - - - - - - - - -

A103 ✕ ボタンをつつくとエサの出る装置にハトを入れたら、ボタンを盛んにつつくようになった。これは [オペラント条件づけ] である。

- - - - - - - - - - - - - - - - - - - - - - - - - - - - - - -

A104 〇 最初は大きな音に対して驚愕反応を示すが、同じ音が繰り返されると [馴化]（慣れ）が起こり、驚愕反応が小さくなる。

- - - - - - - - - - - - - - - - - - - - - - - - - - - - - - -

A105 〇 概念や知識に関する記憶は、[意味] 記憶と呼ばれる。たとえば、日本の首都は東京である、雪は白いなど。

- - - - - - - - - - - - - - - - - - - - - - - - - - - - - - -

A106 〇 作動記憶は、作業記憶、ワーキングメモリーとも呼ばれる。計算途中の数値のように、情報の記憶と処理を同時に行うことを求められる記憶であり、加齢による影響が [顕著] である。

- - - - - - - - - - - - - - - - - - - - - - - - - - - - - - -

A107 〇 友人と遊園地に行く約束をしていたので、朝から出掛けるのは [展望的記憶] の事例である。将来の予定や約束に関する記憶を展望的記憶という。

A108 〇 成熟優位説は [ゲゼル] が提唱した説で、[生得的なレディネス] を重視する。レディネスとは、学習を受け入れる準備性のことを意味する。

- - - - - - - - - - - - - - - - - - - - - - - - - - - - - - -

A109 ✕ ピアジェの発達理論によると、[前操作期] には「ごっこ遊び」のようなシンボル機能（象徴機能）が生じる。

**Q110** ☑ ☑ ピアジェの発達理論によると、具体的操作期にはコップから別の容器に水を移したときに液面の高さが変化しても、量は変わらないことが理解できる。

**Q111** ☑ ☑ ボウルビィによれば、乳児の成人への接近や接触要求の行動は、生得的なものではなく、学習による行動であると考えられる。

**Q112** ☑ ☑ 乳幼児期の愛着の形成により獲得される内的ワーキングモデルが、後の対人関係パターンに影響することは稀である。

**Q113** ☑ ☑ 乳児期に見られる社会的参照は、新奇な対象に出会ったときに母親など関与者の表情を手掛かりにして、自分の行動を決める現象である。

**Q114** ☑ ☑ 児童期には、人のためになることを自発的に行うという「向社会的行動」が著しく発達する。相手の気持ちを思いやる、適切に自己主張をするなど、社会性の発達にとって重要な時期である。

**Q115** ☑ ☑ 自閉スペクトラム症（ASD）と注意欠如・多動症（ADHD）の両方が併存することがある。

**Q116** ☑ ☑ 注意欠如・多動症（ADHD）は、男児よりも女児の方が有病率が高い。

**Q117** ☑ ☑ 限局性学習症（SLD）は、全般的な知的発達に遅れが認められる。

A110 ○ ピアジェの発達理論によると、[具体的操作期] には外観が変化しても本質そのものは変わらないことが理解できるようになり、[見かけの変化] に左右されなくなる。

A111 × ボウルビィによれば、乳児の成人への接近や接触要求の行動は、[生得的] なものであると考えられる。

A112 × 乳幼児期の愛着の形成により獲得される内的ワーキングモデルは、後の対人関係パターンに[影響する]。内的ワーキングモデルとは、対人関係の基礎となるもので、他者の意図や動機を解釈したり、行動を予測したりする際に使われるモデルのことをいう。

A113 ○ 乳児期に見られる社会的参照は、新奇な対象に出会ったときに母親など関与者の [表情] を手掛かりにして、自分の [行動] を決める現象である。1歳前後の乳児に見られる。

A114 ○ 児童期には、人のためになることを自発的に行うという [向社会的行動] が著しく発達する。相手の気持ちを思いやる、適切に自己主張をするなど社会性の発達にとって重要な時期である。

A115 ○ 自閉スペクトラム症 (ASD) は、[注意欠如・多動症 (ADHD)] が併存することがある。[知的障害] が併存することもある。

A116 × 注意欠如・多動症 (ADHD) は、[女児] よりも [男児] の方が有病率が高い。

A117 × 限局性学習症 (SLD) は [読み]、[書き]、[算数] の特異的な障害であり、全般的な知的発達に遅れは [認められない]。

**Q118** エリクソンの発達段階説によると、学童期（児童期）の発達課題は親密性の獲得である。

☑ ☑

**Q119** エリクソンの発達段階説によると、老年期の発達課題は統合感の獲得である。

☐ ☐

## 4 日常生活と心の健康

**Q120** 心的外傷後ストレス障害（PTSD）は、心的外傷体験後1か月程度で自然に回復することもある。

☑ ☑

**Q121** レジリエンスは、ストレスからの自然な回復を生じる力に関する脳内分泌物質である。

☐ ☐

**Q122** バーンアウト（燃え尽き症候群）では、仕事に対する個人的達成感の低下が生じる。

☐ ☐

**Q123** アパシーとは、ストレス状態が続いても、それに対処できている状態のことである。

☐ ☐

**Q124** コーピングとは、ストレスの原因となる出来事のことである。

☐ ☐

**Q125** ある友人との人間関係が悪化して悩んでいたが、機会をとらえ、仲直りし、悩みが解消した。これは問題焦点型コーピングである。

☐ ☐

A118 × エリクソンの発達段階説によると、学童期（児童期）の発達課題は［勤勉性］の獲得である。親密性の獲得は、［成人期初期］の課題である。

A119 ○ エリクソンの発達段階説によると、老年期の発達課題は［統合感］の獲得である。心身の老化や社会的な変化を受け入れ、これまでの人生を肯定的に受け止めることで、一人の人間として自分を統合する。

A120 × 心的外傷後ストレス障害（PTSD）では、症状は［長期間］続く。心的外傷体験直後に発症して、1か月程度で回復するのは［急性ストレス障害（ASD）］である。

A121 × レジリエンスは、ストレスからの自然な回復を生じる力に関する［精神的回復力］である。

A122 ○ 仕事に対する［個人的達成感の低下］は、バーンアウトの症状の1つである。

A123 × アパシーとは、ストレス状態が続いた時に［うまく対処できない場合に陥る］状態のことであり、［無感動］、［無感情］、［無関心］、［感情鈍麻］を意味する。

A124 × コーピングとは、［ストレスへの対処方法］のことである。ストレスの原因となる出来事のことは、［ストレッサー］という。

A125 ○ ある友人との人間関係が悪化して悩んでいたが、機会をとらえ、仲直りし、悩みが解消した。これは［問題焦点］型コーピングである。

**Q126** 仕事量が多く心身の調子が悪くなったので、上司に相談し仕事量を軽減したら回復した。これは情動焦点型コーピングである。

☑ ☑

**Q127** タイプA行動パターンには、他者との競争を好まないという特性がある。

☑ ☑

## 5 心理的支援の方法と実際 I

**Q128** 投影法によって把握できる性格特性は、客観的で数値化が容易なため、検査者が異なっても同じ検査結果を得ることができる。

☑ ☑

**Q129** TAT（主題統覚検査、絵画統覚検査）は、提示された絵を見て作った物語の内容から、隠された欲求やコンプレックスの存在を明らかにする。

☑ ☑

**Q130** P-Fスタディは、愛着に対する特徴的な反応様式や攻撃に対する傾向を知るのに役立つ。

☑ ☑

**Q131** ロールシャッハテストは、図版に対する反応からパーソナリティを理解する投影法検査である。

☑ ☑

**Q132** 日本版CMIでは、心身両面にわたる自覚症状を比較的短時間で把握することができ、病院などでも初診時のスクリーニングテストとして活用される。

☑ ☑

A126　×　仕事量が多く心身の調子が悪くなったので、上司に相談し仕事量を軽減したら回復した。これは［問題焦点］型コーピングである。

A127　×　タイプA行動パターンには、他者との［競争を好み］それに熱中するという特性がある。

A128　×　［質問紙法］によって把握できる性格特性は、客観的で数値化が容易なため、検査者が異なっても同じ検査結果を得ることができる。［投影法］では、あいまいな刺激に対する抽象的な反応を解釈するため、検査者によって解釈が異なりやすい。

A129　○　［TAT（主題統覚検査、絵画統覚検査）］は、提示された絵を見て作った物語の内容から、隠された欲求やコンプレックスの存在を明らかにする。

A130　×　P-Fスタディは、［欲求阻止場面］に対する特徴的な反応様式や攻撃に対する傾向を知るのに役立つ［投影法］の検査である。Picture-Frustration Studyの略称であり、絵画-欲求不満テストとも呼ばれている。

A131　○　［ロールシャッハテスト］は、左右対称のインクのしみ図版を被検査者に見せて、その反応からパーソナリティを理解する［投影法］の人格検査である。

A132　○　日本版CMIでは、心身両面にわたる［自覚症状］を比較的［短時間］で把握することができ、病院などでも初診時のスクリーニングテストとして活用される。

**Q133** 矢田部ギルフォード（YG）性格検査は、連続した単純な作業を繰り返す検査である。

☐ ☐

. . . . . . . . . . . . . . . . . . . . . . . . . . . . . . . . . . . . . . . . .

**Q134** 改訂長谷川式簡易知能評価スケールの結果がカットオフポイントを下回ったので、発達障害の可能性を考えた。

☐ ☐

. . . . . . . . . . . . . . . . . . . . . . . . . . . . . . . . . . . . . . . . .

**Q135** ウェクスラー児童用知能検査第5版（WISC-V）は、対象年齢が2歳から7歳である。

☐ ☐

. . . . . . . . . . . . . . . . . . . . . . . . . . . . . . . . . . . . . . . . .

**Q136** 成人の記憶能力を把握するため、バウムテストを実施する。

☐ ☐

## 6 心理的支援の方法と実際Ⅱ

**Q137** 来談者中心療法は、クライエントに指示を与えながら傾聴を続けていく。

☐ ☐

. . . . . . . . . . . . . . . . . . . . . . . . . . . . . . . . . . . . . . . . .

**Q138** 来談者中心カウンセリングでは、クライエントが事実と違うことを発言した場合、その都度修正しながら話を聞いていく。

☐ ☐

. . . . . . . . . . . . . . . . . . . . . . . . . . . . . . . . . . . . . . . . .

**Q139** 家族療法のシステムズ・アプローチでは、家族間の関係性の悪循環を変化させる。

☐ ☐

. . . . . . . . . . . . . . . . . . . . . . . . . . . . . . . . . . . . . . . . .

**Q140** ピアカウンセリングでは、同じ悩みを抱える仲間の中で支援のためのスキルを学んだ人が、当事者に対して問題を自分自身で解決できるよう手助けをする。

☐ ☐

A133　✕　矢田部ギルフォード（YG）性格検査は、[質問紙法] の人格検査である。連続した単純な作業を繰り返す検査は、内田クレペリン精神作業検査などの [作業検査法] による検査である。

A134　✕　改訂長谷川式簡易知能評価スケールは [認知症] を評価する質問式の検査であり、結果がカットオフポイント（20点／30点満点）を下回ると [認知症] の可能性が考えられる。

A135　✕　ウェクスラー児童用知能検査第5版（WISC-V）は、対象年齢が [5歳から16歳11か月] である。

A136　✕　[パーソナリティ] を把握するため、バウムテストを実施する。バウムテストとは、1本の実のなる木を描いてもらい人格をアセスメントする、[投影法] による人格検査である。

A137　✕　来談者中心療法は、クライエントに指示を [与えずに]、傾聴を続けていく心理療法である。来談者中心療法では、クライエント自身の成長に向かう力を重視する。

A138　✕　来談者中心カウンセリングでは、クライエントへの [無条件の肯定的関心] と [共感的理解] を示しながら傾聴する。

A139　○　家族療法では、家族を1つのまとまりをもった [システム] とみなし、家族間の [関係性の悪循環] を変化させることを目的としている。

A140　○　[ピアカウンセリング] では、同じ悩みを抱える仲間の中で支援のためのスキルを学んだ人が、当事者に対して問題を自分自身で解決できるよう手助けをする。

**Q141** 自律訓練法では、身体感覚への特有の能動的注意集中を通して、心身の変化や外界の諸現象に対する受動的態度を作っていく。
☑ ☑

**Q142** 森田療法は、不安をあるがままに受け入れられるように支援していく。
☑ ☑

**Q143** 認知行動療法では、自分のからだに感じられる感覚に注意を向け、そこから未形成の意味を表出していく過程が重視される。
☑ ☑

**Q144** ブリーフセラピーは、遊具などを使い、遊びを主な手段とする心理療法で、遊び自体が自己治癒的な意味をもっていることに治療的価値が認められている。
☑ ☑

**Q145** ブリーフセラピーでは、即興劇において、クライエントが役割を演じることによって、課題の解決を図る。
☑ ☑

**Q146** 遊戯療法（プレイセラピー）は、言語によって自分の考えや感情を十分に表現する方法であり、主として心理劇を用いる。
☑ ☑

**Q147** エンカウンターグループは、心理的な問題をもたない人々に対しても、さらなる心理的成長を目指すグループアプローチとして用いられる。
☑ ☑

**Q148** 心理劇は、物事についての認知のあり方をクライエントとともに検討することを通じて、非適応的な行動の修正や問題解決を行う。
☑ ☑

**Q149** 箱庭療法は、言葉では言い尽くせないような象徴的表現が可能であり、強い認知体験を伴って適度の意識化を促し、治療を進展させることができる。
☑ ☑

A141　×　自律訓練法は、身体感覚への特有の［受動的］注意集中を通して、心身の変化や外界の諸現象に対する受動的態度を作っていく［セルフ・コントロール］の技法である。

A142　○　森田療法では、不安を［あるがままに受け入れて］、心身の不調や症状があるままで具体的な行動を実行することを支援していく。

A143　×　［フォーカシング］では、自分のからだに感じられる感覚に注意を向け、そこから未形成の意味を表出していく過程が重視される。

A144　×　遊具などを使い、遊びを主な手段とする心理療法は［遊戯療法（プレイセラピー）］である。［ブリーフセラピー］は、問題解決に必要な小さな変化を目標として、短期間に行う療法である。

A145　×　即興劇において、クライエントが役割を演じる心理療法は［心理劇（サイコドラマ）］である。

A146　×　遊戯療法（プレイセラピー）は、遊具などを利用しながら［遊び］を主な手段とする療法である。

A147　○　エンカウンターグループは、心理的な問題をもたない人々に対しても、さらなる心理的成長を目指す［グループアプローチ］として用いられる。

A148　×　［認知行動療法］は、物事についての認知のあり方をクライエントとともに検討することを通じて、非適応的な行動の修正や問題解決を行う。［心理劇］は、改善すべき問題などを劇の主題として、筋書きのない即興劇を演じさせる療法である。

A149　×　箱庭療法は、言葉で言い尽くせないような象徴的表現が可能であり、強い［情動体験］を伴って、治療を進展させることができる。

**Q150**

☑ ☑

認知療法では、自由にして保護された空間の中でクライエントが自己を表現していくにつれて、内なる自己治癒力が働き始めると考える。

**Q151**

☑ ☑

自由連想法を使用し、クライエントの無意識の葛藤を明らかにするのは、行動療法に基づく技法である。

**Q152**

☑ ☑

精神分析療法は、学習理論に基づいて不適応行動の改善を行っていく。

**Q153**

☑ ☑

内観療法では、食事とトイレ以外は横になっている臥褥期（がじょく）、軽い作業を行う時期、手芸などを行う作業期、外出も行う生活訓練期を経る。

**Q154**

☑ ☑

応用行動分析は、個人の無意識に焦点を当てて介入を行っていく。

**Q155**

☑ ☑

社会生活技能訓練（SST）では、ロールプレイなどの技法を用い、生活や対人関係で必要なスキル習得を図る。

---

🐱 **重要**

国家試験では心理療法に関する問題が毎回出題されている。代表的な療法の提唱者や基盤となる理論、適用可能な対象者や場面を関連づけて学習しておこう。

A150　✕　［箱庭療法］では、自由にして保護された空間の中でクライエントが自己を表現していくにつれて、内なる自己治癒力が働き始めると考える。

A151　✕　自由連想法を使用し、クライエントの無意識の葛藤を明らかにするのは［精神分析療法］である。

A152　✕　精神分析療法は、フロイトが創始した［精神分析］に基づいて、無意識下に抑圧された心的葛藤を意識化することを目指していく療法である。学習理論に基づいて不適応行動の改善を行っていくのは［行動療法］である。

A153　✕　［森田療法］では、食事とトイレ以外は横になっている臥褥期、軽い作業を行う時期、手芸などを行う作業期、外出も行う生活訓練期を経る。［内観療法］は、身近な他者についてしてもらったこと、して返したことを想起する療法である。

A154　✕　応用行動分析では、個人の［行動］に焦点を当てて介入を行っていく。

A155　○　社会生活技能訓練（SST）は、［学習理論］を基盤とし、ロールプレイやモデリングなどの技法を用いて、［生活や対人関係で必要なスキル］を習得するための訓練のことである。

# 3 社会理論と社会システム

## 出る！出る！
## 要点チェックポイント

 **社会変動の代表的な理論**

| コント | 人間の精神が神学的→形而上学的→実証的と変化した結果、人間が営む組織は軍事型→法律型→産業型と変化した |
|---|---|
| マルクス | ・マルクス主義（資本主義を批判し、社会主義の実現を目指す）を確立した<br>・唯物史観の中で階級理論を展開した。近代社会は資本主義であるが、将来共産主義に移行するとした |
| デュルケム | ・社会的事実の観察と説明の方法を定式化した<br>・社会は分業の体系であるとし、同質的な人々の機械的連帯から異質的な人々の有機的連帯に移行する。近代社会では自由で平等な個人が現実に幻滅した結果アノミー（社会規範の大きな変化による混乱）が生じると提示した |
| ヴェーバー | ・『プロテスタンティズムの倫理と資本主義の精神』を著し、近代資本主義の発展がプロテスタンティズムの世俗内禁欲（エートス）と密接な関係があるとした。また、近代の合理化が進んだ究極の組織を官僚制と表現した<br>・政治的支配を3つ（伝統的支配、カリスマ的支配、合法支配）に分類した |

 **役割の概念**

| 役割期待 | 相互関係の中、認知されている役割に対して、特定の行為を期待すること |
|---|---|
| 役割行動 | 期待される行為を実際に行うこと |
| 役割形成 | 既存の役割の枠を超えて新しい役割を果たすことにより、他者からの期待を変化させること |
| 役割交換 | 夫婦や親子など相互で役割を交換することにより、相手の立場や考え方を理解すること |
| 役割距離 | 他者の期待と少しずらした形で行動すること。相手の期待に拘束されない自由と自己の自律性が確保できている場合にとる行動 |

| 期待の相補性 | 二者の間で、相手が期待どおりの役割を遂行していると相互で認識されることにより関係が安定すること |
| --- | --- |

 **集団を類型化した理論**

| 理論家 | 概念 | 例 |
| --- | --- | --- |
| テンニース『ゲマインシャフトとゲゼルシャフト』（1887年） | ゲマインシャフト（共同社会） | 家族・近隣・村落・仲間 |
| | ゲゼルシャフト（利益社会、機能体組織） | 企業・大都市・国家 |
| クーリー『社会組織』（1909年） | 第一次集団（プライマリー・グループ） | 家族・近隣・仲間 |
| | 第二次集団（セカンダリー・グループ） | 企業・組織 |
| マッキーバー『コミュニティ』（1917年） | コミュニティ | 地域社会（村落・都市） |
| | アソシエーション | 家族・企業・国家・ボランティア・グループ |

 **組織の2つの側面（支配システムと協働システム）**

| | ヴェーバーの支配システム | バーナードの協働システム |
| --- | --- | --- |
| 組織イメージ | ・伝統的支配（伝統の神聖さに基づいて首長へ従うことにより維持される）<br>・カリスマ的支配（ある人物の超人間的な力を絶対的に信じて服従することで成立する支配）<br>・合法的支配（秩序の法的正当性を根拠とする没主観的な服従による支配） | 意識的に調整された人間活動 |
| 特徴 | ・一元的で明確な指揮命令系統（ヒエラルキー）<br>・文書による職務遂行及び公私の分離<br>・高度に専門化した活動<br>・職務への専念<br>・一般的規則に基づく職務遂行 | ・目標達成を志向する協働の過程の重視<br>・組織存続の条件は有効性と能率 |
| 組織の要素 | 専門性・集権性・公式性 | 共通目的・コミュニケーション・貢献意欲 |
| 理論 | 目的達成のための手段としての官僚制 | 目的達成活動自体の協力関係 |

## 1 社会学とは／社会変動と人口

**Q156**
ゲゼルシャフトは、近代化の過程を説明する概念で、選択意志に基づく機械的集団のことである。

**Q157**
ホワイトは、その著『孤独な群衆』のなかで、20世紀において「内部指向型」から「他人指向型」へと社会的性格の変化が見られたと唱えた。

**Q158**
人口転換とは、「多産多死」から「少産多死」を経て「少産少死」への人口動態の転換を指す。

**Q159**
ジンメルは、社会的な分化が進むことによって、人々が相互に交流する範囲としての社会圏が縮小していくと考えた。

**Q160**
合計特殊出生率は、女性が50歳になるまでに産んだ子どもの数を平均することで算出される。

**Q161**
平均寿命とは、ある年に亡くなった人の死亡時年齢を平均することで求められる。

**Q162**
産業社会の発展に伴う環境破壊等によって人々の生活や社会が脅かされ、何らかの対処が迫られている社会をリスク社会という。

**Q163**
ヴェーバーは、近代化の特徴を「産業化」に求め、その究極的な組織が官僚制であると主張した。

**A156** ○ テンニースは、近代化の概念を、本質意志に基づく [有機的集団（ゲマインシャフト）] から選択意志に基づく [機械的集団（ゲゼルシャフト）] への移行であると捉えた。

**A157** × [リースマン] は、著書『孤独な群衆』で、20世紀において「内部指向型」から「他人指向型」へと社会的性格の変化が見られたと唱えた。

**A158** × 人口転換とは、「多産多死」から「多産少死」を経て「少産少死」への人口動態の転換を指す。

**A159** × ジンメルは、社会的な [分化] が進むことによって、人々が相互に交流する範囲としての社会圏が [拡大] していくと考えた。社会圏が [異質で多様] なものに分化していくとしている。

**A160** × 合計特殊出生率は、[15 ～ 49] 歳までの女性の年齢別特殊出生率を合計することで算出される。一人の女性がその年齢別の出生率で一生の間に生んだ場合の子どもの数に相当する。

**A161** × 平均寿命とは、年齢ごとの死亡率のデータから [0 歳児] における [平均余命]（その年に生まれた赤ん坊が何歳まで生きられるか）を推測したものである。

**A162** ○ ベックは、富の生産と配分ではなく、[リスクの配分あるいは回避] をめぐる紛争によって規定される社会（第二の近代）への転換が起こると主張した。

**A163** × ヴェーバーが主張した近代の特徴は「合理化」であり、近代に合理化が究極的に進んだ組織が [官僚制] であるとした。

## 2 現代社会の理解

**Q164**
☑ ☑
身体的振る舞いや家財道具、獲得した制度資格など文化的要素を帯びるものが本人や家族で蓄積・継承されて、文化現象や社会的格差を再生産することがあり、それらは文化遺産と呼ばれる。

**Q165**
☑ ☑
社会経済的生活条件の格差のうち、所得格差をジニ係数で測ることができる。

**Q166**
☑ ☑
近代社会において、身分や家柄によって社会的地位が固定されるのではなく、能力や自分の努力によって社会的地位が決められていくことを属性主義という。

**Q167**
☑ ☑
都市化によって公的なサービスが整備されれば、地域社会におけるボランティア活動や相互扶助的なサービス提供は必要でなくなっていく。

**Q168**
☑ ☑
イリイチは、産業社会における財とサービスの生産を支え、賃金が支払われない労働に注目し、これを「シャドウ・ワーク」と呼んだ。

**Q169**
☑ ☑
世代間移動は一個人の一生の間での階層的地位の移動を指す。

**Q170**
☑ ☑
地域権力構造論とは、コミュニティでは、たとえ一部のリーダー等であっても、有力な階層として権力をもつことはないとする考え方である。

A164　×　身体的振る舞いや家財道具、制度資格など文化的要素を帯びるものが本人や家族で蓄積・継承されて、文化現象や社会的格差を再生産することがあり、それらは［文化資本］と呼ばれる。主にブルデューが議論を展開している。

A165　○　社会経済的生活条件の格差のうち、所得格差を［ジニ係数］で測ることができる。値が小さいほど格差が［小さく］、1に近づくほど［大きく］なる。完全平等の場合は0となる。

A166　×　近代社会において、能力や自分の努力によって社会的地位が決められていくことを［業績主義］という。［属性主義］とは身分や家柄によって社会的地位が決定されることを指す。フランス革命前のアンシャン・レジームが代表的である。

A167　×　都市化によって公的なサービスが整備されても、地域社会における［ボランティア活動］や［相互扶助的］なサービス提供は必要である。

A168　○　イリイチは、産業社会における財とサービスの生産を支え、賃金が支払われない労働（家事労働など）に注目し、これを［シャドウ・ワーク］（市場経済を下支えする影の労働）と呼んだ。

A169　×　［世代間移動］とは、親と子の間での階層的地位の移動のことをいう。一個人の一生の間での地位の移動は［世代内移動］という。

A170　×　地域権力構造論では、コミュニティにおいて、一部の［リーダーやエリート］が権力をもつ場合と、［政策］ごとに権力保持者が変わり、一部のリーダー等に権力が集中しない場合があるとされている。

## 3 生活の理解

**Q171** 産業化・都市化に伴い、第二次的関係よりも第一次的関係が優位になる。
☐ ☐

**Q172** 限界集落は、過疎化と高齢化によって65歳以上の人口が半数を超え、共同体機能の維持が困難になっている集落である。
☐ ☐

**Q173** 核家族とは、一組の夫婦のみによって構成される家族である。
☐ ☐

**Q174** 定位家族とは、子どもが生まれ、社会化される場としての家族である。
☐ ☐

**Q175** 世帯には、非親族員は含まない。
☐ ☐

**Q176** 家族周期とは、子どもの出生から始まる家族発達上の規則性をとらえる概念である。
☐ ☐

**Q177** ライフコースとは、個人がたどる多様な人生のあり方をとらえる概念である。
☐ ☐

**Q178** ライフイベントとは、同時代の人々が共通に経験する歴史的出来事である。
☐ ☐

**Q179** 複合家族制では、跡継ぎとなる子どもの家族との同居を繰り返して、家族が世代的に再生産される。
☐ ☐

| | | |
|---|---|---|
| A171 | × | 産業化・都市化に伴い、[第一次] 的関係（家族・近隣・仲間）よりも [第二次] 的関係（企業）が優位になる。 |
| A172 | O | 限界集落は、過疎化と高齢化によって 65 歳以上の人口が [半数] を超え、[共同体] 機能の維持が困難になっている集落である。 |
| A173 | × | [核家族] とは、一組の夫婦と未婚の子ども、父母のいずれかの 1 人親と未婚の子どもからなる家族をいう。 |
| A174 | O | [定位家族] とは、生まれ育った家族をいう。 |
| A175 | × | 世帯には、家計と住居を同じくする [非親族員] も含まれる。政府が行う国勢調査や家計調査では、「世帯」という概念が用いられる。 |
| A176 | × | 家族周期とは、[結婚] による家族の誕生から、[夫妻の死亡] により家族が終わるまでの家族集団の発達的 [変化] をとらえたものである。 |
| A177 | O | ライフコースとは、[個人] がたどる [生涯の過程] を示す概念で、己の多元的な面をとらえるための視点である。 |
| A178 | × | ライフイベントとは、[個人] の人生の中で生ずる [大きな] 出来事をいう。誕生、進学、就職、結婚、転職、転居等の出来事を指し、環境の変化を伴うため、個人は大きなエネルギーを使う。 |
| A179 | × | 世代的な継承を重視する家族制度は [直系家族制] である。複合家族制では、2 人以上の [子どもの家族が親家族と同居] し、親の死を機に財産を均分相続して分裂する傾向にある。 |

**Q180** ☑ ☑　世帯は居住関係に、家族は血縁関係に基づき定義される。

**Q181** ☑ ☑　家族とは、血縁関係により結ばれた親族ネットワークのなかの同居生活単位を指す。

**Q182** ☑ ☑　「令和3年労働力調査年報」(総務省)によると、近年の女性の完全失業率は、男性の完全失業率よりも一貫して高い。

**Q183** ☑ ☑　「令和3年労働力調査(基本集計)」(総務省)によると、15歳以上の者の仕事ありの割合を年齢階級別にみると、男性では「30〜34歳」を底とするM字型となっている。

**Q184** ☑ ☑　男性は家庭の外で仕事をし、女性は主に家事・育児に従事するという近代家族の特徴を「役割分化」という。

**Q185** ☑ ☑　ラウントリーは、19世紀末イギリスの農民を調査し、その一生にわたる経済的浮沈を指摘したことから、ライフサイクル研究の祖といわれる。

**Q186** ☑ ☑　いわゆるレズビアン、ゲイなどの性的少数者を総称して「AGIL」という。

**Q187** ☑ ☑　資本や情報の国際的移動を結節するグローバル都市では、そのグローバルな活動を担う管理職・専門職が増加し、低賃金移民労働者が減少する。

**3 社会理論と社会システム**

---

**A180** × 世帯は主に居住と［家計］をともにする集団を指す。家族は［親族関係］に基づき定義される。親族は血族と姻族によって構成される。

---

**A181** × 家族とは、［夫婦及び血縁］関係により結ばれた親族集団を指す。必ずしも同居しているとは限らない。

---

**A182** × ［完全失業率］とは、15歳以上の労働力人口のうち、「仕事がなく、仕事を探していた者で、［仕事があればすぐ仕事に就ける人］（完全失業者）」の割合である。［女性］の完全失業率より［男性］の完全失業率が、一貫して高い。

---

**A183** × M字は女性の年齢階級別労働力率の特徴で、出産・育児によって労働市場から撤退し、子どもが成長したころに復帰する傾向を表す。「令和3年労働力調査（基本集計）」（総務省）によると、15歳以上の者の仕事ありの割合を年齢階級別にみると、［女性］では「35～39歳」を底とするM字となっている。

---

**A184** × 男性は家庭の外で仕事をし、女性は主に家事・育児に従事するという近代家族の特徴を［性別役割分業］という。一方、社会システム内で役割が多様化していくことを［役割分化］という。

---

**A185** × ラウントリーは、19世紀末イギリスの［都市労働者家族］を調査し、その一生にわたる経済的浮沈を指摘したことから、［貧困研究］の祖といわれる。

---

**A186** × 性的少数者を総称して「LGBT」という。AGILは［パーソンズ］の行為の図式である。

---

**A187** × 資本や情報の国際的移動を結節するグローバル都市では、そのグローバルな活動を担う管理職・専門職が［増加］し、サービス業などの分野では低賃金移民労働者が［増加］する。

## 4 人と社会の関係

**Q188**
☐ ☐

市場の無規制的な拡大で、人々の欲望が他律的に強化され異常に肥大化していく中で、消費の焦燥感や挫折感、幻滅などが生じることを経済的アノミーという。

**Q189**
☐ ☐

社会的地位の中でも世代から世代へと継承されるような地位を、獲得的地位という。

**Q190**
☐ ☐

夫と妻など相互に相手の役割を演じ合うことによって、相手の立場や考え方を理解し合うことを「役割交換」と呼ぶことができる。

**Q191**
☐ ☐

夫に求められる手段的役割と妻に求められる表出的役割の違いを、「役割距離」と呼ぶことができる。

**Q192**
☐ ☐

個人が、将来このような役割を遂行できるようになりたいと望むことを、「役割期待」という。

**Q193**
☐ ☐

保有する複数の役割間の矛盾や対立から心理的緊張を感じることを、「役割葛藤」という。

**Q194**
☐ ☐

人々の私的利益の追求は利害対立を生み、万人の万人に対する闘争状態が予想されるなかで、社会秩序がなぜ可能となるのかを問うことをホッブズ問題という。

**Q195**
☐ ☐

社会化の過程は、乳幼児期から青年期に至るまでに完了する。

**3**

**社会理論と社会システム**

A188　○　市場の無規制的な拡大で、人々の[欲望]が他律的に強化され異常に肥大化していく中で、[消費]の焦燥感や挫折感、幻滅などが生じることを経済的アノミーという。アノミーとは、社会規範の動揺、弛緩、崩壊によって起こる無規制状態のこと。

. . . . . . . . . . . . . . . . . . . . . . . . . . . . . . . . . . . . . . . .

A189　×　社会的地位の中でも世代から世代へと継承されるような地位を、[生得的]地位という。個人の努力と競争によって獲得した地位のことを、[獲得的]地位という。

. . . . . . . . . . . . . . . . . . . . . . . . . . . . . . . . . . . . . . . .

A190　○　夫と妻など相互に相手の役割を演じ合うことによって、相手の立場や考え方を理解し合うことを[役割交換]と呼ぶことができる。

. . . . . . . . . . . . . . . . . . . . . . . . . . . . . . . . . . . . . . . .

A191　×　役割距離とは、[他者から期待される]役割から、少しずらしたり距離をおいた形で行動したりすることをいう。

. . . . . . . . . . . . . . . . . . . . . . . . . . . . . . . . . . . . . . . .

A192　×　[役割期待]とは、個人の将来への期待ではなく、相互関係の中で他者から認知された役割に対する暗黙の期待である。

. . . . . . . . . . . . . . . . . . . . . . . . . . . . . . . . . . . . . . . .

A193　○　保有する複数の役割間の矛盾や対立から心理的緊張を感じることを、[役割葛藤]という。

. . . . . . . . . . . . . . . . . . . . . . . . . . . . . . . . . . . . . . . .

A194　○　人々の[私的利益]の追求は利害対立を生み、万人の万人に対する[闘争]状態が予想されるなかで、[社会秩序]がなぜ可能となるのかを問うことをホッブズ問題という。

. . . . . . . . . . . . . . . . . . . . . . . . . . . . . . . . . . . . . . . .

A195　×　社会化の過程は、人の[生涯]にわたって行われる。

**Q196** 合法的支配とは、ある私的な関係に限って認められたルールに基づく支配体制である。

☐ ☐

**Q197** 伝統的支配とは、過去に制定された法に基づく支配体制である。

☐ ☐

**Q198** ヴェーバーが取り上げた官僚制の特色に、秘密主義がある。

☐ ☐

**Q199** ヴェーバーが取り上げた官僚制の特色に、職務の専門化がある。

☐ ☐

**Q200** ヴェーバーは、官僚制による合理化が一層進行するが、それに反対して情熱的に異議を唱えるカリスマが多数登場するようになると考えた。

☐ ☐

**Q201** 官僚制組織は必ずしも規模が大きいとは限らないので、明文化された規則がない。

☐ ☐

**Q202** コミュニケーション的行為論は、パーソンズの社会的行為論である。

☐ ☐

**Q203** 第一次集団とは、会社や学校などの社会集団であり、家族や親族などの第二次集団とは異なる。

☐ ☐

3 社会理論と社会システム

A196　×　合法的支配とは、[法による合理的] な支配である。伝統的支配やカリスマ的支配と異なり、個人の特性等には左右されず、恣意性が入る余地がない。

A197　×　伝統的支配は、[過去から継続する権威]（カリフなど）や [慣習] などによる支配を指す。

A198　×　[マートン] が取り上げた官僚制の [逆機能] の特色に、秘密主義がある。ほかに、責任回避、画一的傾向、セクショナリズムなどがある。

A199　○　[ヴェーバー] が取り上げた官僚制の特色に、職務の専門化の原則がある。ほかに、権限の原則、階層の原則、文書主義がある。

A200　×　ヴェーバーは、[官僚制] による合理化が一層進行すると考えた。また、ヴェーバーは支配の類型を [合法的] 支配、[伝統的] 支配、[カリスマ的] 支配の３つに分類し、非日常的・超人間的な資質をもつ指導者に対し人々が従う関係を [カリスマ的支配] と呼んだ。

A201　×　官僚制組織は必ずしも規模が大きいとは限らないが、[明文化された規則] が存在する。

A202　×　コミュニケーション的行為論は、[ハーバマス] の理論である。コミュニケーション的行為は「[言語を媒介] とし、自己と他者の間で [相互了解] を目指して行われる相互行為」である。

A203　×　クーリーの概念では、社会集団は第一次集団と第二次集団に分けられ、[第一次集団] には家族や親族、[第二次集団] には企業や学校が含まれる。

**Q204** アソシエーションとは、地理的・文化的な地域性を結合要素とした社会集団である。

**Q205** 現代の非営利組織（NPO）は、肥大化する企業や政府の活動を監視する社会的監視機構になり、併せて私企業の市場支配力を抑制するカウンター・パワーになり得る。

**Q206** パーソンズの主意主義的行為理論では、行為者の主観的選択基準は重要視しない立場をとる。

**Q207** ごみの不法投棄に罰金を科すなど、協力行動には報酬を、非協力行動には制裁を与え、非協力行動が価値観として不適切だと罪悪感を教え込む方法を「選択的誘因」という。

**Q208** ホーソン調査（ホーソン実験）によって、インフォーマルな集団の中のフォーマル組織が発見された。

**Q209** マートンは、自我とは主我（I）と客我（me）の2つの側面から成立しており、他者との関係が自己自身への関係へと転換されることによって形成されることを指摘した。

**Q210** 社会関係資本は、社会的共同消費手段を構成する公共財であり、不況期には景気対策として用いられてきた。

**A204** ✕ アソシエーションは、[特定の関心]を協働して追求するための組織体（家族・企業・国家）であるとされる。マッキーバーの「コミュニティ」の概念と対になっている。

**A205** ○ 現代の非営利組織（NPO）は、肥大化する企業や政府の活動を監視する[社会的監視機構]になり、併せて私企業の市場支配力を抑制する[カウンター・パワー]になり得る。

**A206** ✕ パーソンズの主意主義的行為理論は、行為者を[規範的指向]に基づいて、一定の条件下で適切な手段を用い、目的を追求する者ととらえる。すなわち、外的な要因だけでなく行為者の[意思決定]という主観的な要素をも重視する。

**A207** ✕ 協力行動には報酬を、非協力行動には制裁を与えることで、協力行動を選択したほうが[合理的]であると思わせる方法を[選択的誘因]という。罪悪感を教え込むわけではない。

**A208** ✕ ホーソン調査によって、[フォーマル]な集団の中に[インフォーマル]な組織が発見された。この自然に発生する人間関係は生産性や作業効率に影響を与える。

**A209** ✕ [ミード]は、自我とは主我（I）と客我（me）の[相互作用]によって形成されると指摘した。客我は他人や社会との相互作用から学習されるものであり、主我は客我への創造的な働きかけである。

**A210** ✕ 社会関係資本は、[社会的ネットワーク]や[個人間のつながり]を資源であるとする考え方であり、経済的な意味の資源ではない。

3

社会理論と社会システム

**Q211**
☑ ☑
社会関係資本には、異なる集団間での効用を高める結束型と、同一集団内の効用を高める橋渡し型があるが、結束型は他の集団に対して排他的に作用することがある。

**Q212**
☑ ☑
価値合理的行為とは、信奉する価値の実現のために行われる行為を意味するので、その価値が実際に実現したかどうかという結果が重視される。

**Q213**
☑ ☑
伝統的行為とは、行為対象に対して直接の感情や気分によって行われる振る舞いを意味する。

**Q214**
☑ ☑
準拠集団とは、共同生活の領域を意味し、典型的な例は地域社会である。

**Q215**
☑ ☑
犯罪容疑者である共犯者が、逮捕されていない主犯者の利益を考えて黙秘する結果、自分が罪をかぶることを「囚人のジレンマ」という。

**Q216**
☑ ☑
社会にとって有用な資源へのアクセスが特定の人に限られていることを「共有地の悲劇」という。

**Q217**
☑ ☑
財やサービスの対価を払うことなく、利益のみを享受する成員が生まれる状況を「共有地の悲劇」という。

**A211** × 社会関係資本には、異なる集団間での効用を高める［橋渡し］型と、同一集団内の効用を高める［結束］型があるが、［結束］型は他の集団に対して排他的に作用することがある。

**A212** × ［価値合理的］行為とは、［信奉する価値］（宗教など）の実現のために行われる行為を意味するが、その［価値］が実際に実現したかどうかという結果は問われない。

**A213** × 伝統的行為とは、ヴェーバーの行為の4類型の1つで、［身についた習慣］による行為を指す。行為対象に対して直接の感情や気分によって行われる振る舞いは、［感情的（情緒的）］行為を指す。

**A214** × 準拠集団とは、［人の価値観や信念、行動］などに強い影響を与える集団を意味し、家族や地域、学校、職場等がそれにあたる。

**A215** × 「囚人のジレンマ」とは、共犯者の供述を知ることができない状態の中で、［自白か黙秘のいずれが自分にとって有利になるか］をめぐって生じるジレンマである。協力し合うことが互いの利益になるにもかかわらず、非協力への個人的誘引が存在する状況を指す。

**A216** × 「共有地の悲劇」とは、社会にとって有用な資源（公共財）へのアクセスが［オープンになっている］状態で、［非協力的］行動を選択した方が自分の利益が大きくなるが、全員が同様の行動をとることで、結果的に誰にとっても［不利益］な結果を招いてしまうことを指す。

**A217** × 財やサービスの対価を払わずに利益を享受する成員を「フリーライダー」という。

## 5 社会問題の理解

**Q218**
☑ ☑
サザーランドは、組織で働く、社会的地位の高い者が、職業的な課題を遂行する中で犯罪を犯すことを、ホワイトカラー犯罪として明らかにした。

**Q219**
☑ ☑
犯罪行為に対して、それを取り締まる警官やそれを裁く司法関係者が、自らの利益のためその事件を法の規制対象外と位置づけていくことを司法取引という。

**Q220**
☑ ☑
マートンが指摘したアノミーは、文化的目標とそれを達成するための制度的手段との不統合によって社会規範が弱まっている社会状態を指す。

**Q221**
☑ ☑
環境問題では、低所得層や人種的マイノリティなど社会的弱者に対して被害が集中することがある。このような不平等を是正し、併せて環境からの便益の分配における不平等も是正しようという考え方を環境正義という。

**Q222**
☑ ☑
経済成長と環境保全は二律背反的なものであり、技術革新によって環境保全を図ることはできるが、同時に経済成長も持続していくことはできないという考え方をエコロジー的近代化という。

**Q223**
☑ ☑
タウンゼントは、物理的生存に最低限必要な生活費との比較で相対的貧困を定義した。

A218　○　サザーランドは、[社会的地位の高い]者（ホワイトカラー）が、職務の課題を遂行するために犯す犯罪（贈収賄や横領など）をホワイトカラー犯罪と呼んだ。

A219　×　司法取引とは、犯罪行為の被告人が罪状を認めたり共犯者を告発したりする代わりに、それを取り締まる警官や裁く司法関係者が、被告の刑を［軽減］する取引のことである。

A220　○　［マートン］は、経済的豊かさの実現を促す文化的目標の大きさに対し、その実現の手段が追いつかないことが、貧しい階層の人々の犯罪・逸脱行為の要因であるとし、そうした状態を［アノミー］という概念で説明した。

A221　○　環境問題では、［低所得層や人種的マイノリティ］など［社会的弱者］に対して被害が集中することがある。このような［不平等］を是正し、併せて環境からの便益の分配における［不平等］も是正しようという考え方を［環境正義］という。

A222　×　経済成長と環境保全を二律背反的なものとせず、［技術革新］によって環境保全を図りながら、同時に経済成長を持続できるという考え方を［エコロジー的近代化］という。

A223　×　タウンゼントの相対的貧困とは、特定の地域や社会における［標準的な生活］と相対的に［比較］したときに、［社会生活や慣習］に参加したり、快適に暮らしたりするための社会資源を欠いていることを意味する。

**Q224** 構築主義においては、社会問題を、ある状態を解決されるべき問題とみなす人々のクレイム申立てとそれに対する反応を通じて作り出されると捉える。

☐ ☐

**Q225** ラベリング論とは、逸脱行為へのプル要因（引き付ける要因）を説明する理論である。

☐ ☐

**Q226** 社会的指標は客観的指標のみが用いられ、主観的指標は用いられない。

☐ ☐

**Q227** 抑圧的法とは、支配者が被支配者を抑圧し黙らせるための手段として用いられるが、支配者自身もその法の支配を受けなければならないものをいう。

☐ ☐

**Q228** 応答的法とは、法が政治から分離され、社会のメンバーすべてが等しく従うべき普遍的なルールとして形式化され、体系化されたものをいう。

☐ ☐

**Q229** ゴッフマンは、状況を誤って定義すればその定義を信じる人々によって結果として現実のものとなる現象を「予言の自己成就」と呼んだ。

☐ ☐

---

🐱 **重要**　犯罪行為のとらえ方：
「文化学習理論」「社会緊張理論」

　社会病理のとらえ方の中で、少年犯罪は仲間集団における逸脱的な文化学習・犯罪に誘う文化的誘因（逸脱行為へのプル要因）によって形成されるとするのが、「文化学習理論」である。

　それに対し、目標と手段の乖離が大きく、犯罪という非合法の手段によって目標達成しようとするというのが「社会緊張理論」である。すなわち、社会緊張理論は、少年たちを犯罪の世界へ押し出す社会構造的プレッシャー（社会的なプッシュ要因）による説明である。

A224　○　キッセとスペクターが提唱した構築主義によれば、「社会問題」とは客観的に実体するものではなく、その状態を解決されるべき問題とみなす人々の [クレイム申立て] によって成立するものである。ある行為に対する犯罪という解釈それ自体が [社会的に構築] されたものであるという考え方である。

A225　×　ラベリング論は、[他者からのレッテル貼り] という社会的スティグマの付与により逸脱的なパーソナリティを形成し、逸脱行動を呼び起こすとする [構築主義] 的な考え方である。逸脱行為へのプル要因を説明するものではない。

A226　×　社会的指標には、[客観的] 指標と [主観的] 指標が用いられる。例えば、国連の「世界幸福度報告書」で公表される幸福度指標は [主観的社会] 指標の１つである。

A227　×　[実定法] とは、支配者が被支配者を抑圧し黙らせるための手段として用いられるが、支配者自身もその法の支配を受けなければならないものをいう。[抑圧的法] では、独裁者が立法を行うと、法は独裁者の恣意により作られる。その状況では人々の「人権や法の普遍性」は認められない状態となる。

A228　×　[自律的法] とは、法が政治から分離され、社会のメンバーすべてが等しく従うべき普遍的なルールとして形式化され、体系化されたものをいう。社会の要請に応えるため、より柔軟な運用を可能にする法のあり方のことを [応答的法] という。

A229　×　[マートン] は、状況を誤って定義すればその定義を信じる人々によって結果として現実のものとなる現象を「予言の自己成就」と呼んだ。根拠のない予言だとしても、人々の無意識・意識的行為の積み重ねによって現実のものになることを指す。

社会理論と社会システム

出る！出る！

# 要点チェックポイント

 **三浦文夫によるニード（ニーズ）の分類**

| 貨幣ニード | 経済的な要因から生じ、その程度が貨幣的に測定されるニード。このニードの充足は主として金銭給付によってなされる |
|---|---|
| 非貨幣ニード | 貨幣的には表せない生活上の諸々の障害から生じ、その程度を貨幣によって測ることが困難なニード。このニード充足のためには、金銭（現金）給付では十分に効果をもちえず、現物又は役務（人的）サービスによらなければならない |
| 顕在的ニード | 基準となる「ある一定の状態」と、ある個人の実際の状態とを照らし合わせたときに、乖離が存在し、その解決の必要が社会的に認められ、本人が自覚、感得しているニード |
| 潜在的ニード | 基準となる「ある一定の状態」と、ある個人の実際の状態とを照らし合わせたときに、乖離が存在し、その解決の必要が社会的に認められるにもかかわらず、本人が自覚、感得していないニード |

 **ブラッドショーによるニード（ニーズ）の分類**

| 規範的ニード（ノーマティブ・ニード） | 社会通念（価値基準）や専門知識に基づき行政や専門家が判断するニード。このようにしてニードを判断するには、望ましい状態の想定が必要となる |
|---|---|
| 感得されたニード（フェルト・ニード） | 本人が感じるニードのこと。感得されたニードは、本人が外部に表明している場合と、していない場合とがある |
| 表明されたニード（エクスプレスト・ニード） | 感得されたニードを充足しようとして言動に表されたニード |
| 比較ニード（コンパラティブ・ニード） | 他人や他の集団が置かれた状態との比較に基づいて判断されるニード。個人もしくは集団AとBが同様、類似した状態にあり、Aにニードがあるとされるとき、Bにもニードがあるとみなされる |

## 民間の慈善活動家と活動内容

| 名前 | 活動内容 |
|------|---------|
| 岩永マキ、ド・ロ神父 | 1874（明治7）年、孤児の救済施設、浦上養育院を創設 |
| 石井十次 | 1887（明治20）年、岡山孤児院を設立、「岡山孤児院十二則」を設け、多彩な処遇を実践 |
| 石井亮一 | 1891（明治24）年、孤女学院（後の滝乃川学園）を設立、障害児施設の先駆け |
| 片山潜 | 1897（明治30）年、東京にキングスレー館を設立し、セツルメント運動を展開 |
| 留岡幸助 | 1899（明治32）年、不良少年の感化（更生）のため、東京に家庭学校（後に移転、現・児童自立支援施設 北海道家庭学校）を設立 |
| 野口幽香 | 1900（明治33）年、貧児のための幼稚園、二葉幼稚園（現・二葉保育園）を開設 |
| 山室軍平 | 救世軍の日本軍士官となり、廃娼や禁酒運動を展開 |
| 呉秀三 | 精神病患者の実態調査を行い、精神病院法の制定に奔走 |
| 糸賀一雄 | 1946（昭和21）年、戦災孤児や知的障害児のための近江学園、1963（昭和38）年、重症心身障害児のためのびわこ学園を創設<br>『この子らを世の光に』（1965（昭和40）年）を執筆 |

## エスピン‐アンデルセンの分類

| 自由主義レジーム | ・選別主義的制度の割合が高く、福祉の受給にスティグマ感を伴う<br>・アメリカ、カナダ、オーストラリアなど。イギリスやニュージーランドもこのレジームに近づいている |
|------|---------|
| 保守主義レジーム | ・伝統的な価値観や家族の機能を重視。社会サービスは職業上の地位と連動<br>・ドイツ、フランス、オーストリア、オランダ、ベルギー、ルクセンブルクなど<br>・日本は保守主義レジームに近いとされる |
| 社会民主主義レジーム | ・労働力の脱商品化の程度が高く、普遍主義的なサービス供給の形態<br>・スウェーデン、ノルウェー、フィンランドなど |

## 1 社会福祉の原理

**Q230**
☑ ☑
社会保障は広義と狭義に分けられ、狭義の社会保障は公的扶助、社会福祉、公衆衛生及び医療の4つから構成される。

**Q231**
☑ ☑
社会保障制度審議会は、「1995年の勧告」において、「1950年の勧告」当時の社会保障の理念は最低限度の生活の保障であったが、現在では広く国民に健やかで安心できる生活を保障することが社会保障の基本的理念であるとした。

**Q232**
☑ ☑
三浦文夫は、政策範疇としての社会福祉へのアプローチの方法として、ニード論や供給体制論を展開した。

**Q233**
☑ ☑
孝橋正一は、社会福祉の固有の機能を、個人とそれを取り巻く環境との間の不均衡を調整し、環境への適応を促すことと論じた。

**Q234**
☑ ☑
岡村重夫は、個人がその基本的要求を充足するために利用する社会制度との関係を「社会関係」と呼び、その主体的側面に立つときに見えてくる生活上の困難を、社会福祉の固有の対象領域とした。

**Q235**
☑ ☑
ギデンズをブレーンとするブレア政権は、「第三の道」路線を打ち出した。

A230 　× 　社会保障は広義と狭義に分けられ、社会保障制度審議会の分類では、狭義の社会保障は、[社会保険]、公的扶助、社会福祉、公衆衛生及び医療、[老人保健]の5つから構成される。

A231 　○ 　社会保障制度審議会は、「1995年の勧告」において、「1950年の勧告」当時の社会保障の理念は最低限度の生活の保障であったが、現在では広く国民に[健やかで安心できる生活]を保障することが社会保障の基本的理念であるとした。

A232 　○ 　[三浦文夫]は、政策範疇としての社会福祉へのアプローチの方法として、ニード論や供給体制論を展開した。ニードを[貨幣的]ニードと[非貨幣的]ニードに分類し、供給主体の多元化について論じた。

A233 　× 　孝橋正一は、資本主義制度の構造的・必然的な産物である社会問題と、そこから派生する無知、怠惰、疾病、浮浪等の社会的問題を区別し、前者には[社会政策]、後者には[社会事業]で対応するよう整理した。

A234 　○ 　岡村重夫は、個人がその基本的要求を充足するために利用する社会制度との関係を[社会関係]と呼び、その主体的側面に立つときに見えてくる生活上の困難を、社会福祉の[固有の対象領域]とした。

A235 　○ 　ギデンズをブレーンとするブレア政権は、従来の社会民主主義とも新自由主義とも異なる政策路線を意味する[第三の道]路線を打ち出した。

**4**

**現代社会と福祉**

**Q236**
☐ ☐
ブルデューが論じた文化資本とは、地域社会が子育て支援に対して寄与する財のことをいう。

**Q237**
☐ ☐
デュルケムが論じた有機的連帯とは、異質で多様な人々が特定の関係性を共有している状態を指している。

**Q238**
☐ ☐
ダニエル・ベルは、『ポスト工業化社会の到来』の中で、ポスト工業化の時代には「新しい知識階級」が、金融や情報に関する新しい技術を駆使しながら「経済学化様式」に立脚した意思決定を行うと主張した。

**Q239**
☐ ☐
「ウルフェンデン報告」は、福祉ニーズを充足する部門を、インフォーマル、ボランタリー、法定（公定）の３つに分類した。

**Q240**
☐ ☐
センの提唱したケイパビリティ・アプローチによれば、人間の福祉は、どのような財を持っているかではなくて、何をすることができるかという人間の機能の集合によって決まる。

**Q241**
☐ ☐
エンパワメントとは、パワーの欠如した子どもたちが健全な発達を遂げることを目的として、ヨーロッパの児童福祉の実践の中で生まれた福祉政策の理念である。

---

> 😺 **参考** センの潜在能力論
>
> 効用の概念と潜在能力論（ケイパビリティ・アプローチ）で知られるベンガル出身の経済学者センは、厚生経済学の代表的な人物であり、ノーベル経済学賞も受賞している。センは潜在能力論において、所得では捕捉できない価値を保障するため、人々の潜在能力（ケイパビリティ）に着目した。

A236 × ブルデューの [文化資本] とは、学歴や教養といった金銭では測れないような個人資産を指している。彼は他に、[社会関係資本] や [象徴的資本]、[象徴的暴力] などの概念で知られる。また、彼の [ハビトゥス] の概念も有名である。

**4**

**現代社会と福祉**

A237 ○ デュルケムが論じた [有機的連帯] とは、異質で多様な人々が特定の関係性を共有している状態を指す。彼はまた、似たような属性の個人が集合意識の元に連帯している状態を意味する [機械的連帯] の概念も提唱した。

A238 × ベルは、『ポスト工業化社会の到来』の中で、ポスト工業化の時代には、[専門・技術階級（新しい知識階級）] が、金融や情報に関する新しい技術を駆使しながら [社会学化様式] に立脚した意思決定を行うと主張した。

A239 × 「ウルフェンデン報告」は、福祉における国家介入の縮小、地方分権化、民間による福祉参入促進などを提唱しており、[福祉多元] 主義の文脈でよく言及される。

A240 ○ センの提唱した [ケイパビリティ（潜在能力）・アプローチ] によれば、人間の福祉は、どのような財を持っているかではなくて、何をすることができるかという人間の機能の集合によって決まる。

A241 × エンパワメントは、1970 年代に [アメリカ] で [黒人解放運動] の中で使われた福祉政策の理念である。[抑圧された人] たちの内在する力を引き出すことを目的とするもので、のちに女性運動や市民運動、障害者福祉などの領域で使われるようになった。

**Q242** ☑ ☑ 社会福祉におけるパターナリズムとは、政府が、福祉ニーズを持つ者の権利を尊重し、当人の意向に従ってきめ細かなサービスの提供に努めるべきであるという理念を示す概念のことである。

**Q243** ☑ ☑ バーリンのいう積極的自由とは、自らが価値のあることと認識している物事や行為に従事するなど、自律的な行動を通して自己実現が図れるような状態のことを表している。

**Q244** ☑ ☑ ポジティブ・ウェルフェアは、人々の福祉を増進するために、女性参政権の実現を中心的な要求として掲げる思想である。

**Q245** ☑ ☑ ロールズは、国家の役割を外交や国防等に限定し、困窮者の救済を慈善事業に委ねることを主張した。

**Q246** ☑ ☑ アダム・スミスは、充実した福祉政策を行う「大きな政府」からなる国家を主張した。

## 2 社会福祉における対象

**Q247** ☑ ☑ 福祉サービスに対する行政需要とは、国民の政府に対する要求や要望のうち、市場を通じて供給することが特に可能な消費者の需要のことである。

A242 × 社会福祉におけるパターナリズムとは、政府な
ど福祉サービス提供者が、福祉ニーズを持つ者
の意向に反してでも、提供側の思惑や判断に
よって［介入・干渉］することである。

A243 ○ バーリンのいう［積極的自由］とは、自らが価
値のあることと認識している物事や行為に従事
するなど、自律的な行動を通して自己実現が図
れるような状態のことを表している。また、自
らの行為を妨げる干渉から解放されることで実
現する自由を［消極的自由］と定義している。

A244 × ポジティブ・ウェルフェアは「参加型社会保障」
とも呼ばれ、経済成長の基盤を作る未来への投
資として、本人の能力を最大限に引き出し、労
働市場、地域社会や家庭への参加を促すことを
目的とする。

A245 × 国家の役割を外交や国防等に限定し、困窮者の
救済を慈善事業に委ねるという主張は、［アダ
ム・スミス］に代表される「小さな政府」の考
え方である。ロールズは、『正義論』で知られ
る現代リベラリズムを代表する政治哲学者であ
る。

A246 × アダム・スミスの考え方は、自然に任せていれ
ば調和が取れるという「神の見えざる手」に代
表される、政府の役割をできるだけ［小さく］
する発想である。

A247 × 福祉サービスに対する行政需要とは、国民の政
府に対する［要求や要望］のことである。市場
を通じて供給されるかどうかとは直接かかわり
がない。

**Q248** ☑ ☑
感得されたニードとは、ブラッドショーによれば、専門家や行政担当者によってニードがあると感得された状態のことである。

**Q249** ☑ ☑
欲求は、本人の発言で表現されなければ、ニーズ（必要）とはならない。

**Q250** ☑ ☑
ニーズ（必要）充足のために平等な資源の量を分配すべきであるという考え方を、貢献原則と呼ぶ。

**Q251** ☑ ☑
ラショニングとは、希少な資源を、市場メカニズムを用いずに、これを必要とする人々に供給するための方法である。

**Q252** ☑ ☑
負の所得税とは、低所得者向けの現金給付を現物給付に置き換える構想である。

**Q253** ☑ ☑
バウチャーの支給という方式の長所は、現物給付方式の場合よりも、受給者に対して物品や事業者の選択を広く認めることができる一方で、現金給付方式のように支給されたお金が他の目的のために使われてしまうということが起きない点にある。

**Q254** ☑ ☑
フレイザーは、ニーズの中身が、当事者によってではなく、専門職によって客観的に決定されている状況を、「必要解釈の政治」と呼んだ。

A248　✕　[規範的] ニードとは、ブラッドショーによれ
ば、専門家や行政担当者によってニードがある
と感得された状態のことである。[感得された]
ニードとは、個人がニードを自覚している状態
のことである。

A249　✕　欲求は、本人が [自覚] すれば、ニーズ（必要）
となる（感得されたニード：フェルト・ニード）。
また、それは [他者] に表現される場合（エク
スプレスト・ニード）と、表明されない場合が
あるが、どちらもニーズとみなされる。

A250　✕　ニーズ（必要）充足のために、その人が成し遂
げた [功績の程度] に応じて資源を再分配すべ
きとする考え方を、貢献原則と呼ぶ。また、
ニーズに基づいて [福祉政策を策定] するべき
とする考え方を、必要原則と呼ぶ。

A251　○　ラショニングとは、[希少な資源] を、市場メカ
ニズムを用いずに、これを必要とする人々に供
給するための方法である。

A252　✕　負の所得税とは、一定水準以下の負担能力の世
帯からは税を徴収せず、逆に [給付] を受け取
るべきとする考え方である。

A253　○　[バウチャー（クーポン）] の支給という方式の
長所は、現物給付方式の場合よりも、受給者に
対して物品や事業者の選択を広く認めることが
できる一方で、現金給付方式のように支給され
たお金が他の目的のために使われてしまうとい
うことが起きない点にある。

A254　✕　[フレイザー] の「必要（ニード）解釈の政治」
は、ニードに関するパラダイムとそれに対抗す
るような言説の緊張関係を議論の俎上に載せる
ための考え方である。

## 3 海外の社会福祉の発展過程

**Q255** イギリスのエリザベス救貧法（1601年）では、労働能力のない貧民のうち親族による扶養を受けられない者に対して救済策が設けられたが、労働能力のある貧民については対象外とされた。

☐ ☐

**Q256** ギルバート法（1782年）は、貧民の救済を労役場内での救済に限定しなかった。

☐ ☐

**Q257** イギリスの新救貧法（1834年）は劣等処遇の原則を導入し、救貧の水準を自活している最下層の労働者の生活水準よりも低いものとした。

☐ ☐

**Q258** イギリスの新救貧法（1834年）では、貧困の原因として欠乏・疾病・無知・不潔・無為の5大巨悪が指摘された。

☐ ☐

**Q259** アメリカのオバマ政権は、高齢者・障害者等のための医療保険制度であるメディケアの対象をその他のすべての国民にまで拡大することを目指し、その第一歩として2010年3月に「医療保険制度改革法」を成立させた。

☐ ☐

**Q260** スウェーデンの社会サービス法では、住民が必要な援助を受けられるよう、コミューンが最終責任を負うこととなっている。

☐ ☐

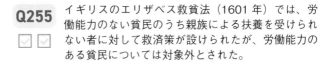

**参考** ラウントリーのライフサイクル・モデル

　ラウントリーは、特別な専門的技術などを持たない、ごく一般的な労働者の場合、たとえ失業したりせずとも人生で最低3回は貧困に陥るリスクが高まる時期があると指摘した。1回目は労働者自らが子どもであった時期、2回目は結婚し、子どもを育てている時期、3回目は子どもが独立したのち、労働者自らがリタイアして収入が低下又は途絶える時期である。

A255　×　イギリスのエリザベス救貧法（1601年）では、貧民は、①［労働能力のある貧民］、②［労働能力のない貧民］、③扶養能力のない貧民の［児童］の3種類に分類され、それぞれに対して方策が設けられた。

. . . . . . . . . . . . . . . . . . . . . . . . . . . . . . . . . . . . . . . . .

A256　○　ギルバート法（1782年）及びスピーナムランド制度（1795年）は、エリザベス救貧法下で膨らみ続ける救貧予算の削減を目的に［院外救済］を認めたことで有名な制度である。

. . . . . . . . . . . . . . . . . . . . . . . . . . . . . . . . . . . . . . . . .

A257　○　イギリスの新救貧法（1834年）では、財政圧迫及び人々の不公平感への対応のため［劣等処遇］の原則を導入し、［院外救済］は禁止された。

. . . . . . . . . . . . . . . . . . . . . . . . . . . . . . . . . . . . . . . . .

A258　×　イギリスの［ベヴァリッジ報告］（1942年）では、貧困の原因として欠乏・疾病・無知・不潔・無為の5大巨悪が指摘された。

. . . . . . . . . . . . . . . . . . . . . . . . . . . . . . . . . . . . . . . . .

A259　×　アメリカのオバマ政権は、民間の医療保険ではなく定額の公的医療保険への加入をすべての国民に義務づけることを目指し、その第一歩として2010年3月に［ACA（医療保険制度改革法）］を成立させた。通称［オバマケア］と呼ばれる。なお、［メディケア］は主に高齢者と障害者を、［メディケイド］は一定の条件を満たす低所得者を対象とする制度である。

. . . . . . . . . . . . . . . . . . . . . . . . . . . . . . . . . . . . . . . . .

A260　○　スウェーデンの社会サービス法では、［ノーマライゼーション］の理念に基づき、住民が必要な援助を受けられるよう、コミューンが最終責任を負うこととなっている。

**Q261** ☐ ☐ 19世紀、ブース, C. はロンドン調査の最終報告書をまとめ、ライフサイクルに応じて生活水準が周期的に変動することを明らかにした。

**Q262** ☐ ☐ 20世紀初頭のイギリスでは、公的年金と失業保険から構成される国民保険法が成立するなど積極的な社会改革が進められた。

**Q263** ☐ ☐ フェビアン社会主義は、ウェッブ夫妻などのフェビアン協会への参加者が唱えた思想であり、イギリス福祉国家の形成に影響を与えた。

**Q264** ☐ ☐ ウェッブ夫妻は『産業民主制論』（1897年）でナショナル・ミニマムの考え方を示した。

**Q265** ☐ ☐ 「ベヴァリッジ報告」における社会保障計画は、社会保険、国民扶助、任意保険という3つの方法で構成されるという考え方を示した。

**Q266** ☐ ☐ タウンゼントは、文化人類学の観点から、貧困者に共通して形成・継承される生活様式である「貧困の文化（culture of poverty）」を浮き彫りにし、それが世代的に再生産されていくことを描いた。

---

🐱 **参考** 相対的剥奪

　1960年代にタウンゼントが提示した概念。社会で推奨、是認されている、あるいは慣例化しているような生活水準と比較して、ある人々や集団、地域の生活水準がそれを大きく下回っている状態を、「望ましい状態と比べて（相対的に）何かを奪われている（剥奪されている）状態」ととらえる。

**A261** ✕ 19世紀、[ラウントリー]は[ヨーク]調査の
最終報告書をまとめ、ライフサイクルに応じて
生活水準が周期的に変動することを明らかにし
た。[ブース]は[ロンドン]調査を実施し、
貧困の原因は疾病や多子、低賃金といった環境
や雇用の問題にあると報告した。

**A262** ✕ 20世紀初頭のイギリスでは、[健康保険]と
[失業保険]から構成される国民保険法が成立
(1911年)するなど積極的な社会改革が進めら
れた。

**A263** ○ ウェッブ夫妻などのフェビアン協会は、[マル
クス]主義に反対の立場をとり、資本主義の弊
害の克服を通して社会主義の実現を目指し、イ
ギリス福祉国家の形成に影響を与えた。

**A264** ○ [ウェッブ夫妻]は『産業民主制論』(1897年)
でナショナル・ミニマムの考え方を示した。ナ
ショナル・ミニマムは[衛生・安全、労働時間、
賃金、教育]で構成されていた。

**A265** ○ 「ベヴァリッジ報告」における社会保障計画は、
[社会保険]、国民扶助、任意保険という3つの
方法で構成されるという考え方を示した。[完
全雇用]を中心とするケインズ主義と並び「ケ
インズ＝ベヴァリッジ体制」と呼ばれ、福祉国
家の中心概念となった。

**A266** ✕ ルイスは、文化人類学の観点から、貧困者に共
通して形成・継承される生活様式である[貧困
の文化(culture of poverty)]を浮き彫りにし、
それが世代的に再生産されていくことを描い
た。タウンゼントは、[相対的剥奪]という概
念によって相対的貧困を研究した。

**4**

**現代社会と福祉**

**Q267**
☐ ☐ エイベル－スミスとタウンゼントは、『貧困層と極貧層』において、1953/1954 年から 1960 年にかけて貧困者が増大しており、そのうち、34.6％が世帯主が常用労働者の世帯に属することを明らかにした。

**Q268**
☐ ☐ 1960 年代のアメリカにおける福祉権運動の主たる担い手は、就労支援プログラムの拡充を求める失業中の白人男性たちであった。

**Q269**
☐ ☐ コミュニタリアニズムは、家族や地域共同体の衰退を踏まえ、これらの機能を市場と福祉国家とによって積極的に代替するべきだとする思想である。

**Q270**
☐ ☐ ケインズは、不況により失業が増加した場合に、公共事業により雇用を創出することを主張した。

## 4 我が国の社会福祉の発展過程

**Q271**
☐ ☐ 石井十次は岡山孤児院を設立した。

**Q272**
☐ ☐ 山室軍平は家庭学校を設立した。

**Q273**
☐ ☐ 留岡幸助は救世軍日本支部を設立した。

A267 ○ エイベル-スミスとタウンゼントは、『貧困層と極貧層』において、1953/1954年から1960年にかけて[貧困者]が増大しており、そのうち、34.6%が世帯主が常用労働者の世帯に属することを明らかにした。また[貧困の再発見]に貢献し、国民扶助から補足給付への改正に影響を与えた。

A268 × 1960年代のアメリカにおける福祉権運動の主たる担い手は、[公民権]運動に代表される[アフリカ系アメリカ人]であった。

A269 × コミュニタリアニズムは、主体と社会の把握の仕方がリベラリズムと異なり、[共同体]の構成役割を重視する。

A270 ○ ケインズは、非自発的失業がゼロの状態を「完全雇用」と定義し、不況により失業が増加した場合に、[公共事業]により雇用を創出することを主張した。

A271 ○ 岡山孤児院を設立した[石井十次]は、[小舎]制、[委託]制、[満腹]主義などで、後世の児童養護施設の在り方に多大な影響を与えた。

A272 × [留岡幸助]は、非行少年への懲罰的処遇に反対の立場をとり、更生を目指す家庭学校を設立した。

A273 × [山室軍平]は救世軍日本支部を設立し、社会福祉事業、公娼廃止運動(廃娼運動)、純潔運動などに従事した。

**Q274**

石井亮一は滝乃川学園を設立した。

**Q275**

恤救規則（1874（明治 7）年）では、誰にも頼ることのできない「無告の窮民」を対象とし、被救済者の範囲、救済の範囲、救済の程度及び方法等は極めて限定されたものであった。

**Q276**

ドイツのエルバーフェルト制度などを参考に 1917（大正 6）年に岡山県で始まり、翌年大阪府に設置された済世顧問制度は、次第に全国に普及していった。

**Q277**

日本では 1938（昭和 13）年に厚生省が設置され、また、私設社会事業への届出義務、改善命令、監督・指示、寄附金募集、補助等を定めた社会事業法が制定されている。

**Q278**

日本では、1960 年代のいわゆる国民皆年金の成立を踏まえて、それを補完する形で企業による退職一時金制度の整備が行われ始めた。

**Q279**

児童福祉法（1947（昭和 22）年）は、戦災によって保護者等を失った満 18 歳未満の者（戦災孤児）にその対象を限定していた。

**Q280**

（新）生活保護法（1950（昭和 25）年）は、素行不良な者等を保護の対象から除外する欠格条項を有していた。

A274 　○　［石井亮一］は、濃尾大震災の際に自宅を解放して孤児を保護した際、他の子どもと著しく様子の異なる子どもの存在に気づき、知的障害児の問題に関心を抱いたのを契機に、滝乃川学園を設立した。

A275 　○　恤救規則（1874（明治7）年）では、誰にも頼ることのできない［無告の窮民］を対象とし、被救済者の範囲、救済の範囲、救済の程度及び方法等は［極めて限定］されたものであった。恤救規則は、我が国で初めて貧困者の救済について定めた法令である。

A276 　×　ドイツのエルバーフェルト制度などを参考に1917（大正6）年に岡山県で［済世顧問制度］が始まった。翌年大阪府で始まった［方面委員制度］は、次第に全国に普及していった。

A277 　○　日本では［1938（昭和13）］年に厚生省が設置され、また、私設社会事業への届出義務、改善命令、監督・指示、寄附金募集、補助等を定めた［社会事業法］が制定されている。

A278 　×　日本では、1961（昭和36）年のいわゆる国民皆年金の成立を踏まえて、それを補完する形で企業による［厚生年金基金制度］が1966（昭和41）年に発足した。［退職一時金制度］は、明治から大正にかけて形成され、第二次世界大戦後の労働運動の高まりを受けて拡大していった。

A279 　×　戦災孤児の窮状がきわめて深刻であったことから制定が急がれた児童福祉法（1947（昭和22）年）は、［18歳未満のすべて］の児童を対象としていた。

A280 　×　素行不良者等を保護の対象から除外する［欠格条項］は、恤救規則、救護法、（旧）生活保護法にはあったが、［（新）生活保護］法では撤廃され現在に至る。

**Q281**

☑ ☑

母子福祉法（1964（昭和 39）年）は、妻と離死別した夫が児童を扶養している家庭（父子家庭）は対象外としていた。

**Q282**

☑ ☑

1973 年（昭和 48 年）「福祉元年」の際、老人医療費支給制度が実施され、60 歳以上の医療費が無料となった。

**Q283**

☑ ☑

1995（平成 7）年の「障害者プラン〜ノーマライゼーション 7 か年戦略〜」、2002（平成 14）年の「障害者基本計画」でバリアフリー社会の実現を目指す方向が示された。

**Q284**

☑ ☑

社会福祉基礎構造改革以前は、福祉サービスを利用した者からの費用徴収額はサービスの利用量に応じて決められていた。

**Q285**

☑ ☑

「社会保障制度改革国民会議報告書」（2013（平成 25）年）における社会保障制度改革の考え方と方向性は、「21 世紀（2025 年）日本モデル」を目指すものである。

**Q286**

☑ ☑

1998（平成 10）年、中央社会福祉審議会がまとめた『社会福祉基礎構造改革について（中間まとめ）』では、これからの社会福祉の目的は、個人が人としての尊厳をもって、家庭や地域の中で、障害の有無や年齢にかかわらず、その人らしい安心のある生活が送れるよう自立を支援することにあるということが示された。

A281 ○ 母子福祉法（1964（昭和39）年）は、妻と離死別した夫が児童を扶養している家庭（父子家庭）は［対象外］としていた。「母子及び寡婦福祉法」（1981（昭和56）年）では［対象外］、「母子及び父子並びに寡婦福祉法」（2014（平成26）年）では［対象］となっている。

A282 × 1973年（昭和48年）「福祉元年」の際、老人医療費支給制度が実施され、［70］歳以上の医療費が無料となった。

A283 ○ 1995（平成7）年の［障害者プラン～ノーマライゼーション7か年戦略～］では、ホームヘルパー増員などの数値目標が掲げられた。2002（平成14）年の［障害者基本計画］では、障害者の社会参加のさらなる推進を目標とし、バリアフリー社会の実現を目指す方向が示された。

A284 × 社会福祉基礎構造改革以前は、福祉サービスを利用した者からの費用徴収額は［支払い能力（応能負担）］に応じて決められていた。構造改革を機に、［サービスの利用量（応益負担）］の体系へ転換した。

A285 ○ 「社会保障制度改革国民会議報告書」（2013（平成25）年）における社会保障制度改革の考え方と方向性は、［21世紀（2025年）日本モデル］を目指すものである。これは、子育て支援や、経済・雇用・地域政策などの施策と連携し、非正規労働者の雇用の安定・処遇の改善を図ることなど、［すべて］の世代を支援の対象とした社会保障を意味する。

A286 ○ 1998（平成10）年、中央社会福祉審議会がまとめた［社会福祉基礎構造改革について（中間まとめ）］では、これからの社会福祉の目的は、個人が人としての尊厳をもって、家庭や地域の中で、障害の有無や年齢にかかわらず、その人らしい安心のある生活が送れるよう自立を支援することにあるということが示された。

**Q287** 「高齢者の居住の安定確保に関する法律」により、公営住宅の一種として高齢者円滑入居賃貸住宅が設けられ、高齢を理由に入居を拒んではならないこととされた。

**Q288** 「外国人材の受入れ・共生のための総合的対応策」（2018（平成30）年）では、公営住宅法を根拠法として、外国人を含む住宅確保要配慮者の入居を拒まない賃貸住宅の登録や住宅情報の提供、居住支援等が促進されている。

**Q289** ひきこもりとは、15～34歳の非労働力（仕事をしていない、また失業者として求職活動をしていない者）のうち、主に通学でも、主に家事でもない独身者のことである。

## 5　社会福祉の供給体制

**Q290** ウィレンスキーは、福祉国家の発展には経済的な要因が重要とし、産業化が進めば福祉国家化が進むと考えた。

**Q291** ウィレンスキーは、福祉の給付を「社会福祉」「企業福祉」「財政福祉」に区別した福祉の社会的分業論を提示した。

**Q292** ティトマスは、市民権が18世紀に市民的権利（公民権）、19世紀に政治的権利（参政権）、20世紀に社会的権利（社会権）という形で確立されてきたという市民権理論を提示した。

A287　✕　「高齢者の居住の安定確保に関する法律」により、［賃貸住宅］の一種として［サービス付き高齢者向け住宅］が設けられ、［高齢］を理由に入居を拒んではならないこととされた。

A288　✕　「外国人材の受入れ・共生のための総合的対応策」（2018（平成30）年）では、「住宅確保要配慮者に対する賃貸住宅の供給の促進に関する法律（住宅セーフティネット法）」を根拠法として、外国人を含む住宅確保要配慮者の入居を拒まない賃貸住宅の登録や住宅情報の提供、居住支援等が促進されている。

A289　✕　［ニート］とは、15〜34歳の非労働力（仕事をしていない、また失業者として求職活動をしていない者）のうち、主に通学でも、主に家事でもない独身者のことである。ひきこもりは、仕事や学校に行かず、家族以外の人との交流をほとんどせずに、［6か月］以上続けて家庭にとどまり続けている状態である。

A290　○　［ウィレンスキー］は、福祉国家の発展には経済的な要因が重要とし、産業化が進めば福祉国家化が進むと考えた。［福祉国家収斂］説という。

A291　✕　［ティトマス］は、福祉の給付を「社会福祉」「企業福祉」「財政福祉」に区別した福祉の社会的分業論を提示した。

A292　✕　［マーシャル］は、市民権が18世紀に市民的権利（公民権）、19世紀に政治的権利（参政権）、20世紀に社会的権利（社会権）という形で確立されてきたという市民権理論を提示した。いわゆる、［シティズンシップ］論として知られる。

**4**

**現代社会と福祉**

**Q293** ティトマスの「福祉の社会的分業」の考え方によれば、福祉制度は財政福祉、社会福祉、市民福祉及び企業福祉の4つに分けられ、第二次世界大戦後は社会福祉から市民福祉へと変化しつつあるとされた。

**Q294** エスピン－アンデルセンは、自由主義・保守主義・社会民主主義という3類型からなる福祉レジーム論を提示した。

**Q295** エスピン－アンデルセンによれば、自由主義レジームの特徴は、社会保障制度に占める選別主義的制度の割合が高く、福祉の受給には強いスティグマ感を伴うことである。

**Q296** 福祉サービスを真に必要とする人に、資力調査を用いて選別主義的に提供すると、利用者へのスティグマを付与するおそれがある。

**Q297** 福祉サービスの利用者は、自らの健康状態や財力等の情報を有するため、サービスの提供者に比べて相対的に優位な立場で契約を結ぶことができる。

**Q298** ローズは、公共的な政策領域にいろいろな市場的競争的要素を取り込み、国民にとって効率的で質の高いサービスが提供されることが望ましいと主張した。

**Q299** 準市場では、行政主導のサービス供給を促進するため、非営利の事業者間での競争を促す一方で、営利事業者の参入を認めないという特徴がある。

A293　✕　ティトマスの「福祉の社会的分業」の考え方によれば、福祉制度は［財政福祉］、［社会福祉］、［企業福祉］の３つに分けられ、第二次世界大戦後は社会福祉から市民福祉へと変化しつつあるとされた。

A294　○　［エスピン－アンデルセン］は、自由主義・保守主義・社会民主主義という３類型からなる福祉レジーム論を提示し、資源動員論の観点から［福祉国家］の体制を類型化した。

A295　○　エスピン－アンデルセンによれば、自由主義レジームの特徴は、社会保障制度に占める［選別主義的］制度の割合が高く、福祉の受給には強い［スティグマ感］を伴うことである。

A296　○　福祉サービスを真に必要とする人に、資力調査を用いて選別主義的に提供すると、利用者への［スティグマ］を付与するおそれがある。社会学者の［ゴッフマン］が「負い目」や「劣等感」与えるといった意味で概念化した。

A297　✕　福祉サービスの［提供者］は、利用契約に際して、福祉サービスの［利用者］に比して優位な立場になりがちである。［パワーインバランス］（権力の非対称性）という。

A298　✕　［ルグラン］は、準市場という概念を打ち出し、公共的な政策領域にいろいろな［市場的競争的］要素を取り込み、国民にとって効率的で質の高いサービスが提供されることが望ましいと主張した。ローズは、多様な主体が福祉サービス供給へ参入する［福祉ミックス論］を主張した。

A299　✕　準市場とは、医療・福祉など公共性の強い分野において部分的に［市場原理］を取り入れ、画一性や寡占・独占を防ごうとするアイデアで、［疑似］市場、［クアジマーケット］とも呼ばれる。

**Q300** 福祉サービスのニーズを充足するための資源に関して、普遍主義的な資源の配分においては、資力調査に基づいて福祉サービスの対象者を規定する。

☐ ☐

**Q301** ジョンソンは、福祉の混合経済という枠組みの中で、ニューパブリックマネジメント（NPM）や分権化、参加について、各国を取り上げながら論じた。

☐ ☐

**Q302** バンク－ミケルセンはノーマライゼーションの原理を世界に広めるためには、各国の文化の違いを考慮して、「可能なかぎり文化的に通常となっている手段を利用する」という要素をこの原理の定義に含める必要性を主張した。

☐ ☐

**Q303** ノーマライゼーションの概念は、知的障害者の生活を可能な限り通常の生活状態に近づけるようにすることから始まった。

☐ ☐

**Q304** ノーマライゼーションの理念は日本の身体障害者福祉法の制定に強い影響を与えた。

☐ ☐

**Q305** 公的サービスの提供において部分的に市場メカニズムを取り入れた方式を総称して疑似市場といい、我が国の介護保険制度における介護サービスの提供にはこの疑似市場の要素が導入されている。

☐ ☐

---

🐱 **参考** ノーマライゼーションの概念

| バンク－ミケルセン<br>（デンマーク） | 障害者を含む社会的弱者が、可能な限り一般の人たちと同様な権利を持ち、人生・生活を送るようにしていこうとするもの |
| --- | --- |
| ニィリエ<br>（スウェーデン） | 知的障害者の生活を、日、週、年、生涯のそれぞれにおいて、できる限り通常の生活に近づけること |

**A300** ✕ ［普遍主義］は、資力調査なしに条件を満たした人を福祉サービスの対象者に規定することである。逆に［選別主義］は、資力調査に基づいて福祉サービスの対象者を限定する。

**A301** ◯ ジョンソンは、福祉の混合経済という枠組みの中で、［ニューパブリックマネジメント（NPM）］や分権化、参加について、各国を取り上げながら論じた。

**A302** ✕ ［ヴォルフェンスベルガー］はノーマライゼーションの原理を世界に広めるためには、各国の文化の違いを考慮して、「可能なかぎり文化的に通常となっている手段を利用する」という要素をこの原理の定義に含める必要性を主張した。

**A303** ◯ ノーマライゼーションを提唱した［デンマーク］のバンク-ミケルセンが中心となって作られた1959年法の前文に、「知的障害者の生活を可能な限り通常の生活状態に近づけるようにする」とその概念が記されていた。［スウェーデン］のニィリエにも多大な影響を与えた。

**A304** ✕ 日本の身体障害者福祉法は［1949（昭和24）］年に制定されており、ノーマライゼーションの理念が発祥したといわれる1950年代よりも［前］である。

**A305** ◯ 公的サービスの提供において部分的に市場メカニズムを取り入れた方式を総称して［疑似市場］といい、我が国の介護保険制度における介護サービスの提供にはこの［疑似市場］の要素が導入されている。

**Q306** マーシャルはシティズンシップの三要素のうち、「社会の標準的な水準に照らして文明市民としての生活を送る権利」を含む諸権利を市民的権利と呼んだ。

**Q307** 社会福祉法は、社会福祉事業の経営者に対し、常に、その提供する福祉サービスの利用者等からの苦情の適切な解決に努めなければならないと規定している。

**Q308** 社会福祉法は、社会福祉事業の経営者が、福祉サービスの利用契約の成立時に、利用者へのサービスの内容や金額等の告知を、書面の代わりに口頭で行っても差し支えないと規定している。

**Q309** 福祉サービス利用援助事業は、第一種社会福祉事業である。

**Q310** 都道府県は、都道府県地域福祉支援計画を策定しなければならない。

**Q311** 共同募金は、都道府県を単位として毎年1回実施される。

**Q312** 政策評価の必要性を基礎づける考え方であるアカウンタビリティとは、政策の実施状況及び結果を数量化して計算可能にすることである。

**Q313** 政策評価法における政策評価の対象となる行政機関は、地方公共団体である。

**参考** インクリメンタリズム

前年度の予算額や成功した政策を維持し、それに割り増しをしたものを新予算や政策とする方法で、漸進的に修正しながら徐々に変化させていく特徴をもつ。

**A306** ✕ マーシャルは、シティズンシップは [市民的]、[政治的]、[社会的] な三要素からなるとしている。このうち「社会の標準的な水準に照らして文明市民としての生活を送る権利」を含む諸権利を [社会的権利] と呼んだ。また、身体の自由、財産への不可侵、契約の自由などを [市民的権利] と呼ぶ。

**4**

**現代社会と福祉**

**A307** ◯ 社会福祉法は、社会福祉事業の経営者に対し、常に、その提供する福祉サービスの利用者等からの苦情の適切な解決に [努めなければならない] と規定している。

**A308** ✕ 社会福祉法は、社会福祉事業の経営者が、福祉サービスの利用契約の成立時に、利用者へのサービスの内容や金額等の告知について [書面を交付しなければならない] と規定している（同法 77 条 1 項）。

**A309** ✕ 福祉サービス利用援助事業は、[第二種社会福祉事業] である（社会福祉法 2 条 3 項 12 号）。

**A310** ✕ 都道府県の都道府県地域福祉支援計画の策定は [努力義務] である（社会福祉法 108 条）。

**A311** ◯ 共同募金は、[都道府県] を単位として毎年 1 回、[厚生労働大臣] の定める期間内に限って実施される（社会福祉法 112 条）。

**A312** ✕ 政策評価の必要性を基礎づける考え方であるアカウンタビリティ（説明責任）とは、政策の実施状況及び結果を、地域住民に対して [情報公開や事業報告] することである。

**A313** ✕ 政策評価法における政策評価の対象となる行政機関は、[内閣府]、宮内庁並びに内閣府設置法 4 条 3 項に規定する事務をつかさどる機関、警察庁、デジタル庁、各省、公害等調整委員会、原子力規制委員会である。

**Q314** ☑ ☑ ベーシックインカムは、所得保障と並列して、就労促進のための職業訓練と社会サービスを提供する政策である。

**Q315** ☑ ☑ ワークフェアは、就労と福祉を切り離し、すべての人に最低所得を保障する政策である。

**Q316** ☑ ☑ アクティベーションは、公的扶助の受給条件として就労や職業訓練などの活動を義務づける政策である。

**Q317** ☑ ☑ フレキシキュリティは、柔軟な労働市場と失業保障の充実を両立させる政策である。

**Q318** ☑ ☑ 2012 年、国連総会で採択された人間の安全保障に関する決議では、「人間の安全保障」として貧困を解決することに限定している。

**Q319** ☑ ☑ イギリスにおいては、労働者の健康を保全するため、19 世紀の前半に工場法によって成人男性の労働時間の上限が定められることになったが、年少者や女性の労働時間は規制の対象にはならなかった。

---

😺 **参考** ベーシックインカム

　すべての人に無条件で最低生活に必要な所得を補償しようとする政策は、ベーシックインカム（BI）と呼ばれている。ミーンズテストに伴うスティグマからの脱却や、ワーキングプアの解消、経済不況の改善といったメリットが指摘される一方で、その莫大な財源をどのように用意するかなど、実現可能性については常に論争の的になっている。2017 年よりフィンランドが試験的に実施して大きな話題となったが、2018 年には実施を継続しない旨が発表されている。

A314　✕　［アクティベーション］は、所得保障と並列して、就労促進のための職業訓練と社会サービスを提供する政策である。

A315　✕　［ベーシックインカム］は、就労と福祉を切り離し、すべての人に最低所得を保障する政策である。年金や生活保護を廃止する代わりに、政府が国民に対して最低限の生活を送るのに必要とされている額の現金を無条件で定期的に支給する。

A316　✕　［ワークフェア］は、公的扶助の受給条件として就労や職業訓練などの活動を義務づける政策である。［アクティベーション］は、例えば福祉事務所と職業安定所が連携し、就労支援チームを作り、個別的な就職支援やトライアル雇用、職業訓練などを斡旋し就労につなげるもの。義務づける政策ではない。

A317　◯　［フレキシキュリティ］は、柔軟な労働市場と失業保障の充実を両立させる政策である。これは、柔軟性（Flexibility）と安全性（Security）を組み合わせた合成語である。

A318　✕　国連開発計画（UNDP）による『人間開発報告1994──人間の安全保障の新次元』を契機に「人間の安全保障」という概念が用いられるようになった。2012年採択の人間の安全保障に関する決議では、人間にとっての脅威を、［テロ、戦争、貧困、感染症、環境汚染など多様に］とらえており、貧困の解決に限定しているわけではない。

A319　✕　イギリスにおいては、労働者の健康を保全するため、19世紀の前半に［工場法］によって［年少者や女性］の労働時間の上限が定められることになった。

**Q320** イギリスの「国民保健サービス及びコミュニティケア法」(1990年) では、サービスの購入者 (財政) と提供者を分離し、民間のサービスを積極的に活用することが盛り込まれた。
☑ ☑

**Q321** ドイツの社会福祉制度は、公的サービスが民間サービスに優先する補完性の原則に基づいている。
☑ ☑

**Q322** 中国の計画出産政策は、一組の夫婦につき子は一人までとする原則が維持されている。
☑ ☑

**Q323** アメリカではニューディールの一環として、公的扶助、失業保険、医療保険、福祉サービスの4本柱を内容とする社会保障法 (1935年) が制定された。
☑ ☑

**Q324** アメリカでは1996年に、「就労から福祉」へという変化をもたらすことを目的として、それまでのAFDC (要扶養児童家族扶助) が廃止されTANF (貧困家族一時扶助) に移行した。
☑ ☑

## 6 社会福祉の関連分野

**Q325** 日本は第二次世界大戦後、1940年代後半、1970年代前半、2000年代後半の3回のベビーブームを経験した。
☑ ☑

**Q326** 「『日本の将来推計人口』における中位推計」では、65歳以上の老年人口は2025年頃に最も多くなり、以後は緩やかに減少すると予想されている。
☑ ☑

A320　○　イギリスの「国民保健サービス及びコミュニティケア法」(1990年) では、サービスの購入者 (財政) と提供者を [分離] し、[民間] のサービスを積極的に活用することが盛り込まれた。

A321　×　ドイツの社会福祉制度は、個人や家族、教会などの伝統的な小グループによる [自助] を優先し、そこで賄いきれない支援をより広域な団体で対応する [補完性の原則] に基づいている。

A322　×　中国の一人っ子政策が特に重点的に実施されたのは [2014] 年までで、[2016] 年からは通称「二人っ子政策」が実施されている。

A323　×　アメリカではニューディールの一環として、公的扶助、失業保険、福祉サービスの [3] 本柱を内容とする社会保障法 (1935年) が制定された。医療保障制度である [メディケア及びメディケイド] が加えられたのは1965年である。

A324　×　アメリカでは1996年に、[福祉から就労] へという変化をもたらすことを目的として、それまでの AFDC (要扶養児童家族扶助) が廃止され [TANF (貧困家族一時扶助)] に移行した。

A325　×　日本は第二次世界大戦後、[1940年代後半、1970年代前半] の [2] 回のベビーブームを経験した。

A326　×　65歳以上の老年人口は1950 (昭和25) 年 (4.9%) 以降一貫して [上昇] が続いており、2021 (令和3) 年で29.1%、第二次ベビーブーム期 (1971～1974年) に生まれた世代が65歳以上となる [2040 (令和22)] 年には35.3%になると予測されている。

**Q327** ☑ ☑ 1960 年代の日本では、「真の豊かさ」を測定することを目指して開発された「新国民生活指標」（PLI）を活用する形で、中央省庁で政策評価が開始された。

---

**Q328** ☑ ☑ 男女共同参画社会基本法は、都道府県が都道府県男女共同参画計画を定めるように努めなければならないとしている。

---

**Q329** ☑ ☑ 「ジェンダー・ギャップ指数 2020」における 153 か国の総合スコアでは、日本はジェンダー平等が進んでいる方から数えて上位 50 位以内に入っている。

---

**Q330** ☑ ☑ 「女子差別撤廃条約」を受けて、我が国では 1985 （昭和 60）年に男女共同参画社会基本法が制定された。

---

**Q331** ☑ ☑ 高齢者虐待防止法において、高齢者虐待には、高齢者を現に養護する者や高齢者の養介護施設従事者等による身体への暴力、心理的外傷を与える言動、高齢者の財産の不当処分が含まれる。

---

**Q332** ☑ ☑ ヘイトスピーチ解消法は、外国人観光客に対する不当な差別的言動を規制することを目的としている。

---

**Q333** ☑ ☑ 配偶者からの暴力の防止及び被害者の保護に関する法律（DV 防止法）において、配偶者からの暴力を受けている者を発見した者は、その旨を当該市町村の長に通報しなければならないと定められている。

A327 ✕ 「新国民生活指標」(PLI) は、経済企画庁が [1992（平成 4)] 年から発表を始めた指標で、持ち家比率や実質賃金、高等学校進学率、平均余命など、生活感覚に関わる 152 の指標を指標化し、数量化する。

**4 現代社会と福祉**

A328 ✕ 男女共同参画社会基本法は、都道府県が都道府県男女共同参画計画を [定めなければならない] としている（14 条)。市町村の市町村男女共同参画計画の策定は [努力義務] である。

A329 ✕ 「ジェンダー・ギャップ指数 2020」における 153 か国の総合スコアでは、日本の総合スコアは [0.652] で、ジェンダー平等が進んでいる方から数えて [121] 位であった。

A330 ✕ 「女子差別撤廃条約」を受けて、我が国では 1985（昭和 60）年に勤労婦人福祉法を大改正し、[男女雇用機会均等法] が制定された。男女共同参画社会基本法が制定されたのは、1999（平成 11）年である。

A331 ○ 高齢者虐待防止法において、高齢者虐待には、養護者や施設従事者等による身体への暴力、心理的外傷を与える言動、高齢者の [財産の不当処分] のほか、介護・世話の放棄・放任、性的な嫌がらせなども含まれる。

A332 ✕ ヘイトスピーチ解消法は、「本邦外出身者」に対する不当な差別的言動の解消を目的としている。本邦外出身者とは「専ら本邦の域外にある国若しくは地域の出身である者又はその子孫であって [適法に居住するもの]」であり、外国人観光客は含まれない。

A333 ✕ DV 防止法において、配偶者からの暴力を受けている者を発見した者は、その旨を [配偶者暴力相談支援センター] もしくは [警察官] に通報しなければならないと定められている。通報は努力義務となっている。

**Q334** ☑ ☑

性同一性障害者の性別の取扱いの特例に関する法律では、本人の自己申告のみで性別の取扱いが変更されることはない。

**Q335** ☑ ☑

国が定める高等学校等就学支援金による支給額は、生徒の通う学校の種類を問わず同額である。

**Q336** ☑ ☑

文部科学省「義務教育の段階における普通教育に相当する教育の機会の確保等に関する基本指針」（2017（平成29）年）では、「チーム学校」体制の整備は、スクールソーシャルワーカーのリーダーシップの下で推進するとしている。

**Q337** ☑ ☑

住宅セーフティネット法では、民間賃貸住宅を賃貸する事業者に対し、住宅確保要配慮者の円滑な入居の促進のための施策に協力するよう努めなければならないとされている。

**Q338** ☑ ☑

日本の最低賃金制度において、支払い能力のない事業者は、地域別最低賃金の減額適用を受けることができる。

**Q339** ☑ ☑

セクシャルハラスメントを防止するために、事業主には雇用管理上の措置義務が課されている。

**Q340** ☑ ☑

育児休業を取得できるのは、期間の定めのない労働契約を結んだフルタイム勤務の労働者に限られている。

A334 ○ 性同一性障害者の性別の取扱いの特例に関する法律３条には、性別取扱いを変更するための[5]つの条件が規定されており、自己申告のみで取扱いが変更されることはない。

A335 × 国が定める高等学校等就学支援金による支給額は、各家庭の事情や所得額により異なるが、公立高校に通う場合と比べて私立高校に通う場合の支給額は[多く]なっており、実質的に私立高校にも無償で通うことが可能になるようなシステムとなっている。

A336 × 文部科学省「義務教育の段階における普通教育に相当する教育の機会の確保等に関する基本指針」(2017(平成29)年)では、「チーム学校」体制について、[校長]のリーダーシップの下、学校や教員がスクールカウンセラーやスクールソーシャルワーカー等と連携・分担して実施するとしている。

A337 ○ 住宅セーフティネット法では、民間賃貸住宅を賃貸する事業者に対し、[住宅確保要配慮者]の円滑な入居の促進のための施策に協力するよう努めなければならないとされている(54条2項)。

A338 × 地域別最低賃金の減額の特例の対象は、「精神又は身体の障害により著しく労働能力の低い者」や「試の使用期間中の者」などであり、事業者の支払い能力による減額は認められていない。

A339 ○ セクシャルハラスメントを防止するために、事業主には雇用管理上の[措置義務]が課されている。

A340 × 育児・介護休業法の改正(2022(令和4)年4月1日施行)により、対象となる労働者の要件が緩和され、[日々雇用される者]を除き、有期雇用労働者も個別周知・意向確認がされることとなった。

**4**

**現代社会と福祉**

# 要点チェックポイント

## ポイント① 社会福祉協議会と地域福祉の法制化の変遷

| 年代 | 1951～1982<br>（昭和26～57） | 1983～1999<br>（昭和58～平成11） | 2000～<br>（平成12～） |
|---|---|---|---|
| 期 | 第1期 | 第2期 | 第3期 |
| 法律 | 社会福祉事業法 | | 社会福祉法 |
| 法制化 | 全国・都道府県社会福祉協議会が条文化された | 1983（昭和58）年に[市区町村社会福祉協議会が条文化]された。指定都市の区（地区）についての条文化は1990（平成2）年 | 市町村地域福祉計画・都道府県地域福祉支援計画が条文化された |

## ポイント② 主な人物のコミュニティ定義

| 提唱者 | 定義 |
|---|---|
| テンニース | 人間の意思を本質意思と選択意思に区別し、社会は実在的・有機的生活としてのゲマインシャフトと観念的・機械的構成体としてのゲゼルシャフトに区別されるとした |
| マッキーバー | コミュニティとアソシエーションという概念を研究し、コミュニティは国家、政府を超えた生活と意思に関わるものとした |
| ヒラリー | 地域社会を定義した語彙を調べ「地域性」と「共同性」に収斂されるとした |
| ウェルマン | コミュニティは、地域を超えたネットワークであることを主張、コミュニティ解放論として知られている |

## ポイント❸ 近年の地域福祉に関わる報告書等

| | | |
|---|---|---|
| 2008年 | 「これからの地域福祉のあり方に関する研究会」報告書 | 地域における新たな支え合い（共助）促進のため住民と行政の協働、資金を地域で集める仕組みの必要性などを提言 |
| 2015年 | 「新たな時代に対応した福祉の提供ビジョンについて」 | 「多機関の協働による包括的支援体制構築事業」をモデル的に実施する方針や、共生型施設の取り組み推進を表明 |
| 2017年 | 「地域力強化検討会」最終とりまとめ | 「我が事・丸ごと」をキーワードに、市町村による包括的相談支援体制の構築や、クラウドファンディング等の活用による財源確保を提言 |
| 2018年 | 「ソーシャルワーク専門職である社会福祉士に求められる役割等について」 | 複合化・複雑化している地域生活課題に対応するため、社会福祉士は幅広いニーズに対応できる専門性を身に付けるべきであることを指摘 |
| 2019年 | 「地域共生社会推進検討会」最終とりまとめ | 「課題解決」と「つながり続ける（伴走型支援）」2つの支援アプローチや、市町村による重層的支援体制整備事業の構想を提示 |

## ポイント❹ 厚生労働大臣の定める民生委員・児童委員の配置基準

| 区分 | 配置基準 |
|---|---|
| 東京都区部及び指定都市 | 220から440世帯までの間のいずれかの数の世帯ごとに民生委員・児童委員1人 |
| 中核市及び人口10万人以上の市 | 170から360世帯までの間のいずれかの数の世帯ごとに民生委員・児童委員1人 |
| 人口10万人未満の市 | 120から280世帯までの間のいずれかの数の世帯ごとに民生委員・児童委員1人 |
| 町村 | 70から200世帯までの間のいずれかの数の世帯ごとに民生委員・児童委員1人 |

## 1 地域福祉の基本的考え方

**Q341**
☑ ☑
マッキーバーは、社会の統合類型としてゲマインシャフトとゲゼルシャフトを提起した。

**Q342**
☑ ☑
ヒラリーは、コミュニティをアソシエーションの対置概念とし、共同生活と地域社会を関連づけてとらえた。

**Q343**
☑ ☑
ロスマンによれば、コミュニティ・オーガニゼーションのモデルは、伝統的な住民参加を重視するソーシャル・アクションモデルと専門技術過程を重視する社会計画モデルの2つからなる。

**Q344**
☑ ☑
牧賢一は、社会福祉協議会の創設期から指導者として貢献し、『社会福祉協議会読本』(1953年) を著した。

**Q345**
☑ ☑
岡村重夫によれば、地域福祉の構成要素は、コミュニティ・ケア、一般地域組織化活動と福祉組織化活動、予防的社会福祉からなる。

**Q346**
☑ ☑
ソーシャル・インクルージョンとは、すべての人々を孤独や孤立、排除や摩擦から援護し、社会の構成員として包み支え合う社会を目指すことをいう。

**Q347**
☑ ☑
セルフヘルプグループとは、成員同士のピアサポートの実施や社会的地位の向上を図ることを目的として、同じ職種の専門職によって構成される団体のことをいう。

A341　×　テンニースは、社会の統合類型として［ゲマインシャフト］と［ゲゼルシャフト］を提起した。

A342　×　マッキーバーは、コミュニティを［アソシエーション］の対置概念とし、共同生活と地域社会を関連づけてとらえた。ヒラリーは、多様なコミュニティに関する定義を整理し、その共通項として、［地域性］と［共同性］を挙げた。

A343　×　ロスマンによれば、コミュニティ・オーガニゼーションのモデルは、伝統的な住民参加を重視する［小地域開発］モデルと専門技術過程を重視する［社会計画］モデル、住民の発言権を増大させた［ソーシャル・アクション］モデルの３つからなる。

A344　○　牧賢一は、社会福祉協議会の創設期から指導者として貢献し、『社会福祉協議会読本』（1953年）を著した。また全国社会福祉協議会事務局長として、社会福祉協議会の発展に大きな功績を残した。

A345　○　岡村重夫によれば、『地域福祉論』（1974年）で、地域福祉の構成要素は［コミュニティ・ケア］、［一般地域組織化活動］と［福祉組織化活動］、［予防的社会福祉］からなる。

A346　○　ソーシャル・インクルージョンとは、社会を構成する様々な人員を［社会から排除するのでなく、コミュニティを構成する一員として包み込む］社会を実現していくことをいう。

A347　×　セルフヘルプグループは、別名「自助グループ」とも呼ばれ、介護や病気などの［同じ体験を有する市民同士］が集まり、支え合いや情報交換を行う場である。

**Q348**
☑ ☑
ソーシャルキャピタル（社会関係資本）とは、道路や上下水道、社会福祉施設など住民が共同で利用することができる地域の公共的な資源のことをいう。

**Q349**
☑ ☑
社会的企業とは、社会問題の解決を組織の主たる目的としており、その解決手段としてビジネスの手法を用いている企業のことである。

**Q350**
☑ ☑
セルフアドボカシーとは、行政が、障害者や高齢者等の権利を擁護するよう主張することをいう。

**Q351**
☑ ☑
ローカルガバナンスとは、正当な手続によって選出された首長や議員によって地方政治が一元的に統治されている状態のことをいう。

**Q352**
☑ ☑
プラットフォームとは、住民や地域関係者、行政などがその都度集い、相談、協議し、学び合う場のことをいう。

**Q353**
☑ ☑
ソーシャルサポートネットワークとは、本人を取り巻くすべての援助関係のうち、家族や友人などインフォーマルな社会資源に関するネットワークを除いたもののことをいう。

**Q354**
☑ ☑
障害のある人に、障害のない人と同じような暮らしが可能となる生活条件を作り出していく考え方のことを、ノーマライゼーションという。

A348　✕　ソーシャルキャピタル（社会関係資本）は、政治学者［パットナム］が提唱した、地域における人々の結びつきや社会活動の豊かさを表現する概念である。道路や上下水道、社会福祉施設などの地域の公共的な資源は［社会資本］である。

A349　◯　［社会的企業］とは、通常の企業のように利益の追求のみを目指すのではなく、ビジネスの手法を用いて社会課題の解決を目指す企業のことで、「ソーシャルビジネス」と呼ばれることもある。

A350　✕　セルフアドボカシーは「自己権利擁護」などと訳され、障害当事者など社会的に弱い立場に置かれやすい人達が、自分自身で、［自らの権利や利益］を主張することである。

A351　✕　ローカルガバナンスとは、市民や NPO など地域の多様な関係者が［協働］して地方行政の方針を決めていく、地方自治のあり方である。正当な手続により選出された首長や議員によって地方政治が一元的に統治されているのは、統治形態の一類型である［ガバメント］である。

A352　◯　［プラットフォーム］とは、住民や地域関係者、行政などがその都度集い、相談、協議し、学び合う場のことをいう。「プラットフォームの構築」は、［地域共生社会］を推進する観点からも注目されている。

A353　✕　ソーシャルサポートネットワークには、公的なサービスなどの［フォーマル］な社会資源と、家族や友人などの［インフォーマル］な社会資源の両方が含まれる。

A354　◯　［障害や年齢］にかかわらず、その人らしい自立した生活を送ることを実現することを、ノーマライゼーションという。

## 2 欧米における理論の展開

**Q355**
☑ ☑
「ベヴァリッジ報告」（1942 年）は、イギリスの社会保障制度の基礎となるとともに、地方自治体におけるパーソナル・ソーシャル・サービスを中心とした組織改革をもたらした。

**Q356**
☑ ☑
イギリスでは「シーボーム報告」を受けて、「地方自治体社会サービス法」が成立し、地方自治体において利用者ごとの分野別部局体制が強化された。

**Q357**
☑ ☑
イギリスでは「バークレイ報告」を受けて、「社会サービス法」が成立し、より包括的なノーマライゼーションなどの理念に基づくコミュニティケアが推進された。

**Q358**
☑ ☑
ロンドンで設立された慈善組織協会（1869 年）は、慈善活動を組織化するとともに友愛訪問を実施し、ソーシャルワークの形成に大きな影響を与えた。

**Q359**
☑ ☑
ロスによればコミュニティ・オーガニゼーションとは、地域社会を構成するグループ間の協力と協働の関係を調整・促進することで地域社会の問題を解決していく過程であるとされている。

**Q360**
☑ ☑
1939 年、コミュニティ・オーガニゼーション概念の体系化に関するレイン報告が全米社会事業会議において行われた。

A355　✕　[ベヴァリッジ報告]（1942年）は、「ゆりかご
から墓場まで」という、イギリスの社会保障制
度の基礎をつくりあげた有名な報告書である。
また、[シーボーム報告]（1968年）は、地方
自治体におけるパーソナル・ソーシャル・サー
ビスを中心とした組織改革をもたらした。

A356　✕　イギリスでは「シーボーム報告」を受けて、[地
方自治体社会サービス法]が成立した。それま
で地方自治体において分野別各部局で進められ
ていた各種の対人福祉サービスを[統合]し、
新しく[地方自治体社会サービス部]を設けて、
総合的なサービス展開を図ることを提案した。

A357　✕　イギリスでは「バークレイ報告」を受けて、[コ
ミュニティ・ソーシャルワーク]という考え方
が打ち出された。これはソーシャルワーカーの
役割と任務を再検討し、政府に勧告することを
目的に行われた報告である。最終報告はまとま
らず3種類の異なる意見が提出された。

A358　◯　ロンドンで設立された慈善組織協会（1869年）
は、慈善活動を組織化するとともに友愛訪問を
実施し、[ソーシャルワーク]の形成に大きな影
響を与えた。

A359　✕　ロスによればコミュニティ・オーガニゼーショ
ンとは、地域社会を構成するグループが[自ら]
ニーズや目的を発見し、そのための資源を獲得
し、協同・協調的にそれらを[実現]するため
の過程であるとされている。

A360　◯　1939年、[コミュニティ・オーガニゼーショ
ン]概念の体系化に関するレイン報告が全米社
会事業会議において行われた。コミュニティ・
オーガニゼーションの目標を「ニード・資源調
整説」としたのもこの報告書である。

## 3 我が国における地域福祉理論と地域福祉の発展

**Q361**
☐ ☐
頼母子講などの講においては、一般的には家格の差が表面化しない比較的平等な人間関係が成り立っていたとされている。

**Q362**
☐ ☐
方面委員制度は、岡山県知事である笠井信一によって、地域ごとに委員を設置する制度として 1918 年（大正 7 年）に創設された。

**Q363**
☐ ☐
連合国軍最高司令官総司令部（GHQ）の「六項目提案」（1949（昭和 24）年）で共同募金会の設立が指示されたことにより、共同募金運動が開始された。

**Q364**
☐ ☐
1951（昭和 26）年に、日本社会事業協会と全日本民生委員連盟の 2 団体をもって、全国社会福祉協議会の前身である中央社会福祉協議会が設立された。

**Q365**
☐ ☐
1970 年代の在宅福祉サービス推進のきっかけとなったのは、福祉施設の社会化を目標にした「社会福祉施設緊急整備 5 か年計画」である。

**Q366**
☐ ☐
社会福祉事業法の改正（1983（昭和 58）年）により、市町村社会福祉協議会が法制化され、地域福祉におけるその役割が明確になった。

A361 ○ [頼母子講] などの講においては、一般的には家格の差が表面化しない比較的 [平等] な人間関係が成り立っていたとされている。これは、互助的な金融組織又は相互扶助組織で、組合員が一定の [掛け金] を出し合って組合員同士で融通し合ったり助け合ったりするものである。

A362 × 方面委員制度は、[小河滋次郎] が [大阪府] で創設した。[笠井信一] は 1917（大正 6）年5月にドイツの [エルバーフェルト制度] を参考に、岡山県に済世顧問制度を創設した。

A363 × GHQ の「六項目提案」は、[社会福祉協議会] 設立のきっかけとなった。[共同募金運動] は、GHQ による「公私分離原則」の指導で民間社会福祉事業への公金支出が禁止され、社会福祉施設が経営困難に陥っていたことから、1947（昭和 22）年に [市民] が中心となって始めた。

A364 × 1951（昭和 26）年に、日本社会事業協会と全日本民生委員連盟、[同胞援護会] の [3] 団体をもって、全国社会福祉協議会の前身である中央社会福祉協議会が設立された。

A365 × 1970 年代の在宅福祉サービス推進のきっかけになったのは、全国社会福祉協議会が作成した [在宅福祉サービスの戦略] である。[社会福祉施設緊急整備 5 か年計画] は、十分設置されていなかった社会福祉施設を緊急に整備することにしたもの。

A366 ○ 1951（昭和 26）年に [社会福祉事業法] が成立し、全国社会福祉協議会と [都道府県社会福祉協議会] が法制化された。その後、1983（昭和 58）年の同法改正により、[市町村社会福祉協議会] が法律に位置づけられ、地域福祉を推進する役割が明確になった。

**Q367** ☑ ☑ 厚生労働省の「これからの地域福祉のあり方に関する研究会」報告書（2008（平成20）年）では、住民の地域福祉活動の資金は原則として公的財源によるとされている。

**Q368** ☑ ☑ 「新たな時代に対応した福祉の提供ビジョン」（2015（平成27）年）では、分野別の専門的相談支援体制の強化に向けての改革の必要性が提示された。

**Q369** ☑ ☑ 2016（平成28）年の「地域力強化検討会」の中間とりまとめにおいて、初めて地域包括ケアシステムが具体的に明示された。

**Q370** ☑ ☑ 2017（平成29）年の「地域力強化検討会」の最終とりまとめにおいて、縦割りの支援を当事者中心の「丸ごと」の支援とする等の包括的な支援体制の整備の必要性が示された。

**Q371** ☑ ☑ 2019（令和元）年の「地域共生社会推進検討会」の最終とりまとめにおいて、生活困窮者自立支援法の創設の必要性が示された。

**Q372** ☑ ☑ 厚生労働省の「地域共生社会推進検討会最終とりまとめ」（2019（令和元）年）は、既存の地域資源と狭間のニーズを持つ者との間を取り持つ、新たな参加支援の機能が重要であると提言した。

A367　×　厚生労働省の「これからの地域福祉のあり方に関する研究会」報告書（2008（平成20）年）では、現在の地域福祉活動は、[共同募金] の配分金や、[社会福祉協議会] の会費からの交付金・補助金等によっていて、必要な資金の継続的確保には、資金を [地域] で集める仕組みが必要としている。

A368　×　「新たな時代に対応した福祉の提供ビジョン」（2015（平成27）年）では、[分野を問わない] 包括的な相談支援と包括支援体制づくりが協調された。

A369　×　地域包括ケアシステムは、2003（平成15）年の政府文書「2015年の高齢者介護」で初めて具体的に示された。その後も2005（平成17）年や2011（平成23）年の [介護保険] 法改正で言及されている。

A370　○　2017（平成29）年の「地域力強化検討会」の最終とりまとめでは「我が事」「丸ごと」をキーワードに、[市町村] による [包括的な相談支援体制] の整備を提言している。

A371　×　生活困窮者自立支援法は2013（平成25）年に成立し、2015（平成27）年4月に制度がスタートしている。2019（令和元）年の「地域共生社会推進検討会」では、[市町村] による [重層的支援体制整備事業] の構想が示された。

A372　○　厚生労働省の「地域共生社会推進検討会最終とりまとめ」（2019（令和元）年）は、既存の地域資源と狭間のニーズを持つ者との間を取り持つ、「断らない相談支援」「参加支援」「地域づくりに向けた支援」の3つの支援を一体的に行う市町村の新たな事業を創設すべきであるとした。

5

地域福祉の理論と方法

**Q373** ☐ ☐ 地域包括ケアシステムは、高齢者を対象としているため、障害者や子どもについては対象として想定されていない。

**Q374** ☐ ☐ 地域包括ケアシステムでは、住まい・医療・介護・予防・生活支援が地域の特性に応じて、一体的に提供されるシステムの構築を目指している。

**Q375** ☐ ☐ 介護保険法の改正（2014（平成26）年）で、市町村に地域ケア会議が必置の機関として法定化された。

# 4 地域福祉の主体と対象

**Q376** ☐ ☐ 地域福祉の主体に関して、社会福祉法には、「地域住民、社会福祉を目的とする事業を経営する者、社会福祉に関する活動を行う者は、相互に協力し、地域福祉を推進するよう努めなければならない」という記述がある。

**Q377** ☐ ☐ 公営住宅の供給を行う地方公共団体は、公営住宅の入居者に特別の事情がある場合において必要があると認めるときは、家賃を減免することができる。

**Q378** ☐ ☐ 生活困窮者住居確保給付金は、収入が減少した理由のいかんを問わず、住宅の家賃を支払うことが困難になった者に対し、家賃相当額を支給するものである。

A373　×　地域包括ケアシステムは、対象を高齢者に限定するものではなく、[障害者や子ども]を含む、地域の[すべて]の住民のための仕組みである(厚生労働省老健局「持続可能な介護保険制度及び地域包括ケアシステムのあり方に関する調査研究事業報告書(概要版)」平成25年6月13日)。

A374　○　地域包括ケアシステムでは、[住まい]・[医療]・介護・予防・生活支援が地域の[特性]に応じて、[一体的]に提供されるシステムの構築を目指している。

A375　×　介護保険法の改正(2014(平成26)年)で、市町村は、地域ケア会議を[置くように努めなければならない]とされ、新たに[地域包括支援センター]の業務に位置づけられた。

A376　○　[地域住民]、社会福祉を目的とする事業を経営する者及び[社会福祉に関する活動を行う者]は、相互に協力し、福祉サービスを必要とする地域住民が地域社会を構成する一員として日常生活を営み、社会、経済、文化その他あらゆる分野の活動に[参加]する機会が確保されるように、地域福祉の推進に努めなければならない(社会福祉法4条2項)。

A377　○　地方公共団体は、[公営住宅]の入居者に病気や高齢、障害、ひとり親など「特別の事情」がある場合において必要があると認めるときは、家賃を[減免]することができる。

A378　×　生活困窮者自立支援法に基づいて実施される住居確保給付金は、[離職や自営業の廃業]など一定の要件を満たした場合に、原則3か月(最長9か月)まで家賃相当額が支給される。

**Q379** ☑ ☐ 生活福祉資金貸付制度の不動産担保型生活資金は、経済的に困窮した65歳未満の者に対し、居住する不動産を担保に生活資金の貸付けを行うものである。

**Q380** ☑ ☐ 被災者生活再建支援金は、自然災害により生活基盤に被害を受けた者のうち、一定の所得以下の者に対し、生活再建のための費用の貸付けを行うものである。

**Q381** ☑ ☐ 災害対策基本法における避難行動要支援者とは、本人が同意し、提供した情報に基づいて避難行動要支援者名簿に登載された者をいう。

**Q382** ☑ ☐ ひきこもり対策推進事業における「ひきこもり」とは、様々な要因の結果として社会的参加を回避し、原則的には1年以上家庭に留まり続けていることをいう。

**Q383** ☑ ☐ ひきこもり地域支援センター設置運営事業は、ひきこもりの状態にある人を一般就労につなげるための職業訓練を必須事業にしている。

---

🐱 **参考** 住居確保給付金

・離職・廃業から2年以内の人、又は休業等により収入が減少し、離職・廃業と同程度の状況にある人に対して、原則3か月（最大9か月）の家賃相当額を自治体から家主に支給
・対象要件として「誠実かつ熱心に求職活動を行うこと」が課されている

A379　✕　生活福祉資金貸付制度は、[都道府県社会福祉協議会] が無利子又は低金利で生活資金の貸付けを行う事業。その一類型である不動産担保型生活資金は、原則として [65歳以上の高齢者世帯] が対象である。

A380　✕　被災者生活再建支援法に基づく被災者生活再建支援金は、住宅が全壊又は [半壊] した被災世帯に生活再建のための費用を [支給] するものである。[所得] に関係なく申請が可能で返還義務はない。

A381　✕　災害対策基本法における避難行動要支援者とは、災害が発生、又は発生するおそれがある場合に [自ら避難することが困難な者] であって、その円滑かつ迅速な避難の確保を図るため特に支援を要する者であり、市町村長は、[生命又は身体を災害から保護] するための措置を実施するための避難行動要支援者名簿を作成しなければならないとしており、本人同意を [要しないこともある]。

A382　✕　ひきこもり対策事業における「ひきこもり」とは、様々な要因の結果として、社会的参加を回避し、原則的には [6か月] 以上にわたって概ね家庭に留まっている状態をいう。

A383　✕　ひきこもり地域支援センター設置運営事業は、ひきこもりの状態にある人やその家族へ相談支援を行い、[適切な支援] に結びつけるとともに、地域におけるひきこもり支援の拠点としての役割も担う。

## 5 社会福祉法／地域福祉に関連する法令

**Q384**
☑ ☑
2017（平成29）年の社会福祉法改正において、「地域福祉の推進」の条文が新設された。

**Q385**
☑ ☑
社会福祉法において、市町村は、子ども・障害・高齢・生活困窮の一部の事業を一体のものとして実施することにより、地域生活課題を抱える地域住民に対する支援体制等を整備する重層的支援体制整備事業を実施することができると規定されている。

**Q386**
☑ ☑
重層的支援体制整備事業は、参加支援、地域づくりに向けた支援の2つで構成されている。

**Q387**
☑ ☑
社会福祉法において、市町村社会福祉協議会は、市町村地域福祉計画を策定するよう努めなければならないと規定されている。

**Q388**
☑ ☑
市町村地域福祉計画では、市町村社会福祉協議会が策定する地域福祉活動計画をもって、地域福祉計画とみなすことができる。

**Q389**
☑ ☑
市町村地域福祉計画は、他の福祉計画と一体で策定できるように、計画期間が社会福祉法で定められている。

A384 ✕ 「地域福祉の推進」の条文は [2000 (平成12)] 年の社会福祉法成立時より記載がある。なお 2017 (平成 29) 年の同法改正では、地域福祉推進の理念として [地域住民等] が、関係機関と連携して [地域生活課題] の把握及び解決に取り組むべきことが新たに規定された。

A385 ○ [重層的支援体制整備事業] は、2020 (令和 2) 年の社会福祉法改正により創設された新しい事業で、[地域共生社会] の実現に向けて今後発展が期待されている (社会福祉法 106 条の 3 〜 11)。

A386 ✕ 2020 (令和 2) 年の社会福祉法改正で新たに創設された重層的支援体制整備事業では、[属性を問わない相談支援] (包括的相談支援)、[参加支援]、[地域づくりに向けた支援] の [3] つの柱が示されている。

A387 ✕ 地域福祉計画は、[市町村 (行政)] が策定する。市町村社会福祉協議会 (民間) が策定するのは、[地域福祉活動計画] である。なお、地域の実情に応じてこれら 2 つの計画は [一体的に策定] してもよい。

A388 ✕ 市町村地域福祉計画は、社会福祉協議会が策定する地域福祉活動計画と [一体的に策定] してもよいことになっているが、地域福祉活動計画のみをもって「地域福祉計画とみなす」ことはできない。

A389 ✕ 2002 (平成 14) 年の指針で地域福祉計画の計画期間は「概ね [5] 年とし [3] 年で見直すことが適当」と示されているが、各市町村の実情による変更も認められており、社会福祉法では計画期間に関する [定めはない]。

**Q390** ☐ ☐ 市町村地域福祉計画は、2000（平成12）年の社会福祉法への改正によって策定が義務化され、すべての市町村で策定されている。

**Q391** ☐ ☐ 社会福祉法の改正（2017（平成29）年）では、市町村地域福祉計画について、3年ごとに、調査、分析及び評価を行うこととされた。

**Q392** ☐ ☐ 社会福祉法によると、社会福祉事業の経営者は、自らその提供する福祉サービスの質の評価を行うこととされている。

**Q393** ☐ ☐ 社会福祉法は、社会福祉事業の経営者に対して、事業経営の透明性の確保を図ることを目的に、第三者評価を受けることを法的に義務づけている。

**Q394** ☐ ☐ 共同募金は、市町村を区域として行われる寄附金の募集である。

**Q395** ☐ ☐ 共同募金の募金実績総額は、1990年代に減少に転じたが、2000（平成12）年以降は一貫して増加している。

**Q396** ☐ ☐ 社会福祉法では、災害救助法が適用される災害が発生した場合、都道府県共同募金会は、当該都道府県の区域内に限って災害ボランティアセンターの経費に準備金を拠出しなければならないとされている。

---

🐱 **参考** 社会福祉事業における第三者委員

・事業者は第三者委員を設置しなければならない
・中立性が客観的に確保できる場合、第三者委員に対して報酬を出してもよい
・苦情解決責任者は施設長、理事等だが、第三者委員が利用者等からの苦情を直接受けることもある

A390　×　2000（平成12）年の社会福祉法成立当時、市町村地域福祉計画の義務規定は［なかった］。その後、［2017（平成29）］年の法改正で「努力義務」となったが、2021（令和3）年4月時点で策定率は 82.9% であり、未策定の市町村もある。なお、［都道府県地域福祉支援計画］については 47 都道府県すべてが策定済みである。

A391　×　社会福祉法の改正（2017（平成29）年）では、市町村地域福祉計画について、［定期的］に調査、分析及び評価を［行うよう努める］とされた。

A392　○　社会福祉法によると、社会福祉事業の経営者は、自らその提供する［福祉サービスの質］の評価を行うこととされている（同法 78 条）。

A393　×　社会福祉法は、社会福祉事業の経営者に対して、事業経営の透明性の確保を図ることを目的に、第三者評価を受けることを［努力義務］として規定している。

A394　×　共同募金は、［都道府県］を区域として行われる寄附金の募集である。

A395　×　共同募金の募金実績総額は、1998（平成10）年以降、一貫して［減少］していた。なお、コロナ禍の 2021（令和3）年に約 23 年ぶりに増加に転じている。

A396　×　社会福祉法では、災害の規模によっては、準備金の一部を他の都道府県の共同募金会に［拠出できる］とされている。災害ボランティアセンターに配分することもあるが、拠出は［義務ではない］。

**Q397** 「地域福祉計画策定の指針」において、地域福祉計画における地域住民参加の体制づくりの圏域として提案されたのが「日常生活圏域」である。

**Q398** 災害時にも対応するために、地域における要援護者の情報把握・共有の方法や、安否確認の方法を市町村地域福祉計画に盛り込むよう厚生労働省から通知がなされている。

**Q399** 「災害対策基本法」に基づき、地域住民には避難支援等関係者として、災害時に自分の避難より、避難行動要支援者の避難を優先して支援をすることが期待されている。

**Q400** 「災害時の福祉支援体制の整備に向けたガイドライン」（厚生労働省）は、国が主に福祉避難所において、災害時要配慮者の福祉支援を行う災害派遣福祉チームを組成するとしている。

## 6 地域福祉にかかわる組織、団体及び 専門職、ボランティア

**Q401** 市町村社会福祉協議会の福祉活動専門員には、社会福祉士資格を有する者を任用しなければならない。

**Q402** 市町村社会福祉協議会は、区域内における社会福祉事業又は社会福祉に関する活動を行う者の過半数が参加するものとされている。

A397  ×  「地域福祉計画策定の指針」において、地域福祉計画における地域住民参加の体制づくりの圏域として提案されたのが［福祉区］である。

A398  ○  災害時にも対応するために、地域における要援護者の情報把握・共有の方法や、安否確認の方法を［市町村地域福祉計画］に盛り込むよう厚生労働省から通知がなされている。

A399  ×  東日本大震災で［避難行動要支援者］の安否確認に向かった民生委員が犠牲になった苦い経験から、「災害に備える民生委員・児童委員活動に関する指針」では「自らの安全が最優先」とされている。

A400  ×  「災害時の福祉支援体制の整備に向けたガイドライン」（厚生労働省）は、［都道府県］が主に［一般避難所］において、災害時要配慮者の福祉支援を行う災害派遣福祉チーム（DWAT）を組成するとしている。

A401  ×  市町村社会福祉協議会の福祉活動専門員には、［社会福祉士］又は［社会福祉主事］資格を有する者を任用しなければならない。福祉活動指導員も同様。

A402  ×  市町村社会福祉協議会は、区域内における社会福祉を目的とする事業を経営する者及び社会福祉に関する活動を行う者が参加し、かつその［区域内における社会福祉事業又は更生保護事業を経営する者］の過半数が参加するものである。

**Q403** ☑ ☑ 関係行政庁の職員は市町村社会福祉協議会の役員になることができるが、役員総数の5分の1を超えてはならない。

**Q404** ☑ ☑ 社会福祉法において、市町村社会福祉協議会が行う事業として、社会福祉を目的とする事業に従事する者の養成及び研修が規定されている。

**Q405** ☑ ☑ 社会福祉法では、福祉サービスの利用援助事業の適正な運営を確保するために、市町村社会福祉協議会に運営適正化委員会を置くとしている。

**Q406** ☑ ☑ 福祉サービスの利用に際して苦情があるとき、利用者は都道府県社会福祉協議会に設置された運営適正化委員会に申し立てることができるとされている。

**Q407** ☑ ☑ 都道府県社会福祉協議会が実施することとなっている日常生活自立支援事業の委託先は、市町村社会福祉協議会に限定されている。

**Q408** ☑ ☑ 日常生活自立支援事業における専門員は、支援計画の作成や契約の締結に関する業務を行うとされている。

**Q409** ☑ ☑ 日常生活自立支援事業は、認知症高齢者、精神障害者のうち判断能力が低下している者を対象としており、知的障害者は対象外とされている。

**A403** ○ 関係行政庁の職員は市町村社会福祉協議会の役員になることができるが、役員総数の [5] 分の1を超えてはならない（社会福祉法 109 条 5 項）。

**A404** × 社会福祉法において、[都道府県社会福祉協議会] が行う事業として、社会福祉を目的とする事業に従事する者の養成及び研修が規定されている（同法 110 条）。

**A405** × 社会福祉法では、福祉サービスの利用援助事業の適正な運営を確保するために、[都道府県社会福祉協議会] に運営適正化委員会を置くとしている。

**A406** ○ 福祉サービスの利用に際して苦情があるとき、利用者は [都道府県] 社会福祉協議会に設置された [運営適正化委員会] に申し立てることができるとされている。また、申出があったときは、同委員会が相談に応じ、必要な助言や調査を行うよう規定されている。

**A407** × 都道府県社会福祉協議会が実施することとなっている日常生活自立支援事業の委託先は、[市町村社会福祉協議会] や [その他のもの] となっている（社会福祉法 81 条）。その他のものとは、社会福祉法人や特定非営利活動法人などのこと。

**A408** ○ 日常生活自立支援事業における [専門員] は、支援計画の作成や契約の締結に関する業務を行うとされている。また、[生活支援員] は専門員の指示を受け具体的な援助を提供する。

**A409** × 日常生活自立支援事業の対象は、[精神上] の理由により日常生活を営むのに支障がある者で、[認知症高齢者]、[知的障害者]、[精神障害者] など判断能力が不十分な者となっている。

5

地域福祉の理論と方法

**Q410** 成年後見制度又は任意後見制度の利用者は、契約の内容について判断し得る能力を有していないため、都道府県社会福祉協議会が行う福祉サービス利用援助事業を利用することはできない。

**Q411** 都道府県社会福祉協議会が行う福祉サービス利用援助事業に関して、契約締結審査会は、医療・法律・福祉の各分野の契約締結能力に係る専門的知見を有する者によって構成される。

**Q412** 1960年代に徳島県社会福祉協議会等に設置された善意銀行は、住民が支援を必要とする個人・団体に対して労力・技術・金品等を提供した場合に、銀行が費用を助成する仕組みである。

**Q413** 学童・生徒のボランティア活動普及事業は、学童・生徒のボランティア活動の促進を目的として、全国すべての公立小・中学校に助成を行う事業である。

**Q414** 全国社会福祉協議会の「社協・生活支援活動強化方針」（2018（平成30）年）では、市町村社会福祉協議会が生活困窮者の自立支援を中心に活動を展開していくこととした。

**Q415** 学校教育法では、すべての小中学校でボランティア活動など社会奉仕体験活動を実施しなければならないとされている。

---

🐱 **参考** 日常生活自立支援事業

　高齢や障害等により判断能力に不安がある人の生活を支え、権利擁護を図るための事業。都道府県・指定都市社会福祉協議会が実施主体となり、利用者との契約に基づいて、①福祉サービスの利用援助、②日常的な金銭管理の手伝い、③書類・印鑑の預かりサービス等を行う。実際のサービス提供は市町村社会福祉協議会の「専門員」と「生活支援員」が連携して行う。「福祉サービス利用援助事業」は日常生活自立支援事業の中の一事業。

**A410** × 成年後見制度又は任意後見制度の利用者は、[判断能力が不十分] な人でも契約能力があれば、都道府県社会福祉協議会が行う福祉サービス利用援助事業を利用することができる。

. . . . . . . . . . . . . . . . . . . . . . . . . . . . . . . . . . . . . . . . . . . . . . . . . . . . . . . . . .

**A411** ○ 都道府県社会福祉協議会が行う福祉サービス利用援助事業に関して、契約締結審査会は、[医療]・[法律]・[福祉] の各分野の契約締結能力に係る専門的知見を有する者によって構成される。

. . . . . . . . . . . . . . . . . . . . . . . . . . . . . . . . . . . . . . . . . . . . . . . . . . . . . . . . . .

**A412** × 1960年代に徳島県社会福祉協議会等に設置された善意銀行は、地域住民等から [労力・技術・金品] 等の預託を受け、支援を必要とする個人・団体に [支給・貸与] する仕組みだが、銀行とは関係がない。

. . . . . . . . . . . . . . . . . . . . . . . . . . . . . . . . . . . . . . . . . . . . . . . . . . . . . . . . . .

**A413** × 学童・生徒のボランティア活動普及事業は、[都道府県・指定都市社会福祉協議会] を実施主体とし、ボランティア協力校として指定した小学校・中学校・高等学校等を対象に事業を実施する。

. . . . . . . . . . . . . . . . . . . . . . . . . . . . . . . . . . . . . . . . . . . . . . . . . . . . . . . . . .

**A414** × 「社協・生活支援活動強化方針」(2018(平成30)年) は、地域における深刻な生活課題の解決や孤立防止に向けたアクションプランであり、[あらゆる生活課題(経済的困窮、ひきこもり、孤立、虐待、権利侵害など)] への対応が強化指針の柱になっている。

. . . . . . . . . . . . . . . . . . . . . . . . . . . . . . . . . . . . . . . . . . . . . . . . . . . . . . . . . .

**A415** × 学校教育法では、学校が社会奉仕体験活動等の [充実に努める] よう明記しているが、義務規定はない。

5

地域福祉の理論と方法

**Q416** ☐ ☐ 民生委員は、給与は支給しないものとされ、任期は定められていない。

**Q417** ☐ ☐ 民生委員の定数は厚生労働大臣の定める基準を参酌して、市町村の条例で定められる。

**Q418** ☐ ☐ 民生委員は、旧生活保護法で補助機関とされていたが、1950（昭和25）年に制定された生活保護法では実施機関とされた。

**Q419** ☐ ☐ 民生委員は非常勤特別職の地方公務員とみなされ、守秘義務が課せられる。

**Q420** ☐ ☐ 民生委員は児童委員を兼務するが、本人から辞退の申出があれば、その兼務を解かなければならない。

**Q421** ☐ ☐ 主任児童委員は、民生委員として区域を担当するとともに、他の児童委員との調整や活動の支援を兼務する。

**Q422** ☐ ☐ 社会福祉法では、共同募金を行う事業は、第二種社会福祉事業であり、社会福祉協議会以外の者は共同募金を行ってはならないとされている。

**Q423** ☐ ☐ 中央共同募金会の「参加と協働による『新たなたすけあい』の創造」（2016（平成28）年）では、共同募金を災害時の要援護者支援に特化していくこととした。

A416　×　民生委員は、給与を支給しないものとし、その任期は［3年］とする（民生委員法10条）。また、原則75歳未満の者であれば［再任］可能である。

A417　×　民生委員の定数は［厚生労働大臣］の定める基準を参酌して、［都道府県］の条例で定められる（民生委員法4条）。配置基準は全国一律ではなく、人口規模によって異なる。

A418　×　民生委員は、1953（昭和28）年の［民生委員］法の改正により、行政機関の補助機関から［協力機関］に変更された。

A419　○　民生委員は非常勤特別職の地方公務員とみなされ、［守秘義務］が課せられる。給与は支給されないが、活動中のケガについては［公務災害］が適応され、地方公務員災害補償基金から各種の補償等を受けることができる。

A420　×　民生委員と児童委員は、［児童福祉］法16条に基づき［兼務］することが義務づけられており、児童委員の職務のみを解くことはできない。

A421　×　［児童委員］は民生委員として区域を担当する。［主任児童委員］は他の児童委員の調整や活動の支援を行い、区域は担当しないことになっている。

A422　×　社会福祉法では、共同募金を行う事業は、第［一］種社会福祉事業であり、［共同募金会］以外の者は共同募金を行ってはならないとされている。

A423　×　「参加と協働による『新たなたすけあい』の創造」では、［災害時の民間支援活動］を支える取り組みの推進及び［社会的孤立］、［生活困窮］などの解決に向けた［歳末たすけあい運動］の再構築を今日的な課題に対応するものとしている。

5 地域福祉の理論と方法

**Q424** ☑ ☑ 共同募金の寄附金の公正な配分に資するために、市町村共同募金委員会に配分委員会を設置することが義務づけられている。

**Q425** ☑ ☑ 道路運送法の改正により法制化された福祉有償運送は、社会福祉施設が所有する福祉車両を要援護者等に有償で貸し出す仕組みである。

**Q426** ☑ ☑ 住民参加型在宅福祉サービスは、有償性・非営利性・会員制を主な特徴とし、地域で支援を必要とする人々に対して家事援助・外出支援等のサービスを提供する活動である。

**Q427** ☑ ☑ 権利擁護を推進していくための社会資源として市民後見人の養成が重要な課題となっているが、市民後見人は保佐人及び補助人になることが適切であるとされている。

**Q428** ☑ ☑ 特定非営利活動法人は、市民が行うボランティア活動を促進することを目的としており、収益を目的とする事業を行うことは禁止されている。

**Q429** ☑ ☑ 特定非営利活動法人は、社会福祉法人と同等の税制上の優遇措置がある。

A424　×　共同募金の寄附金の公正な配分に資するために、[都道府県共同募金会]に配分委員会を設置することが義務づけられている（社会福祉法115条）。

A425　×　道路運送法の改正により法制化された福祉有償運送は、[社会福祉法人]や[NPO法人]等を実施主体とし、自ら所有等する福祉車両を使用し、要介護者や障害者等に対して、営利と認められない範囲の対価で行う移動支援サービスである。

A426　○　住民参加型在宅福祉サービスは、[有償性]・[非営利性]・[会員制]を主な特徴とし、地域で支援を必要とする人々に対して家事援助・外出支援等のサービスを提供する活動である。制度では対応が難しい多様なニーズにきめ細かく対応することを目指している。

A427　×　[権利擁護]を推進していくための社会資源として市民後見人の養成が重要な課題となっているが、市民後見人は、同じ地域に住む市民が[後見人]、または[保佐人]、[補助人]など成年後見人として支援する制度のことである。親族がおらず、多額の財産がなく紛争性もない場合に、活用される。

A428　×　特定非営利活動法人（NPO法人）は収益を役員などで分配することを制限されているが、収益事業を[禁じられているわけではない]。事業で上げた収益は次の活動資金として運用するべきことが規定されている。

A429　×　特定非営利活動法人の優遇措置は、社会福祉法人と[大きく異なる]。特定非営利活動法人は、社会福祉法人に比べて、[みなし寄附金損金算入]が認められない、法人税率が[高い]、[所得税]が課せられるなど優遇措置が少ない。

5 地域福祉の理論と方法

## 7 ネットワーキング／地域福祉ニーズの 把握／サービスの評価

**Q430**
☑ ☑
地域介護予防活動支援事業は、市町村が介護保険の第二号被保険者に対して、介護予防の活動を行うために、地域住民とネットワークを構築して取り組むものである。

**Q431**
☑ ☑
介護保険の生活支援・介護予防サービスの体制整備に向けて、都道府県は、協議体を定期的な情報共有のネットワークの場として設置している。

**Q432**
☑ ☑
生活支援体制整備事業に規定された地域福祉コーディネーターが市町村に配置され、協議体づくりが進められている。

**Q433**
☑ ☑
生活支援コーディネーター（地域支え合い推進員）は、原則として民生委員・児童委員から選出される。

**Q434**
☑ ☑
地域自殺対策強化事業におけるゲートキーパー養成研修の対象には、民間企業等の管理職、かかりつけ医、民生委員・児童委員、地域住民等が含まれる。

**Q435**
☑ ☑
「福祉サービス第三者評価の指針」によると、評価調査者は、市町村が実施する評価調査者養成研修を受講しなければならない。

A430 × 地域介護予防活動支援事業は、要支援及び要介護認定を受けていない [65] 歳以上の第 [一] 号被保険者を対象に、居場所づくりを目的として「通いの場」における健康づくりや栄養改善、認知症予防などの活動を行う。第二号被保険者は [40 ～ 64] 歳の被保険者である。

. . . . . . . . . . . . . . . . . . . . . . . . . . . . . . . . . . . .

A431 × 介護保険の生活支援・介護予防サービスの体制整備に向けて、[市町村] は、[協議体] を定期的な情報共有のネットワークの場として設置している。

. . . . . . . . . . . . . . . . . . . . . . . . . . . . . . . . . . . .

A432 × 生活支援体制整備事業に規定されたのは、[生活支援コーディネーター（地域支え合い推進員）] の配置であり、[市町村区域（第一層）] 及び [日常生活圏域（第二層）] に配置することになっている。

. . . . . . . . . . . . . . . . . . . . . . . . . . . . . . . . . . . .

A433 × 生活支援コーディネーター（地域支え合い推進員）に資格などの [要件はない]。国や都道府県で研修が実施されているが、受講も義務ではない。

. . . . . . . . . . . . . . . . . . . . . . . . . . . . . . . . . . . .

A434 ○ 地域自殺対策強化事業におけるゲートキーパー養成研修の対象には、民間企業等の [管理職]、[かかりつけ医]、[民生委員・児童委員]、[地域住民] 等が含まれる。「自殺総合対策大綱（令和 4 年 10 月 14 日閣議決定）」において重点施策の 1 つとしてゲートキーパーの養成が掲げられている。

. . . . . . . . . . . . . . . . . . . . . . . . . . . . . . . . . . . .

A435 × 「福祉サービス第三者評価の指針」によると、評価調査者は、[都道府県推進組織] が実施する評価調査者養成研修を受講しなければならない。

5
地域福祉の理論と方法

**Q436** ☑ ☑ ニーズ推計とは、ニーズを一定の基準で分類し、その類型ごとに出現率の推計等を行い、それに対応するサービスの種類や必要量を算出する手法である。

**Q437** ☑ ☑ コミュニティカフェの利用者の満足度を数量的に把握するため、グラウンデッド・セオリー・アプローチを用いて調査データを分析することは適切である。

**Q438** ☑ ☑ 介護を行う未成年者のニーズを把握するため、構造化面接の方法を用いて当事者の自由な語りを引き出す調査を実施することは適切である。

**Q439** ☑ ☑ 認知症高齢者の家族介護者の不安を軽減する方法を明らかにするため、当事者と共にアクションリサーチを実施することは適切である。

**Q440** ☑ ☑ 認知症カフェに参加した地域住民が、認知症に対する理解を高めたかについて検証するため、ニーズ評価を実施する。

**Q441** ☑ ☑ 認知症カフェが、事前に計画された内容どおりに実施されたかを検証するため、プロセス評価を実施する。

**Q442** ☑ ☑ 認知症カフェが、目的を達成するプログラムとして適切に設計されていたかを検証するため、効率性評価を実施する。

A436　○　[ニーズ推計]とは、ニーズを一定の基準で分類し、その類型ごとに出現率の推計等を行い、それに対応するサービスの種類や必要量を算出する手法である。

A437　×　グラウンデッド・セオリー・アプローチは、インタビューなどの[質的なデータ]（言葉）を分析し、時間的なプロセスを伴った理論を構築するための手法であり、数量的な分析に用いる手法ではない。

A438　×　[構造化面接]とは、調査者があらかじめ決められた質問項目を尋ね、調査を受ける側は機械的に回答していく面接形式であり、調査対象者の自由な語りを引き出すことは難しい。当事者の自由な語りを引き出す調査では、[非構造化面接（自由面接法）]や[半構造化面接]を用いるのがよい。

A439　○　[アクションリサーチ]とは、研究者が行政や当事者と一緒に活動を企画し、運営するプロセスに参加しながら研究を進める手法である。

A440　×　[ニーズ評価]とは、実施予定のサービスやプログラムを必要とする人がどれくらいいるのかを事前に推計する評価手法である。サービスやプログラムに参加した効果を検証するのは[アウトカム評価]である。

A441　○　[プロセス評価]は、プログラム評価の枠組みでは[3]段階目に位置づけられ、事前の計画通りにサービスやプログラムが進んでいるかどうかを評価するものである。

A442　×　[効率性評価]は、サービスやプログラムの実施後に、投入した予算に比してどれくらいの成果を上げることができたかを金銭的コストの側面から評価するものである。施策の質や内容を評価するのは、[セオリー評価]である。

5

地域福祉の理論と方法

出る！出る！

## 要点チェックポイント

**ポイント ①** **各機関の設置義務**

| 機関 | 政令指定都市 | 中核市 | 根拠法 |
|---|---|---|---|
| 福祉事務所 | ○ | ○ | 社会福祉法 |
| 児童相談所 | ○ | △ | 児童福祉法 |
| 婦人相談所 | △ | 規定なし | 売春防止法 |
| 身体障害者更生相談所 | △ | 規定なし | 身体障害者福祉法 |
| 知的障害者更生相談所 | △ | 規定なし | 知的障害者福祉法 |
| 地域包括支援センター | 規定なし | △ | 介護保険法 |

○：設置義務（置かなければならない）
△：任意設置（置くことができる）　規定なし：設置の規定がない

**ポイント ②** **法定受託事務と自治事務**

| | | |
|---|---|---|
| 法定受託事務 | ・第1号と第2号がある<br>・第1号は、国が本来実施すべき仕事を地方公共団体が受託するもの（国政選挙の実施や旅券の発行など）<br>・第2号は、市町村が都道府県から委託されて実施するもの | ・一般旅券の発給に関する事務<br>・社会福祉法人の認可<br>・生活保護法による保護に関する事務<br>・福祉関係手当の支給<br>・福祉施設の認可<br>・精神障害者に対する入院措置に関する事務<br>・感染症予防法に基づく健康診断及び就業制限に関する事務 |
| 自治事務 | 国の事務及び地方公共団体の法定受託事務以外のもの | ・就学に関する事務<br>・児童福祉法による措置<br>・身体障害者福祉法による措置<br>・知的障害者福祉法による措置<br>・老人福祉法による措置<br>・母子及び父子並びに寡婦福祉法による措置<br>・福祉施設・福祉サービス利用者からの費用徴収<br>・自治体独自事業 |

## 市町村・都道府県の地域福祉計画に定められる事項

### 市町村地域福祉計画（社会福祉法107条）

①地域における高齢者の福祉、障害者の福祉、児童の福祉その他の福祉に関し、共通して取り組むべき事項
②地域における福祉サービスの適切な利用の推進に関する事項
③地域における社会福祉を目的とする事業の健全な発達に関する事項
④地域福祉に関する活動への住民の参加の促進に関する事項
⑤地域生活課題の解決に資する支援が包括的に提供される体制の整備に関する事項

### 都道府県地域福祉支援計画（社会福祉法108条）

①地域における高齢者の福祉、障害者の福祉、児童の福祉その他の福祉に関し、共通して取り組むべき事項
②市町村の地域福祉の推進を支援するための基本的方針に関する事項
③社会福祉を目的とする事業に従事する者の確保又は資質の向上に関する事項
④福祉サービスの適切な利用の推進及び社会福祉を目的とする事業の健全な発達のための基盤整備に関する事項
⑤市町村による地域生活課題の解決に資する支援が包括的に提供される体制の整備の実施の支援に関する事項

## 福祉計画の策定義務

|  | 都道府県 | 市町村 | 根拠法 |
|---|---|---|---|
| 地域福祉計画 | ● | ● | 社会福祉法 |
| 老人福祉計画 | ○ | ○ | 老人福祉法 |
| 介護保険事業計画 | ○ | ○ | 介護保険法 |
| 障害者計画 | ○ | ○ | 障害者基本法 |
| 障害福祉計画 | ○ | ○ | 障害者総合支援法 |
| 次世代育成支援行動計画 | △ | △ | 次世代育成支援対策推進法 |
| 健康増進計画 | ○ | ● | 健康増進法 |

○：策定義務（策定しなければならない）
●：努力義務（策定するように努める）
△：任意策定（策定することができる）

## 1 福祉行政の実施体制

**Q443** 厚生労働大臣は、民生委員法に基づき、都道府県知事の推薦によって民生委員を委嘱する。

☑ ☑

**Q444** 厚生労働大臣は、子ども・子育て支援法に基づき、子ども・子育て支援事業計画の基本指針を定める。

☑ ☑

**Q445** 障害者政策委員会は、厚生労働省に設置されている。

☑ ☑

**Q446** 都道府県、市町村、特別区（東京23区）は、いずれも普通地方公共団体である。

☑ ☑

**Q447** 都及び指定都市における区は、いずれも首長の権限に属する事務を分掌させるために、条例によりその区域を分けて設置されたものである。

☑ ☑

**Q448** 中核市とは、人口20万人以上を有すること等を要件として、指定される大都市のことをいう。

☑ ☑

**Q449** 「地方分権一括法」（1999（平成11）年）により創設された法定受託事務とは、市町村において適正な処理を特に確保する必要がある事務のうち、一定の要件を満たした民間事業者が受託可能な事務のことである。

☑ ☑

**Q450** 生活保護の決定と実施に関する事務は、地方公共団体が行う自治事務である。

☑ ☑

A443 ○ 民生委員法5条に、「民生委員は、都道府県知事の推薦によって、[厚生労働大臣] がこれを委嘱する」と規定されている。

A444 × [内閣総理大臣] は、子ども・子育て支援事業計画の基本指針を定める（子ども・子育て支援法60条）。

A445 × 障害者政策委員会は、[内閣府] に設置されている（障害者基本法32条1項）。

A446 × [都道府県]、[市町村] は、普通地方公共団体である。[特別区（東京23区）] は、特別地方公共団体である。

A447 × [指定都市] における区（行政区）については、首長の権限に属する事務を分掌させるために、条例によりその区域を分けて設置されたものである。[都] における区（特別区）は、特別地方公共団体の一種とされ、市に準じた、ひとつひとつが独立した地方公共団体である。

A448 ○ 中核市とは、人口 [20万] 人以上を有すること等を要件として、指定される大都市のことをいう。

A449 × 「地方分権一括法」（1999（平成11）年）により創設された法定受託事務とは、[国] 又は [都道府県] において適正な処理を特に確保する必要があるため、[都道府県] 又は [市町村、特別区] が処理を委任される事務のことである。民間事業者は受託できない。

A450 × 生活保護の決定と実施に関する事務は、地方公共団体が行う [第1号法定受託事務] である。

**Q451** ☑ ☑ 地方自治法において、法定受託事務に関して市町村長が行った行政処分に不服のある者は、他の法律に特別の定めがある場合を除いて、都道府県知事に対して行政不服審査法による審査請求をすることができるとされている。

**Q452** ☑ ☑ 都道府県は基礎的な地方公共団体であり、市町村が処理するものとされているものを除き、一般的に、地域における事務等を処理する。

**Q453** ☑ ☑ 2004（平成16）年の児童福祉法の改正によって、市町村は、児童及び妊産婦の福祉に関し、必要な実情の把握及び情報の提供を行うとともに、家庭その他からの相談に応じ、必要な調査及び指導を行うことと規定された。

**Q454** ☑ ☑ 「地方財政白書」（令和4年版）によれば、令和元年度決算における地方公共団体の普通会計総額に占める民生費の構成割合は、衛生費よりも小さい。

**Q455** ☑ ☑ 「地方財政白書」（令和4年版）によると、地方公共団体の民生費の歳出を目的別に見てみると、生活保護費が最も大きな割合を占め、以下、老人福祉費、児童福祉費の順となっている。

**Q456** ☑ ☑ 「厚生労働白書」（令和4年版）によれば、国の社会保障関係費に占める生活扶助等社会福祉費の構成割合は、令和4年度予算において約11.5%である。

**Q457** ☑ ☑ 地方交付税は、地方公共団体間の財政力の不均衡を是正することを主な目的として、国から地方公共団体に対し、使途を特定して交付されるものである。

A451　○　地方自治法において、法定受託事務に関して
［市町村長］が行った行政処分に不服のある者
は、他の法律に特別の定めがある場合を除いて、
［都道府県知事］に対して［行政不服審査法］
による審査請求をすることができるとされてい
る（同法255条の2第1項）。

A452　×　［市町村］は基礎的な自治体として、［都道府県］
が処理するものとされているものを除き、一般
的に、地域における事務等を処理することが規
定されている（地方自治法2条）。

A453　○　［2004（平成16）］年の［児童福祉法の改正］
によって、［市町村］は、児童及び妊産婦の福
祉に関し、必要な実情の把握及び情報の提供を
行うとともに、家庭その他からの相談に応じ、
必要な調査及び指導を行うことと規定された。

A454　×　「地方財政白書」（令和4年版）によれば、令和
2年度決算における地方公共団体の普通会計総
額に占める民生費（22.9%）の構成割合は、衛
生費（7.3%）よりも［大きい］。

A455　×　「地方財政白書」（令和4年版）によると、地方
公共団体の民生費の歳出を目的別に見てみる
と、［児童福祉費］が最も大きな割合を占め、
以下、［社会福祉費］、［老人福祉費］の順となっ
ている。

A456　○　「厚生労働白書」（令和4年版）によれば、国の
社会保障関係費に占める生活扶助等社会福祉費
の構成割合は、令和4年度予算において約
［11.7］%である。

A457　×　地方交付税は、地方公共団体間の［財政力の不
均衡］を是正することを主な目的として、国か
ら地方公共団体に対して交付されるものであ
る。使途は［特定してはならない］。

**Q458**
☑ ☑
消費税率の引上げによって得られた財源は、社会保障のほか、教育及び防災関係の政策に充てられることになっている。

**Q459**
☑ ☑
現在の消費税率10%は、国税の7%と地方税の3%を合わせた税率である。

**Q460**
☑ ☑
介護保険法の規定に基づく居宅介護サービス費の支給にかかる居宅サービスは、消費税の対象とならない。

**Q461**
☑ ☑
共同募金は、市町村の区域を単位として募集される。

**Q462**
☑ ☑
共同募金を行う事業は、第二種社会福祉事業である。

**Q463**
☑ ☑
共同募金は、社会福祉を目的とする事業を経営する者以外にも配分される。

**Q464**
☑ ☑
共同募金会は、寄附金の配分を行うに当たっては、地方公共団体の意見を聴かなければならない。

**Q465**
☑ ☑
特定非営利活動法人に寄附した場合、すべての寄附者に所得税における寄附金控除の税制上の優遇措置が行われている。

**Q466**
☑ ☑
福祉事務所の現業を行う所員（現業員）は、社会福祉主事でなければならない。

A458　×　消費税率の引上げによって得られた財源は、［すべて］年金や医療などの［社会保障］の安定化と充実に使われるとされている。

A459　×　現在の消費税率10％は、国税の［7.8］％と地方税の［2.2］％を合わせた税率である。

A460　○　介護保険法の規定に基づく居宅介護サービス費の支給にかかる居宅サービスは、消費税の対象と［ならない］（消費税法施行令14条の2第1項）。

A461　×　共同募金は、［都道府県］の区域を単位として募集されることになっている（社会福祉法112条）。

A462　×　共同募金を行う事業は、［第一種社会福祉］事業とする（社会福祉法113条1項）。

A463　×　共同募金は、社会福祉を目的とする事業を経営する者以外の者に［配分してはならない］（社会福祉法117条1項）。

A464　×　共同募金会は、寄附金の配分を行うに当たっては、［配分委員会の承認］を得なければならない。［国及び地方公共団体］は、共同募金の寄附金の配分について干渉してはならない（社会福祉法117条2、4項）。

A465　×　［認定NPO法人（認定特定非営利活動法人)］に寄附した場合、所得税における寄附金控除の税制上の優遇措置が行われている。

A466　○　福祉事務所の指導監督を行う所員（査察指導員）及び現業を行う所員（現業員）は、［社会福祉主事］でなければならない（社会福祉法15条6項）。

**Q467** 市町村は、児童相談所を設置しなければならない。

☑ ☑

**Q468** 都道府県は、母子健康包括支援センターを設置しなければならない。

☑ ☑

**Q469** 婦人相談所は、母子及び父子並びに寡婦福祉法に基づき設置され、配偶者暴力相談支援センターとしての機能を兼ねることができる。

☑ ☑

**Q470** 政令指定都市は、婦人相談所を設置することができる。

☑ ☑

**Q471** 都道府県は、基幹相談支援センターを設置しなければならない。

☑ ☑

**Q472** 市は、知的障害者更生相談所を設置しなければならない。

☑ ☑

**Q473** 介護保険では市町村で組織する広域連合が保険者となることができる。

☑ ☑

---

😺 **重要** 各機関の設置義務

| 機関（根拠法） | 都道府県 | 政令指定都市 | 特別区・中核市 |
|---|---|---|---|
| **母子健康包括支援センター**（母子保健法） | 設置の規定なし | 設置の規定なし | 任意設置 |
| **基幹相談支援センター**（障害者総合支援法） | 設置の規定なし | 設置の規定なし | 任意設置 |

A467 × ［都道府県］と［政令指定都市］は児童相談所
を設置しなければならないことになっている。
2006（平成18）年から中核市にも設置できる
ようになったが、設置義務はない。［中核市以
外の市町村］にも児童相談所の設置義務はなく、
［任意］設置となっている。

A468 × ［市町村］は、必要に応じ、母子健康包括支援
センターを設置するよう［努めなければならな
い］（母子保健法22条1項）。

A469 × 婦人相談所は、［売春防止法］に基づき設置さ
れ、配偶者暴力相談支援センターとしての機能
を兼ねることができる。

A470 ○ ［売春防止］法34条2項に、政令指定都市は
婦人相談所を設置［できる］と規定されている。

A471 × ［市町村］は、基幹相談支援センターを設置［す
ることができる］（障害者総合支援法77条の2
第2項）。

A472 × ［都道府県］は、知的障害者更生相談所を設け
なければならない（知的障害者福祉法12条1
項）。

A473 ○ 介護保険の保険者は、原則として市町村及び特
別区であるが、［広域連合］や［一部事務組合］
で運営されるケースも多くなっている。

**6**

**福祉行財政と福祉計画**

**Q474** 介護保険の要介護認定に不服があるときは、介護保険審査会に審査請求することができる。
☑ ☑

**Q475** 主任介護支援専門員は、保健師、社会福祉士と共に福祉事務所に配置されなければならない。
☑ ☑

**Q476** 都道府県は、生活困窮者自立支援法に基づき、生活困窮者自立相談支援事業を行う。
☑ ☑

**Q477** 都道府県知事は、介護保険法に規定される居宅介護サービス費の請求に関し不正があったときの指定居宅サービス事業者の指定の取消し又は効力の停止を行う。
☑ ☑

## 2 福祉計画の意義と目的・主体と方法

**Q478** 地域福祉活動への住民参加に関する事項を含まない計画であっても、社会福祉法に基づく市町村地域福祉計画と認められる。
☑ ☑

**Q479** 地域福祉計画の策定に当たっては、地域住民、学識経験者、保健・福祉・医療関係者、民生委員・児童委員、市町村職員等が参加する策定組織を設置することが挙げられている。
☑ ☑

**Q480** 地域における福祉サービスの適切な利用の促進に関する事項の1つとして、利用に結び付いていない要支援者への対応が挙げられている。
☑ ☑

A474 　○　保険給付に関する処分（被保険者証の交付の請求に関する処分及び要介護認定・要支援認定に関する処分を含む）又は保険料その他この法律の規定による徴収金に関する処分に不服がある者は、[介護保険審査会] に審査請求することができる（介護保険法 183 条）。

. . . . . . . . . . . . . . . . . . . . . . . . . . . . . . . . . . . . . . . . . . . . . . . . . . . . . . . .

A475 　×　保健師、社会福祉士、主任介護支援専門員が置かれるのは、[地域包括支援センター] である（介護保険法 115 条の 46）。

. . . . . . . . . . . . . . . . . . . . . . . . . . . . . . . . . . . . . . . . . . . . . . . . . . . . . . . .

A476 　○　[都道府県] 等は、生活困窮者自立支援法に基づき、生活困窮者自立相談支援事業を行う（同法 5 条）。

. . . . . . . . . . . . . . . . . . . . . . . . . . . . . . . . . . . . . . . . . . . . . . . . . . . . . . . .

A477 　○　[都道府県知事] は、介護保険法に規定される居宅介護サービス費の請求に関し不正があったときの指定居宅サービス事業者の指定の取消し又は効力の停止を行う（介護保険法 77 条 1 項 6 号）。

A478 　×　地域福祉活動への住民参加に関する事項を含まない計画は、社会福祉法に基づく市町村地域福祉計画と認められない。市町村地域福祉計画に盛り込む事項として、地域福祉活動への [住民参加の促進] に関する事項が含まれている（社会福祉法 107 条 1 項 4 号）。

. . . . . . . . . . . . . . . . . . . . . . . . . . . . . . . . . . . . . . . . . . . . . . . . . . . . . . . .

A479 　○　地域福祉計画の策定に当たっては、地域住民、学識経験者、保健・福祉・医療関係者、民生委員・児童委員、市町村職員等が参加する [策定組織] を設置することが挙げられている。

. . . . . . . . . . . . . . . . . . . . . . . . . . . . . . . . . . . . . . . . . . . . . . . . . . . . . . . .

A480 　○　地域における福祉サービスの適切な利用の促進に関する事項の 1 つとして、[利用に結び付いていない要支援者] への対応が挙げられている。

151

**Q481**

☑ ☑

社会福祉法では、市町村地域福祉計画を策定し、又は変更しようとするときは、市町村はあらかじめ、地域住民等の同意を得なければならないと定めている。

**Q482**

☑ ☑

市町村地域福祉計画は、社会福祉を目的とする事業に従事する者の確保又は資質の向上に関する事項を含め、定めるものとされている。

**Q483**

☑ ☑

市町村地域福祉計画は、社会福祉を目的とする事業の健全な発達のための基盤整備に関する事項を含め、定めるものとされている。

**Q484**

☑ ☑

市町村は、社会福祉法において、5年を一期とする地域福祉計画を策定しなければならないとされている。

**Q485**

☑ ☑

市町村地域福祉計画には、要援護者の異変や緊急対応時の安否確認情報が担当部局に円滑に報告されるための役割分担・連絡体制を、具体的に明記するとされている。

**Q486**

☑ ☑

社会福祉法では、都道府県地域福祉支援計画は、市町村地域福祉計画の達成に資するため、各市町村を通ずる広域的見地から、社会福祉を目的とする事業の健全な発展のための基盤整備に関する事項等を一体的に定める計画とされている。

**Q487**

☑ ☑

市町村は、介護保険法において、1年を一期とする市町村介護保険事業計画を定めるものとされている。

**A481** × 社会福祉法では、市町村地域福祉計画を策定し、又は変更しようとするときは、市町村はあらかじめ、地域住民等の［意見を反映させるよう］努めると定めている（同法107条2項）。

**A482** × ［都道府県地域福祉支援計画］は、社会福祉を目的とする事業に従事する者の確保又は資質の向上に関する事項を含め、定めるものとされている（社会福祉法108条1項）。

**A483** × ［都道府県地域福祉支援計画］は、社会福祉を目的とする事業の健全な発達のための基盤整備に関する事項を含め、定めるものとされている（社会福祉法108条1項）。

**A484** × 社会福祉法において、市町村は地域福祉計画を、都道府県は地域福祉支援計画を［策定するよう努める］とされている（同法107条、108条）。

**A485** ○ 市町村地域福祉計画には、要援護者の異変や緊急対応時の［安否確認情報］が担当部局に円滑に報告されるための役割分担・連絡体制を、具体的に明記するとされている（厚生労働省の通知「市町村地域福祉計画の策定について」）。

**A486** ○ 社会福祉法では、都道府県地域福祉支援計画は、市町村地域福祉計画の達成に資するため、［各市町村］を通ずる［広域的見地］から、社会福祉を目的とする事業の健全な発展のための基盤整備に関する事項等を一体的に定める計画とされている（同法108条1項）。

**A487** × 市町村は、介護保険法において、［3］年を一期とする市町村介護保険事業計画を定めるものとされている（同法117条1項）。

6

福祉行財政と福祉計画

**Q488**

☑ ☑

都道府県介護保険事業支援計画では、各年度の介護保険施設の種類ごとの必要入所定員総数を定める。

**Q489**

☑ ☑

第6期介護保険事業計画の基本指針では、2025（令和7）年度の介護需要等の見込みを示した上で、地域包括ケアシステムの特色を明確にすることが求められた。

**Q490**

☑ ☑

介護保険法は、市町村に対し、市町村介護保険事業計画を策定又は変更しようとするときは、あらかじめ都道府県の意見を聴くことを義務づけている。

**Q491**

☑ ☑

介護保険法による市町村介護保険事業計画は、社会福祉法に規定する市町村地域福祉計画その他の法律の規定による計画であって要介護者等の保健、医療又は福祉に関する事項を定めるものと調和が保たれたものでなければならない。

**Q492**

☑ ☑

介護保険法では、市町村介護保険事業計画の策定に当たって、市町村はあらかじめ、被保険者の意見を反映させるために必要な措置を講ずるものと定めている。

**Q493**

☑ ☑

介護保険法では、市町村は、市町村介護保険事業計画の実績について評価を行うと明記されている。

A488 ○ [都道府県介護保険事業支援計画]においては、当該都道府県が定める区域ごとに当該区域における各年度の介護専用型特定施設入居者生活介護、地域密着型特定施設入居者生活介護及び地域密着型介護老人福祉施設入所者生活介護に係る必要利用定員総数、[介護保険施設の種類ごとの必要入所定員総数]その他の介護給付等対象サービスの量の見込みを定めるものとする（介護保険法 118 条 2 項）。

A489 ○ 第 6 期介護保険事業計画の基本指針では、2025（令和 7）年度の介護需要等の見込みを示した上で、[地域包括ケアシステム]の特色を明確にすることが求められた。

A490 ○ 介護保険法は、市町村に対し、市町村介護保険事業計画を策定又は変更しようとするときは、あらかじめ[都道府県]の意見を聴くことを義務づけている（同法 117 条 12 項）。

A491 ○ 介護保険法による市町村介護保険事業計画は、社会福祉法に規定する[市町村地域福祉計画]、高齢者の居住の安定確保に関する法律に規定する[市町村高齢者居住安定確保計画]その他の法律の規定による計画であって要介護者等の保健、医療、福祉又は住居に関する事項を定めるものと[調和]が保たれたものでなければならない（介護保険法 117 条 10 項）。

A492 ○ 介護保険法では、市町村介護保険事業計画の策定に当たって、市町村はあらかじめ、[被保険者の意見を反映させるために必要な措置]を講ずるものと定めている（同法 117 条 11 項）。

A493 ○ 2017（平成 29）年の介護保険法改正により、同法 117 条 7 項に「市町村は（中略）市町村介護保険事業計画の実績に関する[評価を行う]ものとする」と規定された。

6

福祉行財政と福祉計画

**Q494** ☑ ☑ 介護保険における居宅介護サービス費の支給は、指定事業者が代理受領することにより、結果として応能負担原則に基づく利用者負担を実現している。

**Q495** ☑ ☑ 市町村は、老人福祉法において、5年を一期とする市町村老人福祉計画を作成するものとされている。

**Q496** ☑ ☑ 市町村老人福祉計画では、市町村介護保険事業計画に定められている事項を勘案する必要はない。

**Q497** ☑ ☑ 市町村は、老人福祉計画を定め、又は変更したときには、遅滞なく厚生労働大臣に提出しなければならない。

**Q498** ☑ ☑ 障害者基本法に基づく都道府県障害者計画は、すべての都道府県で策定が終わっている。

**Q499** ☑ ☑ 市町村は障害福祉計画を作成する義務はないが、都道府県は作成する義務を負っている。

**Q500** ☑ ☑ 市町村障害者計画と市町村障害福祉計画は、一体のものとして策定されなければならない。

**Q501** ☑ ☑ 市町村障害福祉計画を定め、又は変更しようとするときは、あらかじめ、障害者団体、事業者、社会福祉協議会の意見を反映させるために必要な措置を講ずる必要がある。

**A494** ✕ 介護保険における居宅介護サービス費の支給は、指定事業者が代理受領することにより、結果として［応益負担］原則に基づく利用者負担を実現している。

**A495** ✕ 老人福祉法において、市町村老人福祉計画の期間の［定めはない］が、「市町村介護保険事業計画と［一体のもの］として作成されなければならない」と規定している。

**A496** ✕ 市町村老人福祉計画は、［市町村介護保険事業計画］と一体のものとして作成されなければならない（老人福祉法20条の8第7項）。

**A497** ✕ 市町村は、老人福祉計画を定め、又は変更したときには、遅滞なく［都道府県知事］に提出しなければならない（老人福祉法20条の8第10項）。

**A498** ◯ 障害者基本法に基づく都道府県障害者計画は、［すべて］の都道府県で策定が終わっている。

**A499** ✕ ［都道府県と市町村］は、障害福祉計画を作成する義務を負っている（障害者総合支援法88〜89条）。

**A500** ✕ 市町村障害福祉計画は、市町村障害者計画、市町村地域福祉計画その他の法律の規定による計画であって障害者等の福祉に関する事項を定めるものと［調和が保たれたもの］でなければならない（障害者総合支援法88条7項）。

**A501** ✕ 市町村障害福祉計画を定め、又は変更しようとするときは、あらかじめ、［住民］の意見を反映させるために必要な措置を講ずるよう努めるものとする（障害者総合支援法88条8項）。

6

福祉行財政と福祉計画

**Q502** 都道府県は、都道府県障害福祉計画を定め、又は変更したときに厚生労働大臣に提出しなければならない。

**Q503** 障害者基本法では、都道府県は、障害者基本計画を策定するものとされている。

**Q504** 障害者基本法に規定する障害者基本計画は、障害者政策委員会が実施状況を監視するものとされている。

**Q505** 障害者基本計画の実施計画である「重点施策実施5か年計画」(2007(平成19)年策定)において、職場適応援助者(ジョブコーチ)の養成目標数が定められている。

**Q506** 次世代育成支援対策推進法に基づく市町村行動計画(前期計画)は、3割強の市町村での策定が終わっている。

**Q507** 健康保険法に基づき保険医療機関等から療養の給付を受ける者は、原則として定率の一部負担金を保険医療機関等に支払わなければならない。

**Q508** 児童福祉法に基づく保育の実施として保育所への入所が行われた場合は、所得にかかわらず一定額の費用徴収が行われる。

**Q509** 子ども・子育て支援法では、市町村は、市町村子ども・子育て支援事業計画を策定するものとされている。

A502 ○ 都道府県は、都道府県障害福祉計画を定め、又は変更したときは、遅滞なく、これを［厚生労働大臣（主務大臣）］に提出しなければならない（障害者総合支援法89条10項）。

A503 × 障害者基本法では、［政府］は、障害者基本計画を策定するものとされている（同法11条）。

A504 ○ 障害者基本法に規定する障害者基本計画は、［障害者政策委員会］が実施状況を監視するものとされている。同法32条に規定される障害者政策委員会は［内閣府］に置かれ、障害者基本計画の実施状況を監視し、必要があると認めるときは、内閣総理大臣又は内閣総理大臣を通じて［関係各大臣］に［勧告］することとなっている。

A505 ○ 障害者基本計画の実施計画である「重点施策実施5か年計画」（2007（平成19）年策定）において、職場適応援助者（ジョブコーチ）の［養成目標数］と［達成期間］が定められている。

A506 × 次世代育成支援対策推進法に基づく市町村行動計画（前期計画）は、［すべて］の市町村で策定が終わっている。

A507 ○ 健康保険法に基づき保険医療機関等から療養の給付を受ける者は、原則として［定率］の一部負担金を保険医療機関等に支払わなければならない（同法74条）。

A508 × 児童福祉法に基づく保育の実施として保育所への入所が行われた場合は、［所得に応じて異なる］費用徴収が行われる（同法56条）。

A509 ○ 子ども・子育て支援法では、［市町村］は、市町村子ども・子育て支援事業計画を策定するものとされている。

**Q510**

☑ ☑

市町村子ども・子育て支援事業計画は、都道府県知事の定める基本指針に即して策定される。

- - - - - - - - - - - - - - - - - - - - - - - - - - - - - - - - -

**Q511**

☑ ☑

都道府県は、都道府県子ども・子育て支援事業支援計画を定め、又は変更したときに内閣総理大臣に提出しなければならない。

- - - - - - - - - - - - - - - - - - - - - - - - - - - - - - - - -

**Q512**

☑ ☑

市町村子ども・子育て支援事業計画では、教育・保育情報の公表に関する事項を定めるよう努める。

- - - - - - - - - - - - - - - - - - - - - - - - - - - - - - - - -

**Q513**

☑ ☑

子ども・子育て支援法によって内閣府に設置される「子ども・子育て会議」の委員候補には、子どもの保護者は入っていない。

- - - - - - - - - - - - - - - - - - - - - - - - - - - - - - - - -

**Q514**

☑ ☑

自殺対策基本法では、市町村に、市町村自殺対策計画の策定が義務づけられている。

A510 × 　市町村子ども・子育て支援事業計画は、子ど
も・子育て支援法 61 条に規定され、[内閣総理
大臣] が定める基本指針に即して、[5] 年を 1
期とする教育・保育及び地域子ども・子育て支
援事業の提供体制の確保その他この法律に基づ
く業務の円滑な実施に関して定める計画である。

A511 ○ 　都道府県は、都道府県子ども・子育て支援事業
支援計画を定め、又は変更したときは、遅滞な
く、これを [内閣総理大臣] に提出しなければ
ならない (子ども・子育て支援法 62 条 6 項)。

A512 × 　[都道府県子ども・子育て支援事業支援計画]
では、教育・保育情報の公表に関する事項を定
めるよう努める (子ども・子育て支援法 62 条
3 項 2 号)。

A513 × 　子ども・子育て支援法によって内閣府に設置さ
れる「子ども・子育て会議」の委員候補には、
子どもの保護者が [含まれている]。

A514 ○ 　市町村は、自殺総合対策大綱及び都道府県自殺
対策計画並びに地域の実情を勘案して、[市町
村自殺対策計画] を定めるものとする (自殺対
策基本法 13 条 2 項)。

6

福祉行財政と福祉計画

# 7 社会保障

## 出る！出る！

# 要点チェックポイント

### ポイント① 国民年金の被保険者

| | 被保険者 | 概要 |
|---|---|---|
| 強制加入 | 第1号 | 日本国内に住む20歳以上60歳未満の者のうち、第2号・第3号被保険者以外の者（自営業者・農林漁業者など。国籍要件はない） |
| | 第2号 | 厚生年金保険の被保険者（ただし、被用者年金制度の老齢（退職）年金受給権者は対象） |
| | 第3号 | 第2号被保険者の被扶養配偶者で20歳以上60歳未満の日本国内に住む者 |
| 任意加入 | | ・日本国内に住む60歳以上65歳未満の者<br>・日本国外に住む20歳以上65歳未満の日本国民<br>・日本国内に住む20歳以上60歳未満の者で、被用者年金制度の老齢（退職）年金受給者 |

### ポイント② 国民皆保険体制

| | 被保険者 | 制度 | 保険者 |
|---|---|---|---|
| 75歳以上<br>（一定の障害者は65歳以上） | | 後期高齢者医療制度 | 後期高齢者広域連合（都道府県単位） |
| 75歳未満 | 一般被用者 | 健康保険 | 全国健康保険協会・健康保険組合 |
| | 船員 | 船員保険 | 全国健康保険協会 |
| | 公務員・私立学校職員 | 共済組合 | 共済組合・事業団 |
| | 農業者・自営業者・被用者保険の退職者等 | 国民健康保険 | 都道府県及び市町村（旧市町村国保）・国民健康保険組合（国保組合） |

**介護保険被保険者と保険料**

|  | 第1号被保険者 | 第2号被保険者 |
|---|---|---|
| **対象者** | 65歳以上の者 | 40歳以上65歳未満の医療保険加入者 |
| **受給権者** | 要支援者と要介護者 | 特定疾病を原因とする要支援者と要介護者 |
| **保険料の賦課・徴収方法** | 所得段階別定額保険料。市町村が徴収(普通徴収、特別徴収) | 医療保険者が医療保険料と一緒に徴収する |
|  |  | 健康保険:標準報酬×介護保険料率(事業主負担あり) |
|  |  | 国民健康保険:所得割、均等割等で賦課(国庫負担あり) |

 **雇用保険**

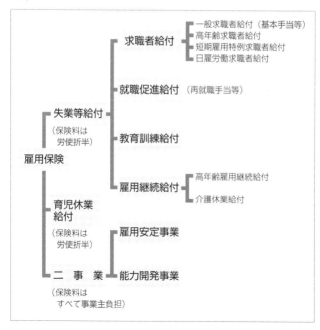

## 1 欧米における社会保障の歴史的展開と社会保障制度

**Q515**
☑ ☑
ドイツの疾病（医療）保険（1883年）は、世界で最初の国による医療分野の社会保険立法である。

**Q516**
☑ ☑
最初の社会保障法（1935年）は、アメリカでニューディール政策を実行したルーズベルト大統領の政権下で成立した。

**Q517**
☑ ☑
スウェーデンの保健・医療サービスは、社会保険方式により提供されている。

**Q518**
☑ ☑
フランスでは、連帯思想が社会保険制度の段階的な充実につながり、1930年には、ラロック・プランに基づく社会保険法が成立した。

**Q519**
☑ ☑
イギリスには、医療サービスを税財源により提供する国民保健サービスの仕組みがある。

**Q520**
☑ ☑
ドイツの介護保険制度では、公的医療保険の加入者が年齢にかかわらず被保険者となる。

## 2 現代社会と我が国の社会保障制度

**Q521**
☑ ☑
第二次世界大戦後の1954（昭和29）年に、健康保険制度が創設された。

A515　O　ドイツの [疾病 (医療)] 保険 (1883 年) は、世界で最初の国による医療分野の社会保険立法である。宰相 [ビスマルク] により制定された。

A516　O　最初の社会保障法 (1935 年) は、アメリカで [ニューディール] 政策を実行したルーズベルト大統領の政権下で成立した。これは、老齢年金保険、失業保険、公的扶助などを内容とする法だった。

A517　×　スウェーデンの保健・医療サービスは、[税] 方式による公営サービスとして提供されている。

A518　×　フランスでは、連帯思想が社会保険制度の段階的な充実につながり、[1930] 年には社会保険法が成立した。ラロック・プランが作成されたのは、[1945] 年である。

A519　O　イギリスの国民保健サービス (NHS) は、[税]が主な財源となっている。

A520　O　ドイツの介護保険制度では、公的医療保険の被保険者が同時に [介護保険] の被保険者となる。よって、日本の介護保険と違い、年齢にかかわらず被保険者となり、給付対象にもなる。

A521　×　健康保険制度は、第二次世界大戦 [前] の [1927 (昭和 2)] 年に創設された。

**7**

**社会保障**

**Q522**
☑ ☑
1961（昭和 36）年に達成された国民皆保険により、各種の医療保険制度は国民健康保険制度に統合された。

**Q523**
☑ ☑
2000（平成 12）年に、介護保険制度と後期高齢者医療制度が同時に創設された。

**Q524**
☑ ☑
1950（昭和 25）年の社会保障制度審議会の勧告では、日本の社会保障制度は租税を財源とする社会扶助制度を中心に充実すべきとされた。

**Q525**
☑ ☑
1995（平成 7）年の社会保障制度審議会の「社会保障体制の再構築に関する勧告」は、国民の自立と社会連帯の考えが社会保障を支える基盤になると強調した。

**Q526**
☑ ☑
1986（昭和 61）年に基礎年金制度が導入され、国民皆年金が実現した。

**Q527**
☑ ☑
社会保障の所得再分配機能のうち、生活保護制度に代表されるように所得の高い者から低い者へ再分配することを、水平的所得再分配機能という。

**Q528**
☑ ☑
児童扶養手当の支給対象となる児童の年齢は、障害がない子どもの場合、18 歳到達後最初の年度末までである。

A522 × 国民皆保険は1961（昭和36）年に達成されたが、国民健康保険や健康保険など、いずれかの医療保険にすべての国民が加入する仕組みとなり、保険制度が統合［されたわけではない］。

A523 × 介護保険制度は［2000（平成12）］年に創設され、後期高齢者医療制度は［2008（平成20）］年に創設された。

A524 × 1950（昭和25）年の社会保障制度審議会勧告では、日本の社会保障制度は、自らの拠出（社会保険料）が必要な［社会保険］制度を中心とすべきとされた。現在の制度も社会保険制度が中心となっている。

A525 ○ 1995（平成7）年の社会保障制度審議会の「社会保障体制の再構築に関する勧告」は、国民の［自立］と［社会連帯］の考えが社会保障を支える基盤になると強調した。

A526 × 1986（昭和61）年に基礎年金制度が導入されたが、それより［前］の［1961（昭和36）］年に拠出制の［国民年金］制度が導入され国民皆年金が実現した。

A527 × 社会保障の所得再分配機能のうち、生活保護制度に代表されるように所得の高い者から低い者へ再分配することを、［垂直的］所得再分配機能という。また、医療保険制度のように保険料を財源として、健康な人から病気の人へ再分配することを、［水平的］所得再分配機能という。

A528 ○ 児童扶養手当の支給対象となる児童の年齢は、障害がない子どもの場合、［18歳到達後最初の年度末］までである。また、一定の障害がある子どもの場合は、［20歳未満］である。

7 社会保障

**Q529** 児童手当制度は、所得制限が設けられていない普遍的給付である。

☑ ☑

. . . . . . . . . . . . . . . . . . . . . . . . . . . . . . . .

**Q530** 児童手当の支給対象となる児童の年齢は、12歳到達後の最初の年度末までである。

☑ ☑

. . . . . . . . . . . . . . . . . . . . . . . . . . . . . . . .

**Q531** 児童手当の費用は、国と地方自治体が50％ずつ負担している。

☑ ☑

. . . . . . . . . . . . . . . . . . . . . . . . . . . . . . . .

**Q532** 社会保険は救貧的機能を果たし、公的扶助は防貧的機能を果たす。

☑ ☑

. . . . . . . . . . . . . . . . . . . . . . . . . . . . . . . .

**Q533** 民間保険の原理の1つである給付・反対給付均等の原則は、社会保険においても必ず成立する。

☑ ☑

. . . . . . . . . . . . . . . . . . . . . . . . . . . . . . . .

**Q534** 「2021（令和3）年人口動態統計月報年計（概数)」（厚生労働省）によると、2021（令和3）年の合計特殊出生率は前年より上昇した。

☑ ☑

**Q535** 「人口推計（令和4年10月1日現在)」（総務省）における年齢別の人口を全国でみると、65歳以上人口の割合は、年少人口の割合の2倍を超えている。

☑ ☑

**A529** × 児童手当制度は、[所得制限]が設けられている。ただし、養育者の所得が所得制限限度額以上でも、所得上限限度額未満の場合は[特例給付]が支給されている。

**A530** × 児童手当の支給対象となる児童の年齢は、[15歳到達後の最初の年度末]までである。

**A531** × 児童手当の費用は、[国・地方自治体・事業主]で負担しており、このうち国と地方自治体の負担割合は[2:1]である。

**A532** × 社会保険はあらかじめ定められた保険事故が発生した場合に給付を行うことで、[防貧的機能]を果たす。公的扶助は資力調査を行い、貧困状態にある者に給付を行うので[救貧的機能]を果たす。

**A533** × 給付・反対給付均等の原則は、各人の保険料は保険事故が発生した際に受け取る保険金の数学的期待値(保険事故の発生確率×保険給付額)に等しいというものだが、社会保険では必ずしも[成立していない]。社会保険ではむしろ[負担能力]等に応じて保険料が設定されている。

**A534** × 「2021(令和3)年人口動態統計月報年計(概数)」(厚生労働省)によると、2021(令和3)年の合計特殊出生率は[1.30]で、前年(1.33)よりも[低下]した。

**A535** 〇 総務省の「人口推計(令和4年10月1日現在)」における65歳以上人口の割合は[29.0]%、年少人口の割合は11.6%で、65歳以上人口は年少人口の割合の2倍を[超えている]。75歳以上人口の割合も[15.5]%で、年少人口を[上回っている]。

7

社会保障

**Q536** 「労働力調査」（総務省）によると、2021（令和3）年平均において、雇用者（役員を除く）に占める非正規の職員・従業員の割合は3割を超えている。

☑ ☑

**Q537** 「令和3年度雇用均等基本調査」（厚生労働省）によると、男性の育児休業取得率は約3%にとどまっている。

☑ ☑

## 3 社会保障の財源・費用

**Q538** 「令和2年度社会保障費用統計」（国立社会保障・人口問題研究所）によると、2020（令和2）年度の部門別（「医療」、「年金」、「福祉その他」）の社会保障給付費の構成割合をみると、「年金」が70%を超過している。

☑ ☑

**Q539** 「令和2年度社会保障費用統計」（国立社会保障・人口問題研究所）によると、2020（令和2）年度の機能別の社会保障給付費の構成割合をみると、「高齢」の方が「家族」よりも高い。

☑ ☑

**Q540** 「令和2年度社会保障費用統計」（国立社会保障・人口問題研究所）によると、社会保障財源の構成比は、公費負担より社会保険料の方が大きい。

☑ ☑

**Q541** 「令和2年度社会保障費用統計」（国立社会保障・人口問題研究所）によると、2020（令和2）年度の社会保障給付費の対国内総生産比は、40%を超過している。

☑ ☑

A536　○　「労働力調査」（総務省）によると、2021（令和3）年平均において、雇用者（役員を除く）に占める非正規の職員・従業員の割合は[36.7]％と[3]割を超えている。

A537　×　「令和3年度雇用均等基本調査」（厚生労働省）によると、男性の育児休業取得率は[13.97]％となっている。

A538　×　「令和2年度社会保障費用統計」（国立社会保障・人口問題研究所）によると、部門別社会保障給付費の構成割合は、「年金」（42.1％）、「医療」（32.3％）、「福祉その他」（25.6％）であり、「年金」は70％を超過していない。

A539　○　「令和2年度社会保障費用統計」（国立社会保障・人口問題研究所）によると、機能別社会保障給付費の構成割合は、「高齢」が44.6％であるのに対して、「家族」は7.8％であり、「高齢」の方が高い。機能別構成割合は「高齢」が最も高く、次いで「保健医療」（31.1％）、「家族」の順となっている。

A540　○　「令和2年度社会保障費用統計」によると、社会保障財源の構成比は、[社会保険料]（39.8％）、[公費負担]（31.9％）の順となっており、公費負担より社会保険料の方が[大きい]。

A541　×　「令和2年度社会保障費用統計」（国立社会保障・人口問題研究所）によると、2019（令和元）年度の社会保障給付費の対国内総生産（GDP）比は[24.69]％であり、40％を超過[していない]。

**Q542** ☑ ☑ 「令和2年度社会保障費用統計」（国立社会保障・人口問題研究所）によると、政策分野別社会支出の構成割合が最も高いのは、「家族」に対する支出である。

**Q543** ☑ ☑ 2022（令和4）年度の国民所得に対する租税及び社会保障負担の割合は、約25％となる見通しである。

**Q544** ☑ ☑ 2019（令和元）年度における社会支出の国際比較によれば、日本の社会支出の対国内総生産比は、フランスよりも高い。

## 4 年金保険制度

**Q545** ☑ ☑ 国民年金の保険者は、日本年金機構である。

**Q546** ☑ ☑ 被用者は、国民年金の第1号被保険者となることができない。

**Q547** ☑ ☑ 障害基礎年金を受給していると、国民年金の保険料納付は免除される。

**Q548** ☑ ☑ 国民年金の第3号被保険者は、第2号被保険者に扶養されている妻のための制度であり、夫は対象とならない。

A542　×　「令和2年度社会保障費用統計」によると、政策分野別社会支出（9分野）の構成割合で最も高いのは「保健」（41.0%）で、2番目が「高齢」（35.8%）、3番目が「家族」（7.9%）である。

A543　×　「国民所得に対する租税及び社会保障負担の割合」とは、[国民負担率] の定義である。2023（令和5）年度の国民負担率は、[46.8] %となる見通しである。

A544　×　2019（令和元）年度における社会支出の国際比較によれば、日本の社会支出の対国内総生産比は [22.95] %であるのに対し、フランスは31.51%であり、日本の方が [低い]。フランスは、日本、アメリカ、イギリス、ドイツ、フランス、スウェーデンの中で最も高い。

7

社会保障

A545　×　国民年金の保険者は [国（政府）] であり、日本年金機構は国の委任・委託を受けて事業を行っている。

A546　×　被用者でも20歳以上60歳未満で、国民年金第2号被保険者又は第3号被保険者とならない場合は、[第1号被保険者] となる。

A547　○　国民年金の第 [1] 号被保険者が障害基礎年金を受給している場合、保険料の [法定免除] の対象となる。

A548　×　国民年金の第3号被保険者は、第2号被保険者に扶養されている [配偶者] のための制度である。[男女] による違いはない。

**Q549** ☑ ☑ 国民年金の納付猶予制度により、保険料納付の猶予を受けた者が保険料を追納しなかった場合、当該期間の国庫負担分のみが老齢基礎年金の支給額に反映される。

**Q550** ☑ ☑ 国民年金の第3号被保険者は、日本国内に住所を有する者や、日本国内に生活の基礎があると認められる者であること等を要件とする。

**Q551** ☑ ☑ 老齢基礎年金は60歳からの繰上げ受給は可能であるが、66歳以後の希望する年齢から受給するような繰下げ受給はできない。

**Q552** ☑ ☑ 基礎年金に対する国庫負担は、老齢基礎年金、障害基礎年金、遺族基礎年金のいずれに対しても行われる。

**Q553** ☑ ☑ 厚生年金被保険者の育児休業中、保険料は、事業主負担分のみ免除される。

**Q554** ☑ ☑ 厚生年金適用事業所で使用される70歳以上の者は、被保険者として厚生年金の保険料を支払い、老齢厚生年金の一部又は全部が停止される。

**Q555** ☑ ☑ 65歳以上の障害基礎年金の受給権者は、老齢厚生年金又は遺族厚生年金との併給ができる。

**A549** × 国民年金の納付猶予制度により、保険料の納付猶予を受けた者が保険料を追納しなかった場合、その期間は受給資格期間には［含まれる］が、老齢基礎年金の支給額には国庫負担分も含めて［反映されない］。学生納付特例制度も同様である。

**A550** ○ 2020（令和2）年度から国民年金第3号被保険者にも［国内居住］要件が設けられた。ただし、海外に赴任する第2号被保険者である配偶者に同行する場合等の特例がある。

**A551** × 老齢基礎年金は、本人の希望により［60 〜 64］歳の間での繰上げ受給、［66 〜 75］歳の間での繰下げ受給を選択できる。

**A552** ○ 基礎年金に対する国庫負担は、老齢基礎年金、障害基礎年金、遺族基礎年金のいずれに対しても［行われる］。基本的に国庫負担割合は［2分の1］だが、20歳より前に初診日のある障害基礎年金については、6割である。

**A553** × 育児休業中の厚生年金保険と健康保険の保険料は、事業主・被保険者ともに［免除される］。

**A554** × 厚生年金適用事業所で使用される［70］歳以上の者は、厚生年金の被保険者ではないため、保険料の徴収は行われない。ただし、［総報酬月額］と［老齢厚生年金月額］に応じて、老齢厚生年金の一部又は全部が停止されることがある。

**A555** ○ 65歳以上の障害基礎年金の受給権者は［老齢厚生年金］又は［遺族厚生年金］との併給ができる。

**7**

**社会保障**

**Q556** 障害厚生年金を受給するためには、精神疾患による障害認定日が厚生年金保険の被保険者期間内でなければならない。

☑ ☑

**Q557** 厚生年金の被保険者に病気やケガが発生してから、その症状が固定することなく1年を経過し、一定の障害の状態にある場合は、障害厚生年金を受給できる。

☑ ☑

**Q558** 遺族基礎年金は、国民年金の被保険者等が死亡した場合に、その者の子を有しない配偶者にも支給される。

☑ ☑

**Q559** 遺族厚生年金の年金額は、老齢厚生年金の計算式の例により、計算して算出された額の4分の3に相当する額とする。ただし、被保険者期間の月数が300月に満たない場合は、300月として計算される。

☑ ☑

**Q560** 確定拠出年金とは、将来の年金額が確定している年金をいう。

☑ ☑

**Q561** 確定拠出年金には、国民年金の第1号被保険者である自営業者も加入できる。

☑ ☑

# 5 医療保険制度

**Q562** 健康保険法に基づく保険者は、健康保険組合及び国民健康保険組合である。

☑ ☑

A556 ✕ 障害厚生年金を受給するためには、精神疾患による [初診日] が厚生年金保険の [被保険者期間] 内でなければならない。障害認定日は被保険者期間内でなくてもよい。

---

A557 ✕ 障害厚生年金において、一定の障害の状態にあることを確認する障害認定日は、初診日から [1年6か月] を経過した日又はそれまでに症状が固定した（治癒した）日である。

---

A558 ✕ 遺族基礎年金の対象となる遺族は、[子（18歳になった年度末又は障害のある20歳未満まで）のいる配偶者] か、[子のみ] の場合である。子を有しない配偶者は対象となっていない。

---

A559 ◯ 遺族厚生年金の年金額は、老齢厚生年金の計算式の例により、計算して算出された額の [4分の3] に相当する額とする。ただし、被保険者期間の月数が300月に満たない場合は、300月として計算される。

---

A560 ✕ 確定拠出年金とは、拠出する [掛金] 額が確定している年金をいう。将来の年金額が確定しているのは、[確定給付年金] である。

---

A561 ◯ 確定拠出年金（個人型）には、国民年金の第 [1] 号被保険者である自営業者も加入できる。

---

A562 ✕ 健康保険法に基づく保険者は、健康保険組合及び [全国健康保険協会] である。[国民健康保険組合] は、国民健康保険法に基づく保険者である。

7
社会保障

**Q563** ☑ ☑
健康保険の被扶養者に対する家族療養費の支給は、被扶養者が被保険者と同一世帯に居住する場合に限られる。

**Q564** ☑ ☑
日本で正社員として雇用されている外国人が扶養している外国在住の親は、健康保険の被扶養者となる。

**Q565** ☑ ☑
国民健康保険は、農業者や自営業者等を対象とするものであり、事業所に使用される者は対象とはならない。

**Q566** ☑ ☑
世帯員に国民健康保険の被保険者がいる場合、世帯主は国民健康保険以外の医療保険制度の被保険者であっても国民健康保険料の納付義務者となる。

**Q567** ☑ ☑
協会けんぽ（全国健康保険協会管掌健康保険）の保険料率は、全国一律である。

**Q568** ☑ ☑
健康保険法及び厚生年金保険法で定める標準報酬月額の上限は、同一である。

**Q569** ☑ ☑
都道府県は、当該都道府県内の市町村とともに国民健康保険を行う。

**Q570** ☑ ☑
同一の月の国民健康保険と介護保険の自己負担の合算額が所定の限度額を超える場合、国民健康保険から高額介護合算療養費が支給される。

**Q571** ☑ ☑
保険外併用療養費を用いた治療は、保険医療機関では提供できない。

A563　×　家族療養費は、被扶養者に対する医療の給付等を指す。被扶養者となることができる者のうち、[直系尊属（父母、祖父母など）と配偶者、子、孫、兄弟姉妹]については、同居していなくとも被保険者に生計を維持されていれば被扶養者となることができる。

. . . . . . . . . . . . . . . . . . . . . . . . . . . . . . . . . . . . . . .

A564　×　日本で正社員として雇用されている外国人が扶養している外国在住の親は、健康保険の被扶養者と[なれない]。2020（令和2）年4月から被扶養者の[国内居住]要件が設けられた。

. . . . . . . . . . . . . . . . . . . . . . . . . . . . . . . . . . . . . . .

A565　×　国民健康保険は、農業者や自営業者等を対象とするが、[事業所に使用される者]も対象となることがある。

. . . . . . . . . . . . . . . . . . . . . . . . . . . . . . . . . . . . . . .

A566　○　世帯員に国民健康保険の被保険者がいる場合、[世帯主]は国民健康保険以外の医療保険制度の被保険者であっても国民健康保険料の納付義務者となる（国民健康保険法76条1項）。

. . . . . . . . . . . . . . . . . . . . . . . . . . . . . . . . . . . . . . .

A567　×　中小企業の被用者が多く加入する協会けんぽの保険料率は、[都道府県ごと]に定められている。

. . . . . . . . . . . . . . . . . . . . . . . . . . . . . . . . . . . . . . .

A568　×　健康保険法及び厚生年金保険法で定める標準報酬月額の上限は[異なる]。

. . . . . . . . . . . . . . . . . . . . . . . . . . . . . . . . . . . . . . .

A569　○　以前は[市町村]が国民健康保険の保険者であったが、2018（平成30）年度から[都道府県]が加わった。

. . . . . . . . . . . . . . . . . . . . . . . . . . . . . . . . . . . . . . .

A570　×　[一年間]の国民健康保険と介護保険の自己負担の合算額が所定の限度額を超える場合、国民健康保険から[高額介護合算療養費]が支給される。

. . . . . . . . . . . . . . . . . . . . . . . . . . . . . . . . . . . . . . .

A571　×　保険外併用療養費制度は、いわゆる[混合診療（保険診療と保険外診療を合わせて受ける）]を例外的に認める制度なので、治療は[保険医療機関]で行われる必要がある。

7
社会保障

**Q572** 健康保険の被保険者がケガのため、その翌日から連続して会社を休み、その間、給与の支払いがなかった場合、休業4日目から傷病手当金を受けられる。

☑ ☑

**Q573** 健康保険の被保険者本人が出産した場合には、出産手当金が支給されるため、出産育児一時金は支給されない。

☑ ☑

**Q574** 出産、子育てのための現金給付として出産育児一時金、家族出産育児一時金、出産手当金及び家族出産手当金の制度がある。

☑ ☑

**Q575** 後期高齢者医療制度の被保険者は、日本に住む75歳以上の高齢者のみである。

☑ ☑

**Q576** 患者の一部負担金以外の後期高齢者医療の療養の給付に要する費用は、後期高齢者の保険料と公費の2つで賄われている。

☑ ☑

## 6 介護保険・労働保険制度

**Q577** 介護保険の給付に要する費用は、65歳以上の者が支払う保険料と公費の2つで賄われている。

☑ ☑

**Q578** 介護保険第2号被保険者は、年齢要件のほかに、市町村又は特別区の区域内に住所を有する医療保険に加入する者となっている。

☑ ☑

A572　○　健康保険の被保険者なので、傷病手当金の対象となる。休業［3］日目までは、待期期間であり給付が行われない。

A573　×　健康保険の被保険者本人が出産した場合には、［出産手当金］が支給されるが、［出産育児一時金］も支給される。

A574　×　健康保険等の被用者保険には、出産、子育てのための現金給付として出産育児一時金、家族出産育児一時金、出産手当金の制度がある。家族出産手当金という制度はない。［出産手当金］は被保険者が出産のため休業し給料の支払いを受けないときに支給される。被扶養者は対象とならない。

A575　×　後期高齢者医療制度の被保険者は、日本に住む75歳以上の高齢者と、［65〜74］歳で［一定の障害状態にある高齢者］を対象としている。

A576　×　後期高齢者医療の療養の給付に要する費用は、後期高齢者が拠出する［保険料］と［公費（国・都道府県・市町村）］、健康保険や国民健康保険等の保険者が拠出する［後期高齢者支援金］により賄われている。

A577　×　介護保険の給付に要する費用は、65歳以上の者（第1号被保険者）が支払う［保険料］と［公費（国・都道府県・市町村）］、［第2号被保険者の保険料］により賄われている。

A578　○　介護保険第2号被保険者は、年齢要件のほかに、市町村又は特別区の区域内に住所を有する［医療保険］に加入する者となっている。年齢要件は［40歳以上65歳未満］である。

181

**Q579**
☑ ☑
介護保険の居宅サービスを利用する場合、保険給付の区分支給限度基準額は、被保険者の所得に応じて決定される。

**Q580**
☑ ☑
63歳の者が、交通事故が原因で要介護状態になった場合には、介護保険の給付を受けることはできない。

**Q581**
☑ ☑
労働者災害補償保険（労災保険）の保険料は、事業主と労働者が折半して負担する。

**Q582**
☑ ☑
労働者災害補償保険の保険料の算定に当たっては、事故の発生率から保険料を引き上げ、又は引き下げるメリット制がある。

**Q583**
☑ ☑
労働者が業務災害による療養のため休業し、賃金を受けられない日が4日以上続く場合は、労働者災害補償保険による休業補償給付を受けられる。

**Q584**
☑ ☑
故意に負傷の原因となった事故を生じさせた場合であっても、労災保険給付は行われる。

**Q585**
☑ ☑
勤務先が労災保険の保険料を滞納していた場合、労災保険の給付は行われない。

**Q586**
☑ ☑
雇用保険は、都道府県が管掌している。

A579 × 介護保険の居宅サービスを利用する場合、保険給付の区分支給限度基準額は、[要介護度]に応じて決定される。この範囲内であれば介護保険給付の対象となり、超える分は全額自己負担となる。

A580 ○ 第2号被保険者（40歳以上65歳未満の医療保険加入者）で、介護保険給付を受けられるのは、[特定疾病]を原因とする要支援者、要介護者のみである。特定疾病には、交通事故の傷害は含まれていないので給付を受けられない。

A581 × 労災保険の保険料は事業主が[すべて]負担する。

A582 ○ 労働者災害補償保険の保険料の算定に当たっては、事故の発生率から保険料を引き上げ、又は引き下げる[メリット制]がある。つまり、労働災害がよく発生する事業所では保険料が高くなり、少ない事業所では保険料が低くなる。

A583 ○ 休業補償給付は、休業［4］日目から支給対象となる。待期期間となる3日目までは、事業主が直接、労働者に補償をする必要がある。

A584 × ［故意］に負傷の原因となった事故を生じさせた場合は、労災保険給付は行われない。

A585 × 労災保険の保険料は、［勤務先（事業主）］が負担する。勤務先が保険料を滞納していたとしても給付は行われ、その費用の一部が［勤務先］に請求される。

A586 × 雇用保険は、［国（政府）］が管掌している。実際の事務は、都道府県労働局と公共職業安定所（ハローワーク）が行う。

7

社会保障

**Q587** ☑ ☑

雇用保険の被保険者とは、適用事業所に雇用される労働者であって、その所定労働時間が通常の労働者の4分の3以上である者をいう。

**Q588** ☑ ☑

雇用保険の基本手当は、自己の都合により退職した場合には受給できない。

**Q589** ☑ ☑

基本手当の給付日数は被保険者期間に応じて定められており、倒産や解雇などの離職理由は考慮されない。

**Q590** ☑ ☑

基本手当の受給を終了し、受給資格を有しない者は、「求職者支援法」に基づく職業訓練受講給付金の対象者となることができない。

**Q591** ☑ ☑

一般被保険者は、離職して厚生労働大臣指定の教育訓練講座を修了しなければ、教育訓練受講給付金を受給することができない。

**Q592** ☑ ☑

近年の雇用保険法改正により、育児休業給付は、失業等給付から独立した給付として位置づけられた。

**Q593** ☑ ☑

一般被保険者である父母が、同一の子について育児休業を取得する場合、それぞれ必要な被保険者期間を満たしていれば、両方の者が育児休業給付金を受給できる。

**Q594** ☑ ☑

雇用保険制度の失業等給付・育児休業給付分と雇用安定事業・能力開発事業分とを合わせた一般保険料率は、原則的に事業主と被保険者の折半負担である。

A587　×　雇用保険の被保険者とは、適用事業所に雇用される労働者であって、1週間当たりの所定労働時間が［20］時間以上であり、［31］日以上の［雇用見込み］がある者をいう。

A588　×　雇用保険の基本手当は、自己の都合による退職でも受給［できる］が、正当な理由のない自己都合の退職の場合は2〜3か月の［給付制限］が課され、給付の開始が先延ばしになる。

A589　×　基本手当の給付日数は［被保険者期間］だけではなく、倒産や解雇などの［離職理由］も考慮されている。

A590　×　基本手当の受給を終了し、受給資格を有しない者も、「求職者支援法」に基づく［職業訓練受講給付金］の対象者となることができる。

A591　×　一般被保険者は、離職せずに厚生労働大臣指定の教育訓練講座を修了しても、［教育訓練受講給付金］を受給することができる。

A592　○　［育児休業給付］は雇用継続給付の1つであったが、2020（令和2）年度から失業等給付から独立した給付として位置づけられた。

A593　○　一般被保険者である父母が、同一の子について育児休業を取得する場合、それぞれ必要な［被保険者期間］を満たしていれば、両方の者が［育児休業給付金］を受給できる。

A594　×　雇用保険制度の［失業等給付・育児休業給付分］の一般保険料率は、事業主と被保険者の折半負担であるが、［雇用安定事業・能力開発事業分］に対する一般保険料率は、事業主だけが負担する。

**7**

**社会保障**

185

# 8 障害者に対する支援と障害者自立支援制度

## 出る！出る！

## 要点チェックポイント

 **ポイント①** 主な障害者福祉関係制度における障害などの定義

| 法制度 | 「障害」などの定義 |
|---|---|
| 障害者基本法<br>障害者差別解消法 | 身体障害、知的障害又は精神障害（発達障害を含む）その他の心身の機能の障害がある者であって、障害及び社会的障壁によって、継続的に日常生活又は社会生活に相当な制限を受ける者 |
| 身体障害者福祉法 | 別表（身体障害者障害程度等級表）に該当する身体上の障害がある 18 歳以上の者であって、都道府県知事から身体障害者手帳の交付を受けた者 |
| 知的障害者福祉法 | 知的障害者の定義は設けられていない<br>知的障害児（者）基礎調査等では、「知的機能の障害が発達期（おおむね 18 歳まで）に現れ、日常生活に支障が生じているため、何らかの特別の援助を必要とする状態にある者」としている |
| 精神保健福祉法 | 統合失調症、精神作用物質による急性中毒又はその依存症、知的障害、精神病質その他の精神疾患を有する者 |
| 発達障害者支援法 | 発達障害：自閉症、アスペルガー症候群その他の広汎性発達障害、学習障害、注意欠陥多動性障害（ADHD）、その他これに類する脳機能の障害であってその症状が通常低年齢において発現するもの<br>発達障害者：発達障害がある者であって社会的障壁により日常又は社会生活に制限を受ける者 |
| 障害者雇用促進法 | 身体障害、知的障害又は精神障害（発達障害を含む）その他心身の機能の障害があるため、長期にわたり、職業生活に相当の制限を受け、又は職業生活を営むことが著しく困難な者 |
| 児童福祉法 | 障害児：身体に障害のある児童、知的障害のある児童、精神に障害のある児童又は難病の児童 |

## ポイント❷  児童福祉法の障害児へのサービス体系

| 障害児通所支援 | 概要 |
| --- | --- |
| 児童発達支援 | 未就学の障害児に対して、日常生活における基本的な動作の指導、知識技能の付与、集団生活への適応訓練その他必要な支援を行う |
| 医療型児童発達支援 | 肢体不自由である未就学の障害児に対して、児童発達支援及び治療を行う |
| 放課後等デイサービス | 就学中の障害児に対して、授業の終了後又は休業日に、生活能力の向上のために必要な訓練、社会との交流の促進その他必要な支援を行う |
| 居宅訪問型児童発達支援 | 居宅を訪問し、日常生活における基本的な動作の指導、知識技能の付与、集団生活への適応訓練などを行う |
| 保育所等訪問支援 | 保育所や幼稚園等の集団生活を営む施設に通う障害児に対して、保育所等を訪問して、集団生活への適応のための専門的な支援等を行う |

| 障害児入所支援 | 概要 |
| --- | --- |
| 福祉型障害児入所施設 | 身体障害、知的障害、精神障害のある児童（発達障害も含む）に対して、保護、日常生活の指導、知識技能の付与等を行う |
| 医療型障害児入所施設 | 知的障害、肢体不自由のある児童又は重症心身障害児に対して、保護、日常生活の指導、知識技能の付与及び治療等を行う |

## ポイント❸  障害者総合支援法の給付・事業（市町村）

| 介護給付 | 居宅介護、重度訪問介護、同行援護、行動援護、療養介護、生活介護、短期入所、重度障害者等包括支援、施設入所支援 | |
| --- | --- | --- |
| 訓練等給付 | 自立訓練、就労移行支援、就労継続支援、就労定着支援、自立生活援助、共同生活援助 | |
| 相談支援 | 地域相談支援、計画相談支援 | |
| 自立支援医療 | 更生医療、育成医療 | |
| 補装具 | | |
| 地域生活支援事業 | 相談支援、意思疎通支援、日常生活用具、移動支援、地域活動支援センター、福祉ホーム等 | 都道府県が支援（広域支援、人材育成等） |

8 障害者に対する支援と障害者自立支援制度

187

## 1 障害者の生活実態とこれを取り巻く社会情勢

**Q595**
☑ ☑
「平成28年生活のしづらさなどに関する調査（全国在宅障害児・者等実態調査）」（厚生労働省）によると、身体障害者手帳所持者のうち、障害の種類で最も多いのは肢体不自由である。

**Q596**
☑ ☑
東京パラリンピック（1964（昭和39）年）の開催を契機に、知的障害者を対象としたスペシャルオリンピックスが法制化された。

**Q597**
☑ ☑
「障害者差別解消法」（2013（平成25）年）では、「不当な差別的取扱いの禁止」について、国・地方公共団体等には義務が、民間事業者には努力義務が課されている。

**Q598**
☑ ☑
身体障害者福祉法による身体障害者とは、「別表に掲げる身体上の障害がある18歳以上の者であって、都道府県知事から身体障害者手帳の交付を受けたもの」をいう。

**Q599**
☑ ☑
発達障害者支援法の規定する発達障害者とは、発達障害がある者であって発達障害により日常生活又は社会生活に制限を受けるものをいう。

**Q600**
☑ ☑
児童福祉法における障害児とは、身体に障害のある児童又は知的障害のある児童をいう。

A595 ○ 「平成28年生活のしづらさなどに関する調査（全国在宅障害児・者等実態調査）」（厚生労働省）によると、身体障害者手帳所持者のうち、障害の種類で最も多いのは［肢体不自由］（45.0%）であり、次いで［内部障害］（28.9%）、障害種別不詳（10.8%）の順である。

A596 × スペシャルオリンピックスは1962年にユーニス・ケネディ・シュライバーによって始められ、1988年には国際オリンピック委員会（IOC）と議定書を交わし名称を使用するようになった。法制化は［なされていない］。

A597 × 「障害者差別解消法」（2013（平成25）年）では、「不当な差別的取扱いの禁止」について、国・地方公共団体等に加え民間事業者にも［義務］が課されている。

A598 ○ 身体障害者福祉法による身体障害者とは、「別表に掲げる身体上の障害がある［18］歳以上の者であって、都道府県知事から［身体障害者手帳］の交付を受けたもの」をいう。

A599 × 発達障害者支援法の規定する発達障害者とは、発達障害がある者であって発達障害及び［社会的障壁］により日常生活又は社会生活に制限を受けるものをいう（同法2条2項）。

A600 × 児童福祉法における障害児とは、［身体］に障害のある児童、［知的］障害のある児童、［精神］に障害のある児童又は［難病等］の児童をいう。

**Q601** 我が国では 1995（平成 7）年に、「全日本手をつなぐ育成会」が、知的障害者本人の全国組織として独立したことを契機に団体名の英語表記を、国際組織である「Inclusion International」にならって、「INCLUSION JAPAN」と称したころから、この理念が福祉分野でも広がっていった。

**Q602** 「インクルーシブな教育」とは、障害児だけではなく、外国籍や移民の子どもなど、言語や宗教・文化面での支援を必要とすることも含め、「すべての子どもが包み込まれる教育」を意味している。

**Q603** IL 運動（自立生活運動）を象徴する CIL（自立生活センター）は、1990 年代初めにアメリカで障害をもつ学生の当事者運動から始まった。

**Q604** 障害者インターナショナル（DPI）は、1981 年の国際障害者年を契機に設立され、身体障害にとどまらず知的障害や精神障害等様々な種類の障害のある人が活動する場となっている。

**Q605** 国際リハビリテーション協会（RI）は、1920 年代に結成された世界物理医学会が母体となり発展した。

**Q606** 1982 年に開催された国連総会は、国際障害者年の趣旨をより具体的なものとするため、「障害者に関する世界行動計画」を採択した。

**A601** × 我が国では 1995（平成 7）年に、[精神薄弱児育成会］が、精神薄弱という差別的な言葉を改めるために［全日本手をつなぐ育成会］と改称した。また団体名の英語表記を、国際組織である「Inclusion International」にならい、「INCLUSION JAPAN」と称した。

**A602** ○ 「インクルーシブな教育」とは、障害児だけではなく、外国籍や移民の子どもなど、言語や宗教・文化面での支援を必要とすることも含め、「[すべての子ども］が包み込まれる教育」を意味している。

**A603** × IL 運動（自立生活運動）を象徴する CIL（自立生活センター）は、[1970] 年代初めにアメリカのカリフォルニア大学バークレー校等で、障害をもつ学生の当事者運動から始まった。

**A604** ○ 障害者インターナショナル（DPI）は、1981 年の［国際障害者年］を契機にシンガポールで設立され、身体障害にとどまらず知的障害や精神障害等様々な種類の障害のある人が活動する場となっている。

**A605** × 国際リハビリテーション協会（RI）は、1922年に設立された［国際肢体不自由児協会］がその前身となっている。リハビリテーション関連の団体や障害者権利擁護団体、障害当事者団体、政府機関等から構成される国際組織である。

**A606** ○ 1982 年に開催された国連総会は、国際障害者年の趣旨をより具体的なものとするため、[障害者に関する世界行動計画］を採択した。この行動計画では、差別の撤廃やリハビリテーションの完全実施が主張された。またその実行のため［国連・障害者の十年］（1983 〜 1992 年）が定められた。

**Q607**

☑ ☑

1995（平成7）年に、政府は「障害者プラン」（ノーマライゼーション7か年戦略）を発表し、「入所施設は真に必要なものに限定し、地域資源として有効に活用する」とした。

**Q608**

☑ ☑

2006（平成18）年の国連総会において「障害者の権利に関する条約」が採択され、日本政府はこの条約を批准した。

**Q609**

☑ ☑

「障害者の権利に関する条約」の批准に向けた国内法の整備に向けて、2009（平成21）年に「障がい者制度改革推進会議」が厚生労働省に設置された。

## 2　障害者福祉制度・関連制度の概要

**Q610**

☑ ☑

1960（昭和35）年制定当時の精神薄弱者福祉法は、精神薄弱者援護施設を法的に位置づけ、入所施設の設置体制を整備した。

**Q611**

☑ ☑

1970（昭和45）年心身障害者対策基本法が施行され、障害者福祉制度は急激に発展し、障害種別による施設入所施策の強化の方向性が強く示された。

**Q612**

☑ ☑

1990（平成2）年の福祉関係八法改正により、身体障害者福祉行政について、在宅福祉と施設福祉の市町村への一元化が図られた。

**Q613**

☑ ☑

2003（平成15）年には、支援費制度が施行され、身体障害者、知的障害者、精神障害者、障害児について、従来の措置制度に代わり利用契約制度が導入された。

A607　✕　2002（平成14）年に、政府は［「重点施策実施5か年計画」（新障害者プラン）］を発表し、「入所施設は真に必要なものに限定し、地域資源として有効に活用する」とした。

A608　✕　2006（平成18）年の国連総会において「障害者の権利に関する条約」が採択され、日本政府はこの条約に［署名］した。

A609　✕　「障害者の権利に関する条約」の批准に向けた国内法の整備に向けて、2009（平成21）年に「障がい者制度改革推進会議」が［内閣府］に設置された。その後法整備が進められ、2014（平成26）年に［批准］した。

A610　○　1960（昭和35）年制定当時の精神薄弱者福祉法は、精神薄弱者援護施設を法的に位置づけ、［入所施設の設置］体制を整備した。精神薄弱者福祉法は、1998（平成10）年に知的障害者福祉法に改正された。

A611　✕　1970（昭和45）年心身障害者対策基本法が施行され、国や地方公共団体の［責務］の明確化、心身障害の予防、福祉施策の［総合的推進］などが規定された。

A612　○　1990（平成2）年の福祉関係八法改正により、身体障害者福祉行政について、在宅福祉と施設福祉の市町村への［一元化］が図られた。

A613　✕　2003（平成15）年には、支援費制度が施行され、［身体障害者］、［知的障害者］、［障害児］について、従来の措置制度に代わり利用契約制度が導入された。

**Q614**
☑ ☑
2010 年（平成 22 年）に発足した障がい者制度改革推進会議における検討の結果、障害者自立支援法が制定された。

**Q615**
☑ ☑
障害者基本法の基本的理念として、「何人も、障害者に対して、障害を理由として、差別することその他の権利利益を侵害する行為をしてはならない」ことが規定されている。

**Q616**
☑ ☑
障害者基本法では、12 月 3 日から 12 月 9 日までの一週間を「障害者週間」とすることが規定されている。

**Q617**
☑ ☑
障害者基本法において、「厚生労働大臣は、中央障害者施策推進協議会の意見を聴いて、障害者基本計画の案を作成しなければならない」ことが規定されている。

**Q618**
☑ ☑
障害者基本法において、都道府県及び市町村は、それぞれ都道府県障害者計画又は市町村障害者計画を策定するよう努めることとされている。

**Q619**
☑ ☑
障害者基本法では、社会モデルを踏まえた障害者の定義を 1981（昭和 56）年の国際障害者年に向けた取り組みの一環として導入された。

**Q620**
☑ ☑
障害者基本法において、国及び地方公共団体は、障害のある児童及び生徒と障害のない児童及び生徒との交流及び共同学習を積極的に進めることによって、その相互理解を促進しなければならない。

**Q621**
☑ ☑
2005（平成 17）年の精神保健福祉法の改正において、精神科病院に対する指導監督体制の見直しとして、精神科病院の管理者が改善命令等に従わなかったときは、都道府県知事が、その旨を公表できることとされた。

A614　✕　2010（平成22）年に発足した障がい者制度改革推進会議における検討の結果、［障害者総合支援］法が制定された。

A615　○　障害者基本法の基本的理念として、「何人も、障害者に対して、障害を理由として、［差別］することその他の権利利益を侵害する行為をしてはならない」ことが規定されている。

A616　○　障害者基本法では、12月3日から12月9日までの一週間を［障害者週間］とすることが規定されている（同法9条2項）。

A617　✕　障害者基本法において、「［内閣総理大臣］は、［障害者政策委員会］の意見を聴いて、障害者基本計画の案を作成しなければならない」ことが規定されている（同法11条4項）。

A618　✕　障害者基本法において、都道府県及び市町村は、それぞれ都道府県障害者計画又は市町村障害者計画を策定するよう［義務］づけられている（同法11条）。

A619　✕　障害者基本法では、社会モデルを踏まえた障害者の定義を、［2011（平成23）年の法改正］の際に条文上に明記された。

A620　○　障害者基本法において、国及び地方公共団体は、障害のある児童及び生徒と障害のない児童及び生徒との交流及び共同学習を積極的に進めることによって、その［相互理解］を促進しなければならない（同法16条3項）。

A621　○　2005（平成17）年の精神保健福祉法の改正において、精神科病院に対する指導監督体制の見直しとして、精神科病院の管理者が［改善命令等］に従わなかったときは、都道府県知事が、その旨を［公表］できることとされた。

**Q622** ☑ ☑ 医療保護入院者を入院させている精神科病院の管理者は、退院後生活環境相談員を選任しなければならない。

**Q623** ☑ ☑ 精神障害者保健福祉手帳による税制上の優遇措置においては、相続税の障害者控除の対象は障害等級1級の特別障害者を対象としており、2級・3級の者は含まれない。

**Q624** ☑ ☑ 精神保健指定医の指定は、1年の精神科診療経験が要件とされている。

**Q625** ☑ ☑ 市町村は、発達障害者への相談支援、就労支援、発達支援等を行う発達障害者支援センターを設置しなければならない。

**Q626** ☑ ☑ 市町村は、保育の実施に当たっては、発達障害児の健全な発達が他の児童と共に生活することを通じて図られるよう適切な配慮をするものとする。

**Q627** ☑ ☑ 障害者雇用促進法では、5人以上の障害者を雇用する事業所においては、障害者雇用推進者を選任し、障害のある従業員の職業生活に関する相談指導を行わせなければならないと規定されている。

**Q628** ☑ ☑ 地域活動支援センターは、障害者等をセンターに通わせ、創作的活動又は生産活動の機会の提供、社会との交流の促進等を担う施設である。

A622 ○ 医療保護入院者を入院させている精神科病院の管理者は、退院後生活環境相談員を選任 [しなければならない]。退院後生活環境相談員は、[精神保健福祉士等] から選ばれ、退院に向けた相談支援等の円滑な地域生活への移行に必要な業務を行う。

A623 × 精神障害者保健福祉手帳による税制上の優遇措置においては、相続税の障害者控除の対象は [障害等級にかかわらず対象] となる。このうち障害等級が1級の者は特別障害者として控除額が大きくなる。

A624 × 精神保健指定医の指定は、[3] 年以上の精神科診療経験(精神障害の診断又は治療に従事した経験)が要件とされている。

A625 × [都道府県・指定都市] は、発達障害者への相談支援、就労支援、発達支援等を行う発達障害者支援センターを設置することができる(発達障害者支援法14条)。

A626 ○ [市町村] は、保育の実施に当たっては、発達障害児の健全な発達が他の児童と共に生活することを通じて図られるよう適切な配慮をするものとする(発達障害者支援法7条)。

A627 × 障害者雇用促進法では、[5] 人以上の障害者を雇用する事業所は、[障害者職業生活相談員] を選任し、その障害者の職業生活上の相談及び指導を行わせなければならないと規定されている(同法79条)。

A628 ○ 地域活動支援センターは、障害者等をセンターに通わせ、[創作的活動] 又は生産活動の機会の提供、社会との [交流の促進] 等を担う施設である。市町村の地域生活支援事業では、この活動を強化する「地域活動支援センター機能強化事業」が必須事業とされている。

**Q629**
☑ ☑
都道府県が設置する身体障害者更生相談所並びに市町村が設置する福祉事務所には、身体障害者福祉司を置かなければならない。

**Q630**
☑ ☑
身体障害者補助犬法で定める補助犬とは、盲導犬と介助犬の2種類である。

**Q631**
☑ ☑
バリアフリー基本構想作成時の協議会制度が法定化され、協議会構成員はすべて、正当な理由がない限り協議に応じなければならないとされた。

**Q632**
☑ ☑
施設設置管理者その他の高齢者、障害者等が日常生活又は社会生活において利用する施設を設置し、又は管理する者は、移動等円滑化のために必要な措置を講ずるよう努めなければならないとされた。

**Q633**
☑ ☑
障害児通所支援とは、放課後等デイサービス、児童発達支援、医療型児童発達支援のことをいう。

**Q634**
☑ ☑
放課後等デイサービスは、就学している障害児につき、放課後又は休業日に主に見守りの支援を行うものである。

**Q635**
☑ ☑
15歳以上の障害児から重度訪問介護の申請があった場合、児童相談所長が利用することが適当であると認め、市町村長に通知した場合、障害児であっても障害者の手続に沿って支給の要否が決定される。

**A629** × 都道府県が設置する身体障害者更生相談所には、身体障害者福祉司を［置かなければならない］。また、市町村が設置する福祉事務所には身体障害者福祉司を［置くことができる］。

---

**A630** × 身体障害者補助犬法で定める補助犬とは、盲導犬、介助犬、［聴導犬］の［3］種類である。

---

**A631** × バリアフリー基本構想作成時の協議会制度が法定化され、協議会構成員のうち［施設設置管理者］や［特定事業の実施主体］は、正当な理由がない限り協議に応じなければならないとされた。なお、協議会構成員には、学識経験者・高齢者・障害者など市町村が必要と認める者が含まれる。

---

**A632** ○ 施設設置管理者その他の高齢者、障害者等が日常生活又は社会生活において利用する施設を設置し、又は管理する者は、［移動等円滑化］のために必要な措置を講ずるよう努めなければならないとされた（バリアフリー新法6条）。

---

**A633** × 障害児通所支援とは、［放課後等デイサービス］、［児童発達支援］、［医療型児童発達支援］、［保育所等訪問支援］、［居宅訪問型児童発達支援］のことをいう。

---

**A634** × 放課後等デイサービスは、就学している障害児につき、放課後又は休業日に［生活能力向上のための訓練等］を継続的に提供することにより、学校教育とあいまって障害児の自立を促進するとともに、放課後等の居場所づくりを行うものである。

---

**A635** ○ 15歳以上の障害児から［重度訪問介護］の申請があった場合、児童相談所長が利用することが適当であると認め、市町村長に通知した場合、障害児であっても障害者の手続に沿って支給の要否が決定される。

8

障害者に対する支援と障害者自立支援制度

**Q636** 療育手帳の交付を受けている者は、JR旅客運賃割引制度の対象である。
☑ ☑

**Q637** 知的障害者福祉法では、市町村はその設置する福祉事務所に知的障害者福祉司を置くことができると規定されている。
☑ ☑

**Q638** 療育手帳を所持している第二種知的障害者が航空旅客運賃の割引制度を利用するとき、知的障害者割引運賃は普通大人片道運賃の50%割引相当額である。
☑ ☑

**Q639** 2011（平成23）年6月に成立した「障害者虐待の防止、障害者の養護者に対する支援等に関する法律」は、障害者虐待の定義を、養護者・障害者福祉施設従事者・病院従事者・使用者による虐待としている。
☑ ☑

**Q640** 「令和2年度障害者虐待対応状況調査」（厚生労働省）によれば、施設・事業所の種別による虐待件数の構成割合をみると、「共同生活援助」と「障害者支援施設」が上位を占めている。
☑ ☑

**Q641** 「令和2年度障害者虐待対応状況調査」（厚生労働省）によれば、養護者による虐待の種別・類型別では「心理的虐待」が最も多い。
☑ ☑

---

**重要** 障害者虐待防止法
（2012（平成24）年10月1日施行）

（定義）
1 「障害者」とは、身体・知的・精神障害その他の心身の機能の障害がある者であって、障害及び社会的障壁により継続的に日常生活・社会生活に相当な制限を受ける状態にあるものをいう。
2 「障害者虐待」とは、①養護者による障害者虐待、②障害者福祉施設従事者等による障害者虐待、③使用者による障害者虐待をいう。
3 障害者虐待の類型は、①身体的虐待、②ネグレクト、③心理的虐待、④性的虐待、⑤経済的虐待の5つ。

A636　○　[身体障害者手帳や療育手帳] の交付を受けている者は JR 旅客運賃割引制度の対象である。手帳には、障害の程度を示す等級等のほかに割引等に用いる第一種と第二種の記載がある。

A637　○　市町村は、その設置する福祉事務所に、知的障害者福祉司を置くことができる（同法 13 条 2 項）。また、都道府県は、その設置する知的障害者更生相談所に、[知的障害者福祉司] を置かなければならない（同法 13 条 1 項）。

A638　×　療育手帳を所持している第二種知的障害者が [JR 旅客運賃割引] 制度を利用するとき、知的障害者割引運賃は普通大人片道運賃の [50] ％割引相当額である。航空旅客運賃については、一律の割引運賃はなく、各航空会社によって異なる。

A639　×　2011（平成 23）年 6 月に成立した障害者虐待防止法は、障害者虐待の定義を、[養護者]・[障害者福祉施設従事者等]・[使用者] による虐待としている（同法 2 条）。

A640　○　「令和 2 年度障害者虐待対応状況調査」（厚生労働省）によれば、施設・事業所の種別による虐待件数の構成割合をみると、[共同生活援助]（21.0％）と [障害者支援施設]（20.7％）が上位を占めている。

A641　×　「令和 2 年度障害者虐待対応状況調査」（厚生労働省）によれば、養護者による虐待の種別・類型別では、[身体的虐待]（67.1％）が最も多い。次いで [心理的虐待]（31.4％）、[経済的虐待]（16.6％）[放棄、放置]（13.0％）、[性的虐待]（2.9％）となっている。

**8**

障害者に対する支援と障害者自立支援制度

**Q642**
☑ ☑

「令和2年度障害者虐待対応状況調査」（厚生労働省）によれば、障害者福祉施設従事者等による虐待の相談・通報件数は、養護者や使用者よりも多い。

**Q643**
☑ ☑

2006（平成18）年学校教育法改正により、特別支援学校には、外部機関との連絡調整に当たる、特別支援教育コーディネーターを必置する旨が、規定された。

**Q644**
☑ ☑

2006（平成18）年学校教育法改正により、小中学校等においては、学習障害（LD）・注意欠陥多動性障害（ADHD）等を含む障害のある児童生徒等に対して適切な教育を行うことが規定された。

---

## 3 障害者総合支援法

**Q645**
☑ ☑

障害支援区分は、障害の多様な特性その他の心身の状態に応じて必要とされる標準的な支援の度合いを総合的に示すものである。

**Q646**
☑ ☑

共生型サービスは、障害児が健常児と共に学校教育を受けるための支援を行うものである。

**Q647**
☑ ☑

「行動援護」は、外出時の移動中の介護を除き、重度障害者の居宅において、入浴、排せつ、食事等の介護等を行うサービスである。

A642　×　「令和2年度障害者虐待対応状況調査」（厚生労働省）によれば、「養護者」（6,556件）による虐待の相談・通報件数は、「障害者福祉施設従事者等」（2,865件）や「使用者（障害者を雇用する事業主等）」（564件）よりも［多い］。

A643　×　保護者や関係機関との連絡調整等を行う「特別支援教育コーディネーター」は、2006（平成18）年の学校教育法改正に伴って出された、文部科学省局長通知［特別支援教育の推進について］の中で、特別支援教育を行うための体制の整備の1つとして位置づけられた。

A644　○　2006（平成18）年学校教育法改正により、小中学校等においては、［学習障害（LD）］・［注意欠陥多動性障害（ADHD）］等を含む障害のある児童生徒等に対して適切な教育を行うことが規定された。

A645　○　障害支援区分は、障害者の多様な特性その他の［身体的状況及び社会的状況を勘案］して必要とされる標準的な支援の度合いを総合的に示すものである。

A646　×　共生型サービスとは、介護保険か障害福祉のどちらかの指定を受けている事業所が、［もう一方の制度の指定も受けやすくする］ことを目的に創設されたものである。

A647　×　「行動援護」は、自己判断能力が制限されている人が行動するときに、危険を回避するために必要な支援、［外出支援］を行う。

**Q648** 障害者総合支援法に基づく生活介護を利用する場合は、暫定支給決定が行われる。

**Q649** 「就労移行支援」は、就労を希望する障害者に対して、利用期限を定めずに、生産活動等の機会を提供することによって、就労に必要な知識や能力の向上を図る訓練等を行う。

**Q650** 「自立生活援助」は、一人暮らし等の障害者が居宅で自立した生活を送れるよう、定期的な巡回訪問や随時通報による相談に応じ、助言等を行うサービスである。

**Q651** 市町村は、育成医療、更生医療、精神通院医療という３つの自立支援医療の支給認定の役割を担っている。

**Q652** 自立支援医療費の支給対象者と認定された障害者等は、自ら医療機関を選び、その医療機関を市町村等に届けなければならない。

**Q653** 自立支援医療の１つである育成医療の支給認定の有効期間は、２年間である。

**Q654** 普通型電動車いすは、介護保険法の福祉用具の貸与種目とされている。

A648　✕　障害者総合支援法に基づく、[自立訓練]、[就労移行支援]、[就労継続支援（A型）] を利用する場合は暫定支給決定が行われる。

. . . . . . . . . . . . . . . . . . . . . . . . . . . . . . . . . . . . . . . . . . . . . . . . .

A649　✕　「就労移行支援」は、就労を希望する障害者に対して、[標準利用期間（2年）にわたり]、生産活動等の機会を提供することによって、就労に必要な知識や能力の向上を図る訓練等を行う。

. . . . . . . . . . . . . . . . . . . . . . . . . . . . . . . . . . . . . . . . . . . . . . . . .

A650　〇　「自立生活援助」は、[一人暮らし] に必要な理解力や生活力を補うために、[定期的な巡回訪問] や [随時の対応] により必要な支援を行う。

. . . . . . . . . . . . . . . . . . . . . . . . . . . . . . . . . . . . . . . . . . . . . . . . .

A651　✕　3つの自立支援医療のうち、精神通院医療の支給認定については [都道府県] が担い、育成医療と更生医療の支給認定については [市町村] が行っている。

. . . . . . . . . . . . . . . . . . . . . . . . . . . . . . . . . . . . . . . . . . . . . . . . .

A652　✕　自立支援医療費の支給対象者と認定された障害者等は、医療機関は自ら選ぶのではなく、都道府県知事が指定する指定自立支援医療機関の中から [市町村等] が定める。

. . . . . . . . . . . . . . . . . . . . . . . . . . . . . . . . . . . . . . . . . . . . . . . . .

A653　✕　自立支援医療の1つである育成医療の支給認定の有効期間は、[3か月] である。ただし、理学療法や慢性透析療法など長期にわたる医療を必要とするものについては、給付期間は6か月以内、1年以内と延長可能である。

. . . . . . . . . . . . . . . . . . . . . . . . . . . . . . . . . . . . . . . . . . . . . . . . .

A654　〇　普通型電動車いすは、介護保険法の福祉用具の [貸与種目] とされている。介護保険法に規定されている福祉用具の貸与種目は、車いす、歩行器、手すり、移動用リフトなどの [13] 品目である。2012（平成24）年4月より [自動排泄処理装置] が追加された。

8

障害者に対する支援と障害者自立支援制度

**Q655** ☐ ☐ 障害福祉サービスの利用者負担額と補装具の利用者負担額を合算して一定の額を超える場合、特定障害者特別給付費が支給される。

**Q656** ☐ ☐ 市町村は、地域生活支援事業としてサービス管理責任者研修を実施し、事業所や施設のサービスの質の確保を図らなければならない。

**Q657** ☐ ☐ 国の役割として、厚生労働大臣は、障害福祉サービス、相談支援及び地域生活支援事業の提供体制を整備し、自立支援給付及び地域生活支援事業の円滑な実施を確保するための基本指針を定め、公表しなければならない。

**Q658** ☐ ☐ 都道府県は、障害支援区分の認定のための調査を、指定一般相談支援事業者等に委託することができる。

**Q659** ☐ ☐ 都道府県は、地域生活支援事業として、特に専門性の高い相談支援事業その他の広域的な対応が必要な事業を行うものとされている。

**Q660** ☐ ☐ 都道府県は、身体障害者更生相談所を設置しなければならない。

**Q661** ☐ ☐ 国民健康保険団体連合会は、市町村から委託を受けて介護給付費等の支払業務を行う。

---

🐱 **重要** 障害者総合支援法の改正
（2018（平成30）年4月1日施行）
①自立生活援助の創設
②就労定着支援の創設
③重度訪問介護の訪問先の拡大
④高齢障害者の介護保険サービスの円滑な利用

A655 × 障害福祉サービスの利用者負担額と補装具の利用者負担額を合算して一定の額を超える場合、[高額障害福祉サービス等給付費] が支給される。

A656 × [都道府県] は、地域生活支援事業としてサービス管理責任者研修を実施し、事業所や施設のサービスの質の確保を図らなければならない。

A657 ○ 国の役割として、[厚生労働大臣（主務大臣）] は、障害福祉サービス及び相談支援並びに市町村及び都道府県の地域生活支援事業の提供体制を整備し、自立支援給付及び地域生活支援事業の円滑な実施を確保するための基本指針を定め、公表しなければならない（障害者総合支援法87条）。

A658 × [市町村] は、障害支援区分の認定及び認定のための調査を行う。さらに [市町村] は、認定のための調査を指定一般相談支援事業者等に委託することができる。

A659 ○ [都道府県] は、地域生活支援事業として、特に専門性の高い相談支援事業その他の広域的な対応が必要な事業を行うものとされている（必須事業）。

A660 ○ [都道府県] は、身体障害者の [更生援護の利便] や [市町村の援護の支援] のために、身体障害者更生相談所を設置しなければならない。

A661 ○ 国民健康保険団体連合会は、[市町村] から委託を受けて介護給付費等（介護給付費・訓練等給付費・サービス利用計画作成費・自立支援医療費等）の支払業務を行う。

8 障害者に対する支援と障害者自立支援制度

**Q662** ☑ ☑ 相談支援専門員は、指定計画相談支援においてサービス等利用計画を作成し、地域移行支援と地域定着支援を行う。

**Q663** ☑ ☑ 相談支援専門員は、指定特定相談支援事業所において指定計画相談支援を行う者として配置されている。

**Q664** ☑ ☑ 指定相談支援事業者は、指定相談支援事業所ごとに専らその職務に従事する管理者を置かなければならない。

**Q665** ☑ ☑ サービス管理責任者は、サービス利用計画作成に関わる業務を担当する。

**Q666** ☑ ☑ サービス管理責任者は、サービス利用計画の作成のために、サービス利用計画の原案に位置づけた福祉サービス等の担当者を招集した会議を行う。

**Q667** ☑ ☑ 身体障害者社会参加支援施設とは、身体障害者福祉センター、補装具製作施設、盲導犬訓練施設及び視聴覚障害者情報提供施設をいう。

**Q668** ☑ ☑ 居宅介護事業所の規模に応じて、サービス管理責任者が配置される。

**Q669** ☑ ☑ 障害者総合支援法に基づく協議会の運営の中心的な役割を担うこととされている機関は、障害者就業・生活支援センターである。

A662　×　相談支援専門員は、[指定一般相談支援]において地域移行支援（地域生活の準備のための同行・入居支援等）や地域定着支援（24時間の相談支援体制等）を行う。

A663　○　相談支援専門員は、指定特定相談支援事業における指定計画相談支援（[サービス利用支援]、[継続サービス利用支援]）を行う者として配置されている。

A664　○　指定相談支援事業者は、指定相談支援事業所ごとに専らその職務に従事する[管理者]を置かなければならない。

A665　×　[相談支援専門員]は、サービス利用計画作成に関わる業務を担当する。

A666　×　[相談支援専門員]は、サービス利用計画の作成のために、サービス利用計画の原案に位置づけた福祉サービス等の担当者を招集した会議を行う。

A667　○　身体障害者社会参加支援施設とは、[身体障害者福祉センター]、[補装具製作施設]、[盲導犬訓練施設]及び[視聴覚障害者情報提供施設]をいう。

A668　×　居宅介護事業所の規模に応じて、[サービス提供責任者]が配置される。[サービス管理責任者]は、利用者数に応じて、療養介護、生活介護など障害福祉サービス事業所に配置される。

A669　×　障害者総合支援法に基づく協議会の運営の中心的な役割を担うこととされている機関は、[基幹相談支援センター]である。

出る！出る！

# 要点チェックポイント

## ポイント① 社会保険と公的扶助の特徴

|  | 社会保険 | 公的扶助 |
|---|---|---|
| 機能 | 保険事故に対して直ちに保険給付が行われ、貧困になることを予防する防貧的機能をもつ | 事後的に貧困を救済する救貧的機能をもつ |
| 給付対象・水準 | 一定の事故やニーズを対象に、事前に設定された平均的な生活需要を充足するための水準で行われる | 定められた最低生活水準以下になったと認定されたときに、資力調査に基づいてその不足分が給付される |
| 財源 | 国の一部負担のほか、被保険者や事業主の拠出する保険料収入によって主にまかなわれる | 国や地方自治体からの公費によってすべてまかなわれる |

## ポイント② 保護の種類

生活保護法では、次の8種類の扶助が定められている

生活扶助、教育扶助、住宅扶助、医療扶助、介護扶助、出産扶助、
生業扶助、葬祭扶助

## ポイント③ 生活保護の基本原理

|  | 生活保護法1条 |
|---|---|
| 国家責任の原理 | 日本国憲法第25条に規定する理念に基き、国が生活に困窮するすべての国民に対し、その困窮の程度に応じ、必要な保護を行い、その最低限度の生活を保障するとともに、その自立を助長することを目的とする |

| 無差別平等の原理 | 生活保護法2条 |
|---|---|
| | すべて国民は、この法律の定める要件を満たす限り、この法律による保護を、無差別平等に受けることができる |
| 最低生活保障の原理 | 生活保護法3条 |
| | この法律により保障される最低限度の生活は、健康で文化的な生活水準を維持することができるものでなければならない |
| 保護の補足性の原理 | 生活保護法4条 |
| | 1 保護は、生活に困窮する者が、その利用し得る資産、能力その他あらゆるものを、その最低限度の生活の維持のために活用することを要件として行われる<br>2 民法に定める扶養義務者の扶養及び他の法律に定める扶助は、すべてこの法律による保護に優先して行われるものとする |

ポイント
④

## 生活保護の原則

| 申請保護の原則 | 生活保護法7条 |
|---|---|
| | 保護は、要保護者、その扶養義務者又はその他の同居の親族の申請に基いて開始するものとする。但し、要保護者が急迫した状況にあるときは、保護の申請がなくても、必要な保護を行うことができる |
| 基準及び程度の原則 | 生活保護法8条 |
| | 1 保護は、厚生労働大臣の定める基準により測定した要保護者の需要を基とし、そのうち、その者の金銭又は物品で満たすことのできない不足分を補う程度において行うものとする<br>2 前項の基準は、要保護者の年齢別、性別、世帯構成別、所在地域別その他保護の種類に応じて必要な事情を考慮した最低限度の生活の需要を満たすに十分なものであって、且つ、これをこえないものでなければならない |
| 必要即応の原則 | 生活保護法9条 |
| | 保護は、要保護者の年齢別、性別、健康状態等その個人又は世帯の実際の必要の相違を考慮して、有効且つ適切に行うものとする |
| 世帯単位の原則 | 生活保護法10条 |
| | 保護は、世帯を単位としてその要否及び程度を定めるものとする。但し、これによりがたいときは、個人を単位として定めることができる |

## 1 生活保護の仕組み

**Q670**
☑ ☑
生活保護世帯の子どもが成長し、再び生活保護世帯になるという貧困の連鎖については、日本では確認されていない。

**Q671**
☑ ☑
社会保険では保有する資産に関係なく給付が行われるが、公的扶助では資力調査を経て給付が行われる。

**Q672**
☑ ☑
社会保険は貧困に陥った後に給付が開始され、公的扶助は貧困に陥らないように事前に支給される。

**Q673**
☑ ☑
恤救規則（1874（明治7）年）では、高齢者については65歳以上の就労できない者を救済の対象とした。

**Q674**
☑ ☑
救護法（1929（昭和4）年）では、救護を受ける者は施設に収容することを原則とした。

**Q675**
☑ ☑
旧生活保護法（1946（昭和21）年）は制定時、民生委員を市町村が行う保護事務の協力機関と定めていた。

**Q676**
☑ ☑
旧生活保護法（1946（昭和21）年）では、勤労を怠る者は保護の対象としなかった。

A670　×　生活保護世帯の子どもの約25％が、成長したのちに［再び生活保護世帯］になるという［貧困の連鎖］の調査結果が出ている。貧困の連鎖防止のため、子どもの貧困対策推進法などによる取り組みが進められている。

A671　○　社会保険では保有する資産に関係なく給付が行われるが、公的扶助では［資産や所得などの調査］に基づいて、一定の最低生活水準以下のときに給付が行われる。

A672　×　［社会保険］は貧困に陥らないように保険事故に対して直ちに給付が行われ、［公的扶助］は貧困に陥った後に支給される。

A673　×　恤救規則（1874（明治7）年）では、［70］歳以上の重病・老衰者、廃疾者、病気の者のうち独身で労働能力のない者などを「無告の窮民」として救済の対象にした。

A674　×　救護法（1929（昭和4）年）では、［居宅救護］を原則とした。救護施設への収容は、居宅での救護ができない場合である。

A675　×　旧生活保護法（1946（昭和21）年）は制定時、民生委員を市町村が行う保護事務の［補助］機関と定めていた。現行生活保護法では、社会福祉主事が［補助］機関で、民生委員が［協力］機関である。

A676　○　旧生活保護法（1946（昭和21）年）では、能力があるにもかかわらず勤労の意思のない者などは保護しない、という［欠格条項］が設けられていた。

**9**

低所得者に対する支援と生活保護制度

**Q677** ☑ ☑ 生活保護法における必要即応の原則とは、要保護者の需要を基とし、そのうち、その者の金銭又は物品で満たすことのできない不足分を補う程度において保護を行うことをいう。

**Q678** ☑ ☑ 民法に定める扶養義務者の扶養及び他の法律に定める扶助は、すべて生活保護法による保護に優先して行われる。

**Q679** ☑ ☑ 生活保護法1条では、最低限度の生活と無差別平等の保障を生活保護法の目的としている。

**Q680** ☑ ☑ 保護を申請できるのは、要保護者及びその扶養義務者に限られている。

**Q681** ☑ ☑ 生活保護は、日本国憲法第25条が規定する理念に基づいて行われる。

**Q682** ☑ ☑ 保護は、要保護者の年齢別、性別、健康状態等に関して、世帯の実際の相違を考慮することなく一定の必要の基準に当てはめて行う。

**Q683** ☑ ☑ 生活保護が目的とする自立とは、経済的自立のみを指している。

**Q684** ☑ ☑ 保護は、親族を単位としてその要否を定める。

A677 ✕ 生活保護法における［基準及び程度］の原則とは、要保護者の需要を基とし、そのうち、その者の金銭又は物品で満たすことのできない不足分を補う程度において保護を行うことをいう（同法8条1項）。

A678 ◯ 民法に定める扶養義務者の扶養及び他の法律に定める扶助は、すべて生活保護法による保護に［優先］して行われ（同法4条2項）、［保護の補足性］の原理や［他法他施策優先］などと呼ばれる。

A679 ✕ 生活保護法1条では、最低限度の生活の保障と［自立の助長］の2つを生活保護法の目的としている。［無差別平等］の原理は、同法2条に規定されている。

A680 ✕ 保護は、要保護者及びその［扶養義務者］又は［その他の同居の親族］の申請に基づいて開始する。ただし、要保護者が［急迫した状況］にあるときは、保護の申請がなくても必要な保護を行うことができる。

A681 ◯ 生活保護は、日本国憲法第［25］条の［生存権］が規定する理念に基づいている。

A682 ✕ 保護は、要保護者の年齢別、性別、世帯構成別、所在地域別その他保護の種類に［応じて］必要な事情を考慮した［最低限度の生活］の需要を満たし、かつそれを超えないように行う。

A683 ✕ 2005（平成17）年より生活保護制度に導入されている自立支援プログラムでは、自立は［経済的］自立、［社会生活］自立、［日常生活］自立の3つから構成されると定義している。

A684 ✕ 保護は、［世帯］を単位として保護の要否や保護費について決定する。

**9**

低所得者に対する支援と生活保護制度

**Q685**
☑ ☑
保護基準は、社会保障審議会が定める。

**Q686**
☑ ☑
要保護者が急迫した状況にある場合は、資産等の調査を待たずに保護を開始することができる。

**Q687**
☑ ☑
急迫の場合等において資力があるにもかかわらず保護を受けたときは、受けた保護金品に相当する金額の範囲内において保護の実施機関の定める額を返還しなければならない。

**Q688**
☑ ☑
被保護者は、保護金品を標準として租税その他の公課を課せられることはない。

**Q689**
☑ ☑
被保護者は、すでに給与を受けた保護金品を差し押さえられることがある。

**Q690**
☑ ☑
被保護者は、保護を受ける権利を譲り渡すことができる。

**Q691**
☑ ☑
被保護者は、どのような理由であっても、既に決定された保護は不利益に変更されることはない。

**Q692**
☑ ☑
自宅が持ち家の場合、保有している方が世帯の自立に役立つ場合には、持ち家を処分しなくても生活保護を受給できる。

A685 × 保護基準は、[厚生労働大臣] が定める。なお、社会保障審議会の下に、生活扶助基準と一般低所得世帯の消費実態との均衡を検証する [生活保護基準部会] が設置されている。

A686 ○ 要保護者が急迫した状況の場合には、速やかに、[職権] で保護の種類、程度及び方法を決定し、保護を開始しなければならない。

A687 ○ 要保護者が急迫の場合等において資力があるにもかかわらず保護を受けたときは、受けた保護金品に相当する金額の範囲内において保護の [実施機関の定める額を返還] しなければならない（生活保護法 63 条）。

A688 ○ 生活保護法 57 条の「公課禁止」において、被保護者は、保護金品及び進学準備給付金を標準として租税その他の公課を [課せられることはない] とされている。

A689 × 生活保護法 58 条の「差押禁止」において、被保護者は、すでに給与を受けた保護金品及び進学準備給付金又はこれらを受ける権利を [差し押さえられることがない] とされている。

A690 × 生活保護法 59 条の「譲渡禁止」において、保護又は就労自立給付金もしくは進学準備給付金の支給を受ける権利は [譲り渡すことができない] とされている。

A691 × 被保護者は、[正当な理由] がなければ、既に決定された保護を、不利益に変更されることがない（生活保護法 56 条）。

A692 ○ 自宅が [持ち家] の場合、保有している方が世帯の自立に役立つ場合には、[持ち家] を処分しなくても生活保護を受給できる。ただし、住宅ローン付住宅は原則、保有が認められない。処分価値が利用価値に比して著しく大きいときも、処分しなければならない場合がある。

**Q693**

☐ ☐

被保護世帯の高校生のアルバイト収入は、届出の義務はない。

**Q694**

☐ ☐

生活保護に関する不服申立てが権利として認められたのは、旧生活保護法（1946（昭和21）年）制定時においてである。

**Q695**

☐ ☐

生活保護法の審査請求は、都道府県知事に対して行う。

**Q696**

☐ ☐

生活保護法の審査請求に対する裁決が50日以内に行われないときは、請求は認容されたものとみなされる。

**Q697**

☐ ☐

生活保護における処分の取消しを求める訴訟は、当該処分についての審査請求を行わなくても提起することができる。

**Q698**

☐ ☐

生活保護法の再審査請求は、厚生労働大臣に対して行う。

## 2 保護の種類と内容

**Q699**

☐ ☐

光熱費・家具什器等の世帯単位の経費は、生活扶助の第1類費に含まれる。

**Q700**

☐ ☐

高等学校の就学に係る学用品費は、生活保護の教育扶助として給付される。

A693 ✕ 収入、支出その他生計の状況について変動があったときは、速やかに保護の実施機関又は福祉事務所長にその旨を届け出なければならない。高校生のアルバイト収入も [例外ではない]。

A694 ✕ 生活保護に関する不服申立てが権利として認められたのは、[新生活保護法（1950（昭和25）年）] 制定時においてである。

A695 ◯ 生活保護法の審査請求は、[都道府県知事] に対して行う（同法64条）。

A696 ✕ 生活保護法の審査請求に対する裁決が50日以内に行われないときは、請求は [棄却した] とみなされる。

A697 ✕ 生活保護における処分の取消しを求める訴訟は、当該処分についての [審査請求に対する裁決] を経た後でなければ提起することができない（生活保護法69条）。

A698 ◯ 生活保護法の再審査請求は、[厚生労働大臣] に対して行う（同法66条1項）。

A699 ✕ 光熱費・家具什器等の世帯単位の経費は、生活扶助の第 [2] 類費に含まれる。第 [1] 類費は、飲食費や被服費などの個人単位の経費である。

A700 ✕ 高等学校の就学に係る学用品費は、[生業] 扶助の [技能習得費] として給付される。[教育] 扶助は義務教育を対象としている。

9 低所得者に対する支援と生活保護制度

**Q701** 生活扶助基準第1類は、年齢によらず設定されている。

**Q702** 生活扶助に関して、加算とは、特別の状態にある者に最低限度の生活より高い生活水準を保障するための特別経費を支給するものである。

**Q703** 生活保護の生業扶助には、高等学校等就学費が含まれる。

**Q704** 生活保護の医療扶助は、原則として金銭給付によって行うものとする。

**Q705** 生業扶助には、就職のための就職支度費は含まれない。

**Q706** 一時扶助とは、要否判定前に一時的に支給されるものである。

**Q707** 介護保険の保険料は、介護扶助に含まれる。

**Q708** 生活扶助基準の水準均衡方式とは、一般国民の消費動向をふまえ、一般国民との均衡を保つように最低生活の水準を設定する方式である。

**Q709** 保護施設のうち、救護施設、更生施設、宿所提供施設は、生活扶助を行うことを目的とする施設である。

**Q710** 保護施設は、救護施設、更生施設、宿所提供施設の3種類に分類される。

A701　×　生活扶助の第1類の基準額は、所在地域別、[年齢別（11区分）] に設定されている。

A702　×　生活扶助に関して、加算とは、特別の状態にある者（妊産婦や障害者など特別に費用が必要になる者）に [最低限度の生活] を保障するための特別経費を支給するものである。

A703　○　生活保護の [生業扶助] には、高等学校等就学費が含まれる。なお、義務教育（小学校及び中学校）の学用品や給食費などは [教育扶助] から支給される。

A704　×　生活保護の医療扶助は、診察や薬剤、治療材料、医学的処置・手術などの治療や看護が、指定医療機関から [現物] 給付される。

A705　×　生業扶助には、小規模な事業を営むための [生業] 費、技能習得費、就職のための洋服・身の回り品などの [就職支度] 費が含まれる。

A706　×　一時扶助とは、[保護の開始又は受給中] に、被保護者が一時的に特別な費用を必要とする場合に支給されるものである。

A707　×　介護保険の保険料は、介護保険料加算として [生活] 扶助に含まれる。第 [1] 号被保険者で普通徴収によって保険料を納付する場合に加算される。

A708　○　生活扶助基準の [水準均衡] 方式とは、一般国民の消費動向をふまえ、一般国民との均衡を保つように最低生活の水準を設定する方式である。

A709　×　保護施設のうち、救護施設と更生施設は、[生活扶助] を行うことを目的とする施設である。宿所提供施設は、[住宅扶助] を行うことを目的とする施設である（生活保護法 38 条）。

A710　×　保護施設は、救護施設、更生施設、[医療保護施設]、[授産施設]、[宿所提供施設] の [5] 種類に分類される（生活保護法 38 条 1 項）。

9

低所得者に対する支援と生活保護制度

**Q711** 救護施設を経営する事業は、第一種社会福祉事業である。

**Q712** 救護施設は、身体上又は精神上著しい障害があるために日常生活を営むことが困難な要保護者を入所させて、生活扶助を行うことを目的とする保護施設である。

## 3 保護の運営実施体制と費用

**Q713** 都道府県及び市（特別区を含む）は、条例で、福祉事務所を設置しなければならない。

**Q714** 都道府県知事は、生活保護法に定める職権の一部を、社会福祉主事に委任することができる。

**Q715** 生活保護の現業を行う所員（現業員）は、保護を決定し実施することができる。

**Q716** 福祉事務所を設置していない町村の長は、特に急迫した事由により放置することができない状況にある要保護者に対して応急的な処置として必要な保護を行う。

**Q717** 子どもの学習・生活支援事業は、すべての都道府県、市町村に実施の責務がある。

**Q718** 生活困窮者一時生活支援事業は、生活困窮者に対し、生活に必要な資金の貸付けのあっせんを行うものである。

**A711** ○ 救護施設を経営する事業は、第［一］種社会福祉事業である（社会福祉法2条2項1号）。

**A712** ○ 救護施設は、身体上又は精神上著しい障害があるために日常生活を営むことが困難な要保護者を入所させて、［生活扶助］を行うことを目的とする施設である（生活保護法38条2項）。

**A713** ○ ［都道府県及び市（特別区を含む）］は、条例で、福祉事務所を設置しなければならない（社会福祉法14条1項）。

**A714** × 社会福祉主事は生活保護に関する事務を行う［補助機関］と位置づけられており、生活保護法の職権が委託されているわけではない。

**A715** × ［都道府県知事］、［市長］及び福祉事務所を管理する［町村長］が、保護を決定し実施しなければならない（生活保護法19条1項）。

**A716** ○ 福祉事務所を設置していない町村の長は、特に急迫した事由で放置できない状況にある要保護者に対して、［応急的処置］として必要な保護を行う。

**A717** × 子どもの学習・生活支援事業は［任意］事業であり、福祉事務所のない町村に関しては［都道府県］が行うなどと規定されている。

**A718** × 生活困窮者一時生活支援事業は、［住居のない人］に対し、［宿泊場所］や［衣食］を一定期間提供する事業である。

9 低所得者に対する支援と生活保護制度

**Q719** ☑ ☑ 生活困窮者就労準備支援事業は、雇用による就業が著しく困難な生活困窮者に対し、就労に必要な知識及び能力の向上のために必要な訓練を行うものである。

**Q720** ☑ ☑ 市が設置する福祉事務所の社会福祉主事は、生活保護法の施行について、市長の事務の執行を補助する。

**Q721** ☑ ☑ 福祉事務所の査察指導員、現業員、事務を行う所員はいずれも社会福祉主事でなければならない。

**Q722** ☑ ☑ 福祉事務所に置かれている社会福祉主事は、25歳以上の者でなければならない。

**Q723** ☑ ☑ 民生委員は、地域の低所得者を発見して福祉事務所につなぐために、市長から委嘱され、社会奉仕の精神で住民の相談に応じる者である。

**Q724** ☑ ☑ 福祉事務所の指導監督を行う所員及び現業を行う所員は、都道府県知事又は市町村長の事務の執行に協力する機関である。

**Q725** ☑ ☑ 市の設置する福祉事務所にあっては、被保護世帯数65世帯に対して1名の現業を行う所員（地区担当員）を配置することが標準とされている。

**Q726** ☑ ☑ いわゆる現在地保護とは、福祉事務所の所管区域内の現在の居住地で要保護状態にある者を保護することをいう。

A719 ○ 生活困窮者就労準備支援事業は、[雇用]によ
る就業が著しく困難な生活困窮者に対し、就労
に必要な知識及び能力の向上のために必要な訓
練を行うものである。

. . . . . . . . . . . . . . . . . . . . . . . . . . . . . . . . . . . . . . . . . . . . . . . . . . .

A720 ○ 市が設置する福祉事務所の[社会福祉主事]は、
生活保護法の施行について、市長の事務の執行
を補助する（同法 21 条）。

. . . . . . . . . . . . . . . . . . . . . . . . . . . . . . . . . . . . . . . . . . . . . . . . . . .

A721 × 福祉事務所の[査察指導員]と[現業員]はい
ずれも社会福祉主事でなければならないが、事
務を行う所員についての定めはない。

. . . . . . . . . . . . . . . . . . . . . . . . . . . . . . . . . . . . . . . . . . . . . . . . . . .

A722 × 福祉事務所に置かれている社会福祉主事は、
[20]歳以上の者で、人格が高潔で、思慮が円
熟し、社会福祉の増進に熱意があり、一定の資
格要件を満たした者から任用する。

. . . . . . . . . . . . . . . . . . . . . . . . . . . . . . . . . . . . . . . . . . . . . . . . . . .

A723 × 民生委員は市町村の区域に配置されるが、都道
府県知事又は政令指定都市・中核市の長の推薦
により、[厚生労働大臣]が委嘱する。

. . . . . . . . . . . . . . . . . . . . . . . . . . . . . . . . . . . . . . . . . . . . . . . . . . .

A724 × 福祉事務所の指導監督を行う所員である査察指
導員と現業員は、都道府県知事又は市町村長の
[補助]機関である。

. . . . . . . . . . . . . . . . . . . . . . . . . . . . . . . . . . . . . . . . . . . . . . . . . . .

A725 × 市の設置する福祉事務所にあっては、被保護世
帯数[80]世帯に対して、1名の現業を行う所
員（地区担当員）を配置することが標準とされ
ている。都道府県の設置する福祉事務所であっ
ては、被保護世帯数[65]世帯に対して1名の
配置を標準としている。

. . . . . . . . . . . . . . . . . . . . . . . . . . . . . . . . . . . . . . . . . . . . . . . . . . .

A726 × [居住地保護]とは、福祉事務所の所管区域内
の現在の居住地で要保護状態にある者を保護す
ることをいう。いわゆる[現在地保護]とは、
居住地がないか明らかでない要保護者で、福祉
事務所の所管区域内に現在地がある者に対する
保護のことをいう。

9
低所得者に対する支援と生活保護制度

**Q727** 保護の開始又は変更の申請等があった場合は、申請書等を受理した日から2週間以内に訪問し、実地に調査することとされている。

☑ ☑

**Q728** 都道府県は、居住地がないか、又は明らかでない被保護者の保護につき市町村が支弁した保護費、保護施設事務費及び委託事務費の4分の1を負担する。

☑ ☑

## 4 生活保護の動向

※ Q729～736は「生活保護の被保護者調査(令和3年度確定値)」(厚生労働省)に示された、2021(令和3)年度における生活保護受給者の動向について答えなさい。

**Q729** 保護率(人口百人当)は、16.3%である。

☑ ☑

**Q730** 保護の種類別に扶助人員をみると、「医療扶助」が最も多い。

☑ ☑

**Q731** 保護開始世帯の主な理由別構成割合をみると、「貯金等の減少・喪失」が最も多い。

☑ ☑

**Q732** 保護廃止世帯の主な理由別構成割合をみると、「働きによる収入の増加・取得・働き手の転入」が最も多い。

☑ ☑

**Q733** 過去10年の生活保護の全国的な動向について、世帯類型別にみた被保護世帯の構成比をみると、「母子世帯」の割合が一貫して増加している。

☑ ☑

**Q734** 2005(平成17)年以降の生活保護の動向のうち、保護受給期間別の被保護世帯数の推移をみると「3年～5年未満」が一貫して多い。

☑ ☑

A727　×　保護の開始又は変更の申請等があった場合は、申請書等を受理した日から [1] 週間以内に訪問し、実地に調査することとされている。

A728　○　都道府県は、居住地がないか、又は明らかでない被保護者の保護につき市町村が支弁した保護費、保護施設事務費及び委託事務費の4分の [1] を負担する。国の負担は4分の [3] である。

A729　×　保護率（人口百人当）は、[1.62] % である。

A730　×　保護の種類別に扶助人員をみると、「生活扶助」、「住宅扶助」、「医療扶助」の順に多い。

A731　○　保護開始世帯の主な理由別構成割合で最も多いのは「貯金等の減少・喪失」である。

A732　×　保護廃止世帯の主な理由別構成割合で最も多いのは「死亡」である。

A733　×　世帯類型別にみた被保護世帯の構成比をみると、「母子世帯」の割合は [2012（平成 24）] 年度までは増加していたが、以後は減少傾向にある。

A734　×　保護受給期間別の被保護世帯の割合では、[5] 年以上の長期にわたって保護を受給している世帯が半数前後を占める傾向が続いている。

9
低所得者に対する支援と生活保護制度

**Q735** 世帯人員別被保護世帯の構成比をみると、高齢者の単身世帯が約半数を占めている。

☑ ☑

**Q736** 年齢階級別被保護人員の構成比をみると、20 ～ 59 歳の比率が高まり、一貫して 5 割を超えている。

☑ ☑

## 5 自立支援プログラム

**Q737** 生活保護における「自立支援プログラム」は、経済的給付を中心とする生活保護制度から実施機関が組織的に被保護世帯の自立を支援する制度に転換することを目的としている。

☑ ☑

**Q738** 自立支援プログラムに参加することは、生活保護を継続するための必要条件である。

☑ ☑

## 6 低所得者対策

**Q739** 日本に居住する低所得の外国人世帯は、生活福祉資金貸付制度の貸付対象から除外されている。

☑ ☑

**Q740** 生活福祉資金貸付制度の借入れは、市町村社会福祉協議会を通じて申し込むことができる。

☑ ☑

**Q741** 生活福祉資金貸付制度の緊急小口資金は、貸付けを受けるに当たって連帯保証人を立てることが要件とされている。

☑ ☑

A735　○　世帯人員別被保護世帯の構成比をみると、高齢者の単身世帯が [50.8] % を占めている (2021 (令和 3) 年 1 月分概数)。

---

A736　×　年齢階級別被保護人員の構成比をみると、[20 ～ 59] 歳の比率は低下している。一貫して 5 割を超えているのは [60 歳以上] で、2021 (令和 3) 年では 52.5% となっている。

A737　○　生活保護における「自立支援プログラム」は、[経済的給付] を中心とする生活保護制度から実施機関が組織的に被保護世帯の [自立] を支援する制度に転換することを目的としている。

---

A738　×　自立支援プログラムに参加することは、被保護者の [選択と決定] に基づいて行われるもので、生活保護継続の [必要条件ではない]。

A739　×　日本に居住する低所得の外国人世帯は、生活福祉資金貸付制度の貸付対象から [除外されない]。貸付対象に関して国籍条項は [定められていない]。

---

A740　○　生活福祉資金貸付制度の借入れは、[市区町村社会福祉協議会] を通じて申し込むことができる。また、地域の [民生委員] が資金を借り受けた世帯の [相談支援] を行う。

---

A741　×　生活福祉資金貸付制度の緊急小口資金は、貸付けを受けるに当たって連帯保証人は [不要] であり、[無利子] である。

**Q742** ☑ ☑
生活福祉資金貸付の種類は、総合支援資金、緊急小口資金、教育支援資金の３種類である。

**Q743** ☑ ☑
生活福祉資金貸付制度では、複数の種類の資金を同時に貸し付けることができる。

**Q744** ☑ ☑
生活保護を受給している被保護者は、自立更生を促進するために必要と認められる場合に限って、生活福祉資金貸付制度の一部を利用できる。

**Q745** ☑ ☑
生活福祉資金貸付制度においては、資金貸付と併せて必要な相談支援を受ける。

**Q746** ☑ ☑
生活福祉資金の総合支援資金は、貸付を受けるにあたって連帯保証人を立てる必要がある。

**Q747** ☑ ☑
生活困窮者自立支援法には、住居の確保を目的とした給付金を支給する制度が設けられている。

**Q748** ☑ ☑
ホームレス自立支援法による支援を受けている者は、生活保護法による保護を受けることはできない。

**Q749** ☑ ☑
「令和５年ホームレスの実態に関する全国調査（概数調査）」（厚生労働省）において、生活場所については、「公園」よりも「道路」と回答した者が多い。

**A742** × 生活福祉資金貸付の種類は、総合支援資金、[福祉資金]、教育支援資金、[不動産担保型生活資金]の[4]種類である。

**A743** ○ 生活福祉資金貸付制度では、総合支援資金、福祉資金、教育支援資金、不動産担保型生活資金について複数の貸付を同時に[利用することができる]。

**A744** ○ [生活保護]を受給している被保護者は、自立更生を促進するために必要と認められる場合に限って、生活福祉資金貸付制度の一部を利用できる。

**A745** ○ 生活福祉資金貸付制度の貸付要件の1つに、「法に基づく[自立相談支援]事業などによる支援を受けるとともに、[社会福祉協議会]と[ハローワーク]など関係機関から、継続的な支援を受けることに同意していること」とある。

**A746** × 生活福祉資金の総合支援資金は、貸付を受けるにあたって連帯保証人を立てる[必要はない]。ただし、連帯保証人の有無により返済時の[利息]が変わる。

**A747** ○ 生活困窮者自立支援法には、離職・失業等により住宅を失っているか、そのおそれのある者に、一定期間を限度として家賃を助成する[住居確保給付金]がある。

**A748** × 「ホームレス自立支援基本方針」では、ホームレスの[状況に応じた保護]を実施するとされている。

**A749** × 「令和5年ホームレスの実態に関する全国調査」（厚生労働省）において、生活場所については、[都市公園]、[河川]、[道路]の順に多い。

**9**

低所得者に対する支援と生活保護制度

## 出る！出る！
# 要点チェックポイント

 **ポイント① 保健医療サービスの構成要素**

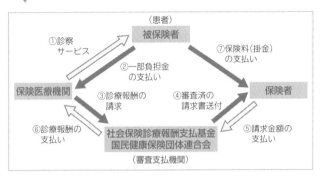

 **ポイント② 医療法による医療施設の定義**

| | |
|---|---|
| 病院 | ・医師又は歯科医師が医業又は歯科医業を行う場所<br>・病床数 20 床以上の入院施設を有する |
| 一般診療所 | ・医師又は歯科医師が医業又は歯科医業を行う場所（歯科医業のみは除く）<br>・患者の入院施設を有しないもの又は病床数 19 床以下の入院施設を有するものをいう |
| 特定機能病院 | ・厚生労働大臣が承認する<br>・高度の医療の提供、医療技術の開発及び評価並びに研修を実施する能力を有する<br>・定められた 16 の診療科を標榜している<br>・病床数 400 床以上の入院施設を有する<br>・来院患者の紹介率が 50％以上、逆紹介率が 40％以上 |
| 地域医療支援病院 | ・都道府県知事が承認する<br>・地域の医療機関の支援を目的とする<br>・救急医療の提供<br>・紹介患者中心（紹介率 80％以上）の医療<br>・地域医療従事者に対する研修を行う |

・建物、設備、機器等を地域の医療の医師等が利用できる体制をとっていること
・病床数 200 床以上の入院施設を有する

## 70 歳以上の高額療養費制度の自己負担限度額

| | 所得区分 | | 自己負担限度額 | |
|---|---|---|---|---|
| | | | 外来（個人） | 入院（世帯） |
| 70歳以上75歳未満 | ① 現役並み所得者 | 現役並みⅢ | 252,600 円＋<br>（総医療費－842,000 円）×1％ | |
| | | 現役並みⅡ | 167,400 円＋<br>（総医療費－558,000 円）×1％ | |
| | | 現役並みⅠ | 80,100 円＋<br>（総医療費－267,000 円）×1％ | |
| | ②一般所得者（①③以外） | | 18,000 円 | 57,600 円 |
| | ③低所得者 | Ⅱ | 8,000 円 | 24,600 円 |
| | | Ⅰ | | 15,000 円 |

| 所得区分 | 自己負担限度額 | |
|---|---|---|
| | 外来（個人） | 外来＋入院（世帯） |
| 現役並み所得者Ⅲ | 252,600 円＋（総医療費－842,000 円）×1％ | |
| 現役並み所得者Ⅱ | 167,400 円＋（総医療費－558,000 円）×1％ | |
| 現役並み所得者Ⅰ | 80,100 円＋（総医療費－267,000 円）×1％ | |
| 一般所得者 | 18,000 円 | 57,600 円 |
| 低所得者Ⅱ | 8,000 円 | 24,600 円 |
| 低所得者Ⅰ | 8,000 円 | 15,000 円 |

（75歳以上）

10
保健医療サービス

## 医療計画（根拠法：医療法）

| 策定義務 | 都道府県 |
|---|---|
| | 基本方針に即して、かつ、地域の実情に応じて、医療提供体制の確保を図るための計画を定める |
| 内容 | ・都道府県は二次医療圏を設定し、療養病床及び一般病床に係る基準病床数について定めることになっている<br>・5疾病・6事業及び在宅医療について、医療計画の策定が義務づけられている<br>　5疾病：がん、脳卒中、急性心筋梗塞、糖尿病、精神疾患<br>　6事業：救急医療、災害時における医療、へき地の医療、周産期医療、小児医療、新興感染症等の感染拡大時における医療 |

## 1 医療保険制度

**Q750**
☑ ☑
審査支払機関は、「レセプト」が保険医療機関及び保険医療養担当規則等に合致しているか、また、医学的に妥当かなどを審査して、その療養の給付に関する費用を保険医療機関等に支払いをする。

**Q751**
☑ ☑
社会保険診療報酬支払基金は、保険診療の審査支払機能を担う保険者である。

**Q752**
☑ ☑
高額療養費の自己負担限度額は、年齢や所得にかかわらず、一律に同額である。

**Q753**
☑ ☑
入院時の食費、居住費、差額ベッド代は高額療養費制度の支給の対象とはならない。

**Q754**
☑ ☑
後期高齢者医療制度の被保険者は、75歳以上の者に限られる。

**Q755**
☑ ☑
自立支援医療には、療育医療、更生医療、育成医療の3種類の公費負担医療がある。

**Q756**
☑ ☑
出産育児一時金は、被保険者の出産費用の7割が給付される。

A750　○　[審査支払機関]は、「レセプト」が保険医療機関及び保険医療養担当規則等に合致しているか、また、医学的に妥当かなどを審査して、その療養の給付に関する費用を保険医療機関等に支払いをする。

. . . . . . . . . . . . . . . . . . . . . . . . . . . . . . . .

A751　×　医療機関と保険者の間には審査支払機関があり、審査支払機関には、[社会保険診療報酬支払基金]と[国民健康保険団体連合会]の２つがある。

. . . . . . . . . . . . . . . . . . . . . . . . . . . . . . . .

A752　×　高額療養費の自己負担限度額は、[年齢]や[所得]に応じて定められているが、[世帯合算]はできる。

. . . . . . . . . . . . . . . . . . . . . . . . . . . . . . . .

A753　○　高額療養費制度とは、医療機関や薬局の窓口で支払った額が、[ひと月]で上限額を超えた場合に、その超えた金額を支給する制度で、入院時の食費、居住費、差額ベッド代等は[含まない]。

. . . . . . . . . . . . . . . . . . . . . . . . . . . . . . . .

A754　×　後期高齢者医療制度は、健康や国民健康保険から独立した制度であり、被保険者は、[75]歳以上の者及び[65]歳以上[75]歳未満の者で[一定の障害]にある旨の[後期高齢者医療広域連合]の認定を受けた者である。

. . . . . . . . . . . . . . . . . . . . . . . . . . . . . . . .

A755　×　自立支援医療には、[精神通院]医療、[更生]医療、[育成]医療の３種類の公費負担医療がある。自立支援医療は[障害者総合支援法]に基づいているのに対し、療育医療は[児童福祉法]に基づいている。

. . . . . . . . . . . . . . . . . . . . . . . . . . . . . . . .

A756　×　出産育児一時金は、健康保険法等に基づく保険給付として、被保険者又はその被扶養者が出産したとき、出産に要する経済的負担を軽減するため、一児につき[50万]円支給される。

10

保健医療サービス

235

**Q757** 傷病手当金は、被保険者が業務上のケガで労務不能となった場合に給付される。
☑ ☑

**Q758** 会社員として勤務している場合、入院した際の医療費は、傷病の原因にかかわらず労働者災害補償保険から給付される。
☑ ☑

## 2 国民医療費

**Q759** 「令和2年度国民医療費の概況」において、国民医療費の財源別構成割合を大きい順序に並べると、公費、保険料、その他（患者負担等）となる。
☑ ☑

**Q760** 「令和2年度国民医療費の概況」において、国民医療費の公費による財源別負担割合は、国庫の負担割合よりも地方の負担割合の方が高い。
☑ ☑

**Q761** 「令和2年度国民医療費の概況」において、医科診療医療費の傷病分類別の割合をみると、呼吸器系の疾患が最も高い。
☑ ☑

**Q762** 「令和2年度国民医療費の概況」において、国民医療費の分配は、入院、入院外、歯科診療、薬局調剤、入院時食事・生活、訪問看護の順になっている。
☑ ☑

A757 × 傷病手当金は、［業務外］の疾病又は負傷により業務に就くことができない場合に、被保険者とその家族の生活保障として［保険者］から給付される。

A758 × 労働者災害補償保険とは、労働者の［業務上の事由］又は［通勤による労働者の傷病］等に対して、［労働者］又はその［遺族］に必要な保険給付を行い、あわせて被災労働者の［社会復帰の促進］等の事業を行う制度である。

A759 × 国民医療費の財源別構成割合を大きい順序に並べると、［保険料］（49.5％）、［公費］（38.4％）、［その他（患者負担等）］（12.1％）となっている（数字は令和2年度）。

A760 × 国民医療費の公費による財源別負担割合は、［国庫負担］（構成割合25.7％）の負担割合よりも［地方負担］（同12.7％）の負担割合の方が［低い］（数字は令和2年度）。

A761 × 医科診療医療費を傷病分類別にみると、最も高い疾患は「循環器系疾患」（19.5％）で、次いで「新生物」（15.2％）、「筋骨格系及び結合組織の疾患」（8.1％）、「損傷・中毒及びその他の外因の影響」（7.9％）、「腎尿路生殖器系の疾患」（7.4％）の順である（数字は令和2年度）。

A762 × 国民医療費の分配は、［入院］（38.0％）、［入院外］（33.6％）、［薬局調剤］（17.8％）、歯科診療（7.0％）、入院時食事・生活（1.7％）、訪問看護（0.8％）の順になっている（数字は令和2年度）。

**Q763**
☑ ☑
国民医療費は、当該年度内の医療機関等における傷病の治療と正常な妊娠や分娩等に要する費用を推計したものである。

**Q764**
☑ ☑
「令和2年度国民医療費の概況」において、国民医療費を年齢階級別にみると、「75歳以上」が全体の約3分の1を占めている。

**Q765**
☑ ☑
「令和2年度国民医療費の概況」において、公費負担医療給付の割合は、国民医療費の70%を超えている。

**Q766**
☑ ☑
「令和2年度国民医療費の概況」において、人口一人当たり国民医療費は、60万円を超えている。

## 3　診療報酬

**Q767**
☑ ☑
診療報酬の改定は、中央社会保険医療協議会の答申を経て行われる。

**Q768**
☑ ☑
診療報酬の改定率は、中央社会保険医療協議会が決定する。

A763　×　国民医療費は、当該年度内の医療機関等における［傷病の治療］に要する費用を推計したものである。診療費、調剤費、入院時食事・生活医療費、訪問看護医療費のほかに、健康保険等で支給される移送費等を含んでいる。

A764　○　「令和2年度国民医療費の概況」において、国民医療費を年齢階級別にみると、「75歳以上」が全体の約［3］分の1（39.0%）以上を占めている。なお、「65歳以上」は［2］分の1（61.5%）以上を占めている。高齢者人口の増加により医療費は高騰している。

A765　×　「令和2年度国民医療費の概況」において制度区分別国民医療費における最も大きな割合を占めるのは［医療保険等給付］（45.1%）であり、次いで後期高齢者医療給付分（35.6%）となっている。公費負担医療給付の割合は7.3%である。

A766　×　「令和2年度国民医療費の概況」において、［人口一人当たり国民医療費］は、34万600円である。なお、65歳以上については73万3,700円と2倍以上の金額になっている。

A767　○　診療報酬の改定は、［中央社会保険医療協議会］の答申を経て行われる。これは、健康保険制度や診療報酬の改定について審議する厚生労働省の諮問機関である。なお、［厚生労働大臣］が決定する。

A768　×　診療報酬の［改定率］は、予算編成過程を通じて［内閣］が決定する。なお、診療報酬は中央社会保険医療協議会の答申により決定される。

**Q769** 診療報酬の点数は、通常2年に一度改定される。

☑ ☑

---

**Q770** 社会保険における診療報酬は、都道府県によって異なる。

☑ ☑

---

**Q771** 診療報酬には、医科診療報酬・歯科診療報酬・調剤報酬がある。

☑ ☑

---

**Q772** 外来診療報酬については、1日当たり包括払い制度がとられている。

☑ ☑

---

**Q773** DPC制度（DPC／PDPS）は、入院1件当たり診療報酬包括支払制度である。

☑ ☑

---

**Q774** 患者に説明を行い、その同意を得て立案する退院支援計画は、診療報酬上で評価されていない。

☑ ☑

---

**Q775** 回復期リハビリテーション病棟入院料1を算定する病棟においては、5年以上の経験を有する専任看護師及び専任社会福祉士の配置が必要である。

☑ ☑

---

**Q776** 地域包括ケア病棟入院料で算定される病院には、特定機能病院が含まれる。

☑ ☑

---

**Q777** 回復期リハビリテーション病棟入院料の算定要件には、発症後の日数については制限があるが、入院期間には制限がない。

☑ ☑

---

**A769** ○ 診療報酬は原則 [2] 年に一度改定が行われ、介護報酬は [3] 年に一度、同時改定は [6] 年に一度行われる。

---

**A770** × 社会保険における診療報酬は、[全国一律] である。診療ごとに [点数表] によって決まる。1点は [10] 円で計算する。

---

**A771** ○ 診療報酬とは、医療行為を行った医療機関や薬局の医業収入の総和を指し、[医科診療報酬]・[歯科診療報酬]・[調剤報酬] がある。

---

**A772** × 外来診療報酬については、[出来高払い] 制度がとられている。初診料・検査・画像診断・処方箋など、それぞれに点数が設定されている。

---

**A773** × DPC制度（DPC／PDPS）は、入院 [1日] 当たり [診療報酬包括支払] 制度である。病気の種類や診察内容などを、DPC（診断群分類）に応じて定額支払いする制度のことである。

---

**A774** × 患者に説明を行い、その同意を得て立案する退院支援計画は、[診療報酬] 上で評価されている。

---

**A775** × 回復期リハビリテーション病棟入院料1の算定には、専従の常勤 [医師] 1名以上、及び退院調整に関する [3] 年以上の経験を有する専従の常勤 [社会福祉士] 1名以上の配置が必要である。

---

**A776** × 地域包括ケア病棟とは、急性期医療を経過した患者及び在宅において療養を行っている患者等の受入並びに患者の在宅復帰支援等を行う機能を有し、[地域包括ケアシステム] を支える役割を担う病棟又は病室であり、入院料は [包括払い] 方式がとられている。[特定機能病院以外] の保険医療機関としている。

---

**A777** × 回復期リハビリテーション病棟入院料の算定要件には、疾患によって [発症日数] 及び [入院期間] の制限がある。

10 保健医療サービス

## 4 保健医療サービスの概要

**Q778**
☑ ☑
特定健康診査及び特定保健指導の対象年齢は、40歳以上60歳以下である。

**Q779**
☑ ☑
在宅療養支援診療所が訪問看護ステーションと連携する場合、担当する訪問看護職員の氏名と担当日を文書で提示しておくことが必要である。

**Q780**
☑ ☑
自由診療機関であっても、24時間往診、訪問看護が提供できれば、在宅療養支援診療所として承認される。

**Q781**
☑ ☑
診療所は、最大20人の患者を入院させる施設であることとされている。

**Q782**
☑ ☑
在宅療養支援病院が在宅支援をしている患者が緊急に入院となった際に病床がない場合は、他の病院を紹介する。

**Q783**
☑ ☑
介護医療院の利用は、主として長期にわたり療養が必要である要介護者を対象としている。

**Q784**
☑ ☑
訪問看護ステーションの管理者は、医師であることとされている。

A778　×　特定健康診査及び特定保健指導は、[40] 歳以上 [74] 歳以下の [医療保険加入者]（被保険者・被扶養者）を対象とする健康診断・保健指導であり、その目的は生活習慣病の予防である。

A779　○　在宅療養支援診療所が訪問看護ステーションと連携する場合、担当する訪問看護職員の氏名と担当日を [文書] で患家に提示しておくことが必要である。

A780　×　在宅療養支援診療所は、24 時間往診、訪問看護が提供できる [保険医療機関] であることが要件である。

A781　×　診療所は、患者を入院させるための施設を有しないもの、又は [19] 人以下の患者を入院させるための施設を有するものをいう。

A782　×　在宅療養支援病院は、在宅支援をしている患者が緊急に入院となった場合にも入院できるよう [常に病床を確保] しておく必要がある。また、在宅医療を担当する常勤医師が [3] 名以上配置されていることが要件である。

A783　○　介護医療院とは、長期的な医療と介護を必要とする高齢者を対象に、日常的な [医学管理] や看取りやターミナルケア等の [医療機能] と、[生活施設] としての機能を提供する施設である。

A784　×　訪問看護ステーションの管理者は、常勤の [看護師] 又は [保健師] と定められており、看護職員との兼務も可能である。

10 保健医療サービス

**Q785**
☑ ☑
臨床研修病院としての能力は、地域医療支援病院に必要とされる要件である。

**Q786**
☑ ☑
地域の医療従事者に対する研修能力は、地域医療支援病院に必要とされる要件である。

**Q787**
☑ ☑
調剤薬局は、医療法上の医療提供施設には含まれない。

**Q788**
☑ ☑
都道府県が設置する保健所の所管区域は、医療法に規定する三次医療圏と一致する。

**Q789**
☑ ☑
へき地医療拠点病院の指定要件には、薬剤師の派遣が含まれている。

**Q790**
☑ ☑
地域包括ケア病棟の利用は、病院で長期にわたり医療的ケアが必要である者を対象としている。

**Q791**
☑ ☑
災害拠点病院は、24時間対応可能な救急体制は必要ないとされている。

**Q792**
☑ ☑
回復期リハビリテーション病棟は、一定の範囲の疾患・患者について、ADL能力の向上と寝たきり防止及び在宅復帰を目指してリハビリテーションを集中して行う病棟である。

**A785** ✕ 臨床研修病院としての能力は、[特定機能病院] に必要とされる要件である。国立高度専門医療研究センターにおいては高度かつ専門的な研修を行う。

**A786** ◯ 地域の医療従事者に対する研修能力は、[地域医療支援病院] に必要とされる要件である。

**A787** ✕ 調剤薬局は、医療法上の医療提供施設に [含まれる]。医療提供施設とは、病院、診療所、[介護老人保健施設]、[介護医療院]、[調剤を実施する薬局] その他の医療を提供する施設である。

**A788** ✕ 都道府県が設置する [保健所] の所管区域は、医療法に規定する [二次医療圏]（複数の市町村を1つの単位とする圏域）に一致する。

**A789** ✕ へき地医療拠点病院は、へき地医療支援機構の指導・調整の下、へき地診療所等への [代診医等の派遣（継続的な医師派遣も含む）] を行う。

**A790** ✕ 地域包括ケア病棟とは、急性期治療を経過し、病状が安定した患者に対して、[在宅や介護施設への復帰] に向けた医療や支援を行う病棟である。

**A791** ✕ 災害拠点病院は、[24時間体制] で、自己完結型で対応できるほか、[災害派遣医療チーム（DMAT）] を保有し、ヘリコプター搬送に同乗する医師の派遣や [ヘリポート] の確保などが求められる。なお、[基幹] 災害拠点病院は原則として各都道府県に [1] か所設置することとなっている。

**A792** ◯ 回復期リハビリテーション病棟は、[一定の範囲] の疾患・患者について、ADL能力の向上と寝たきり防止及び在宅復帰を目指してリハビリテーションを集中して行う病棟である。一定範囲の疾患とは、脳血管関連疾患、整形外科疾患、廃用症候群である。

**Q793** 現行の医療計画では、在宅医療についての記述は求められていない。
☑ ☑

**Q794** 地域医療構想の構想区域の設定については、三次医療圏を原則とする。
☑ ☑

**Q795** 医療計画の策定主体は、都道府県である。
☑ ☑

**Q796** 現行の医療計画では、精神医療についての記述は求められていない。
☑ ☑

**Q797** 市町村は、地域における現在の医療提供体制の把握と将来の医療需要の推計を勘案し、地域医療構想を策定することができる。
☑ ☑

**Q798** 病床機能報告制度に規定された病床の機能は、急性期機能、回復期機能、慢性期機能の3つである。
☑ ☑

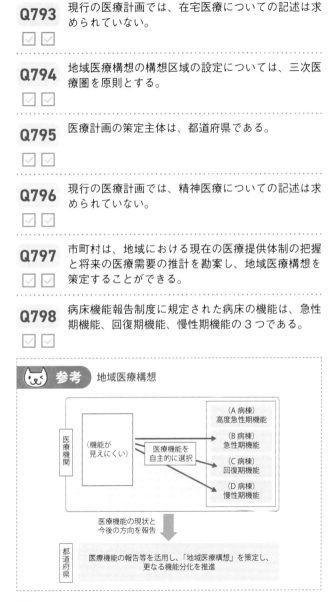

参考 地域医療構想

医療機関

（機能が見えにくい）

医療機能を自主的に選択

（A病棟）高度急性期機能
（B病棟）急性期機能
（C病棟）回復期機能
（D病棟）慢性期機能

医療機能の現状と今後の方向を報告

都道府県

医療機能の報告等を活用し、「地域医療構想」を策定し、更なる機能分化を推進

A793　×　現行の医療計画では、在宅医療についての記述が求められて［いる］。第6次医療計画の改定により、既存の5事業（救急医療、災害時における医療、へき地の医療、周産期医療、小児救急医療を含む小児医療）に［在宅医療］が追加された。

A794　×　地域医療構想では、［二次医療圏］を基本に構想区域を設定している。構想区域ごとに［高度急性期］、［急性期］、［回復期］、［慢性期］の4つの医療機能それぞれの病床の必要量を推計している。

A795　○　医療計画の策定主体は、［都道府県］である。［厚生労働大臣］が定める基本方針に即しつつ、地域の実情に応じて医療提供体制を確保するために策定されている。

A796　×　現行の医療計画では、精神医療についての記述が求められて［いる］。第6次医療計画の改定により、既存の4疾病（がん、脳卒中、急性心筋梗塞、糖尿病）に［精神疾患］が追加された。

A797　×　地域医療構想は「病床の機能分化・連携を進めるため、医療機能ごとに2025年の医療需要と病床の必要量を推計し、定めるもの」とされ、医療計画の一部として［都道府県］が策定することと定められている。

A798　×　病床機能報告制度とは、病院や有床診療所に対して病床機能の現状（高度急性期、急性期、回復期、慢性期の［4区分］）を［都道府県］に報告することを義務付ける［医療法］に基づく制度である。

10
保健医療サービス

**Q799** 特定機能病院は、300床以上の病床を有し、かつ高度の医療を提供する病院である。

☑ ☑

- - - - - - - - - - - - - - - - - - - - - - - - - - - - - - - - - - - -

**Q800** 地域医療支援病院は、その所在地の市町村長の承認を得て救急医療を提供する病院である。

☑ ☑

- - - - - - - - - - - - - - - - - - - - - - - - - - - - - - - - - - - -

**Q801** 医療計画における二次医療圏は、地域包括ケアの圏域である日常生活圏とほぼ同様に想定されている。

☑ ☑

## 5 保健医療サービスにおける専門職の役割と実際

**Q802** 医師は、時間外の診療治療の求めに対しては、診療を断る権利がある。

☑ ☑

- - - - - - - - - - - - - - - - - - - - - - - - - - - - - - - - - - - -

**Q803** 看護師とは、都道府県知事の免許を受けて、傷病者もしくはじょく婦に対する療養上の世話又は診療の補助を行うことを業とするものをいう。

☑ ☑

**A799** × 特定機能病院は、[400] 床以上の病床を有し、高度の医療の提供、高度の医療技術の開発及び高度の医療に関する研修を実施する能力等を備えた病院であり、[厚生労働大臣] が個別に承認する。

. . . . . . . . . . . . . . . . . . . . . . . . . . . . . . . . . . . . . . . .

**A800** × 地域医療支援病院は、都道府県医療審議会の意見を聴いた上で、[都道府県知事] が承認する。

. . . . . . . . . . . . . . . . . . . . . . . . . . . . . . . . . . . . . . . .

**A801** × 医療計画における [一次] 医療圏は、地域包括ケアの圏域である [日常生活圏] とほぼ同様に想定されている。[二次] 医療圏は、一般的な入院医療や救急医療を提供する病床の整備を図るために地域的単位として設定されるもので、[市町村を超えて] 設定される圏域を指す。[三次] 医療圏とは、一次医療圏や二次医療圏で対応することが困難で高度な専門医療が提供される [都道府県] 単位の圏域を指す。

**10**

**保健医療サービス**

**A802** × 医師法には「診療に従事する医師は、診察治療の求めがあった場合には、正当な事由がなければ、これを拒んではならない」とする [応招義務] が定められている (同法 19 条)。

. . . . . . . . . . . . . . . . . . . . . . . . . . . . . . . . . . . . . . . .

**A803** × 看護師とは、[厚生労働大臣] の免許を受けて、傷病者もしくはじょく婦に対する療養上の世話又は診療の補助を行うことを業とするものをいう。准看護師は、[都道府県知事] の免許を受ける。

**Q804**

☑ ☑

医師が患者に対し、検査結果や病名、入院の必要性、今後の検査、その他必要な治療法などについて説明し、患者との話し合いの結果、患者の同意を得て手術が行われることになった。この一連の行為を、アカウンタビリティという。

- - - - - - - - - - - - - - - - - - - - - - - - - - - - - - - - -

**Q805**

☑ ☑

言語聴覚士の業務の範囲に、人工内耳の調整は含まれない。

- - - - - - - - - - - - - - - - - - - - - - - - - - - - - - - - -

**Q806**

☑ ☑

保健師は、地域診断を実施し、取り組むべき健康課題を明らかにする。

- - - - - - - - - - - - - - - - - - - - - - - - - - - - - - - - -

**Q807**

☑ ☑

医療法には、いまだにインフォームドコンセントに関する医師等の責務は明記されていない。

- - - - - - - - - - - - - - - - - - - - - - - - - - - - - - - - -

**Q808**

☑ ☑

リビングウィルは、家族や医療従事者が患者の意思を推測し、医療の選択について決定していくことである。

- - - - - - - - - - - - - - - - - - - - - - - - - - - - - - - - -

**Q809**

☑ ☑

アドバンスディレクティブとは、事前指示のことで、医療行為について自分が医師に意思表明するために行う積極的な行為をいう。

A804 ✕ 医師が治療の目的や方針を患者に説明し、患者が納得し同意した上で治療を始めることを、[インフォームドコンセント]という。患者が自らの意思で拒否を示すことも含む。[アカウンタビリティ（説明責任）]は、個人や組織の行動や方針を対外的に説明する責任を指す。

A805 ✕ 言語聴覚士は、言語訓練その他の訓練、これに必要な検査及び助言、指導その他の援助を行うことを業とする者であり、[人工内耳の調整（マッピング）]も行う。

A806 ◯ 保健師は、調査研究、統計情報等に基づき、住民の健康状態や生活環境の実態を把握し、健康問題を構成する要素を分析して、地域において取り組むべき[健康課題]を明らかにする[地域診断]を実施する。

A807 ✕ インフォームドコンセントは、医師の説明責任と治療に対する[患者の同意]が主な目的である。[1997（平成9）]年の[医療法改正]の際に、インフォームドコンセントに関する医師等の責務が明記された（同法1条の4第2項）。

A808 ◯ リビングウィルは、人生の最終段階（終末期）を迎えたときの医療の選択について、[患者自ら]が[事前（生前）に意思表示]しておくこと（生前指示）であり、「事前指示書」や「生前遺言書」と訳されることもある。法制化はされていない。

A809 ✕ アドバンスディレクティブとは、判断能力を失った際に自分自身に行われる治療やケアに関する意向を、判断能力があるうちに[意思表示]することであり、決定を行う代理人を指名する[代理人指示]と治療やケアに関する本人の望みを記録した[内容的指示]がある。

10

保健医療サービス

**Q810** 理学療法士が、入院患者の生命維持管理装置を操作する。

☑ ☑

**Q811** 理学療法士は、脳梗塞後遺症による筋麻痺の患者に対して、医師の指示の下にマッサージをする。

☑ ☑

**Q812** 作業療法士の行う作業療法は、身体又は精神に障害のある者を対象としている。

☑ ☑

## 6 地域連携と実践

**Q813** 地域連携クリティカルパスは、医療費適正化のツールである。

☑ ☑

**Q814** 地域連携クリティカルパスは、連携する機関の間で診療計画や診療情報を共有する。

☑ ☑

**Q815** 地域連携クリティカルパスにおいて、連携する機関に保険薬局は含まれない。

☑ ☑

**Q816** がん看護専門看護師は、在宅医療を想定して訪問看護師への指示書を作成する。

☑ ☑

**A810** × [臨床工学技士]は、医師の指示の下に、人工呼吸器や人工心肺装置、血液浄化装置（透析）などの[生命維持管理装置]の[操作及び保守点検]を行う。

............................................

**A811** ○ 理学療法士は、医師の指示の下に、理学療法（[運動療法]や[物理療法]（マッサージ、電気療法、温熱療法等））を行うことを業とする者である。

............................................

**A812** ○ 作業療法士は、医師の指示の下に、[身体]又は[精神]に障害のある者に対し、主として[応用的動作能力]又は[社会的適応能力]の回復を図るため手芸、工作その他の作業療法を行なうことを業とする者である。

**10 保健医療サービス**

............................................

**A813** × 地域連携クリティカルパスは、[情報共有]のツールである。これを複数の病院・診療所の医療スタッフや介護施設等の介護職員が共有することで、切れ目のない医療が提供できる。

............................................

**A814** ○ 地域連携クリティカルパスとは、良質な医療を効率的かつ安全、適正に提供する手段として開発された[診療計画]であり、連携するすべての機関で[共有]するものである。

............................................

**A815** × 地域連携クリティカルパスにおいて、連携する機関に保険薬局は[含まれる]。病院薬剤師と[保険薬局]の薬剤師が診療情報を共有し、在宅療養に向けての引き継ぎを行う等がされている。

............................................

**A816** × 訪問看護指示書は、介護保険もしくは医療保険、どちらの保険制度を利用して訪問看護サービスを受ける際にも必要となる[主治医（医師）]が発行する指示書のことである。

# 11 権利擁護と成年後見制度

出る！出る！

## 要点チェックポイント

---

 **補助、保佐、後見制度の概要**

| | | 補助開始の審判 | 保佐開始の審判 | 後見開始の審判 |
|---|---|---|---|---|
| **要件** | 対象者 | 精神上の障害等により判断能力が不十分な者 | 精神上の障害等により判断能力が著しく不十分な者 | 精神上の障害等により判断能力に欠ける者 |
| **開始の手続** | 申立権者 | 本人、配偶者、4親等以内の親族、検察官、市町村長、任意後見受任者、任意後見人、任意後見監督人、補助人、補助監督人、保佐人、保佐監督人 | | |
| | 本人の同意 | 必要 | 不要 | 不要 |
| **機関の名称** | 本人 | 被補助人 | 被保佐人 | 成年被後見人 |
| | 保護者 | 補助人 | 保佐人 | 成年後見人 |
| | 監督人 | 補助監督人 | 保佐監督人 | 成年後見監督人 |
| **同意権・取消権** | 付与の対象 | 申立ての範囲内で家庭裁判所が定める「特定の法律行為」 | 民法13条1項所定の行為 | 日常生活に関する行為以外の行為 |
| | 付与の手続 | 補助開始の審判＋同意権付与の審判＋本人の同意 | 保佐開始の審判 | 後見開始の審判 |
| | 取消権者 | 本人・補助人 | 本人・保佐人 | 本人・成年後見人 |
| **代理権** | 付与の対象 | 申立ての範囲内で家庭裁判所が定める「特定の法律行為」 | 申立ての範囲内で家庭裁判所が定める「特定の法律行為」 | 財産等に関するすべての法律行為 |
| | 付与の手続 | 補助開始の審判＋代理権付与の審判＋本人の同意 | 保佐開始の審判＋代理権付与の審判＋本人の同意 | 後見開始の審判 |
| | 本人の同意 | 必要 | 必要 | 不要 |
| **責務** | 身上配慮義務 | 本人の心身の状態及び生活の状況に配慮する義務 | | |

## 成年後見制度と日常生活自立支援事業

| | 成年後見制度 | 日常生活自立支援事業 |
|---|---|---|
| 根拠法 | 民法 | 社会福祉法 |
| 対象者 | 精神上の障害により事理を弁識する能力が<br>・不十分な者→補助<br>・著しく不十分な者→保佐<br>・欠けている者→成年後見 | 判断能力が不十分（認知症高齢者、知的障害者、精神障害者等であって、日常生活を営むのに必要なサービスを利用するための情報の入手、理解、判断、意思表示を本人のみでは適切に行うことが困難）な者 |
| 相談窓口 | 市区町村社会福祉協議会や地域包括支援センター等 | 都道府県・指定都市社会福祉協議会等 |
| 援助者 | 補助人・保佐人・成年後見人（親族、弁護士、司法書士、行政書士、社会福祉士等） | 自立生活支援専門員・生活支援員 |
| 手続 | 家庭裁判所に申立て<br>本人・配偶者・4親等内の親族・市区町村長・検察官など<br>（本人の同意：補助→必要／保佐・後見→不要） | 基幹的社会福祉協議会に相談・申込<br>本人が契約（契約能力あり） |
| 意思能力の審査 | 医師の診断書・診断書附票を家庭裁判所に提出<br>保佐・後見は原則鑑定が必要 | 「契約締結判定ガイドライン」で確認<br>あるいは契約締結審査会（専門的知見を持つ者で構成）にて契約能力を審査 |
| 援助の方法 | 申立内容の家庭裁判所による審判 | 本人と社会福祉協議会による契約 |
| 援助の内容 | ・財産管理・身上監護に関する法律行為<br>・同意権、取消権<br>・代理権 | ・日常的金銭管理<br>・福祉サービス利用援助<br>・書類等の預かり |
| 費用 | 申立てや登記等の事務費用、成年後見人等への報酬等<br>（報酬は本人の財産等に応じて家庭裁判所が審判） | ・契約までは無料<br>・契約後は利用者負担<br>（1回1,200円平均） |
| 費用減免又は助成 | ・成年後見制度利用支援事業（適用要件あり）<br>・リーガルサポート（司法書士会）による成年後見助成基金がある | ・生活保護受給者は国庫補助<br>・収入に応じ段階がある |

## 1 相談援助活動と法との関連

**Q817**
☑ ☑
特定商取引法は、クーリングオフの期間を8日間としているので、8日目にクーリングオフの通知を郵送しても、事業者に届いたのが9日目であればクーリングオフは認められない。

. . . . . . . . . . . . . . . . . . . . . . . . . . . . . . . . . . . . . . .

**Q818**
☑ ☑
通信販売で「返品に応じない」旨の特約の表示があっても、クーリングオフによって契約を解除することができる。

. . . . . . . . . . . . . . . . . . . . . . . . . . . . . . . . . . . . . . .

**Q819**
☑ ☑
労働基準法は、就業目的での在留資格を有していない外国人労働者に適用されることはない。

. . . . . . . . . . . . . . . . . . . . . . . . . . . . . . . . . . . . . . .

**Q820**
☑ ☑
憲法の基本的人権規定は、国又は地方公共団体と個人との関係を規律するものであり、私人間にその効力が及ぶことはない。

. . . . . . . . . . . . . . . . . . . . . . . . . . . . . . . . . . . . . . .

**Q821**
☑ ☑
任意後見監督人が選任された者には、選挙権は認められていない。

. . . . . . . . . . . . . . . . . . . . . . . . . . . . . . . . . . . . . . .

**Q822**
☑ ☑
厚生労働大臣の裁量権の範囲を超えて設定された生活保護基準は、司法審査の対象となる。

. . . . . . . . . . . . . . . . . . . . . . . . . . . . . . . . . . . . . . .

**Q823**
☑ ☑
高齢者虐待防止法における「高齢者虐待の定義」には、使用者による虐待が含まれている。

A817　×　特定商取引法は、クーリングオフの期間を8日間としており、8日目にクーリングオフの通知を郵送して、事業者に届いたのが9日目の場合、クーリングオフは［認められる］。クーリングオフは書面を［発信した］日に効力を生じる（同法9条）。

A818　×　通信販売で「返品に応じない」旨の特約の表示がある場合は、契約を解除できない。通信販売には、クーリングオフの制度はない。ただし［返品特約表示］が義務づけられ、特約の表示がない場合は8日以内に契約解除を行うことができる。

A819　×　労働基準法は、在留資格の点で［適法か違法かを問わず］、原則として外国人労働者にも適用される。

A820　×　憲法の基本的人権規定は、国又は地方公共団体と個人との関係を［規律］するものであるが、間接的に［私人間］にもその効力が及ぶと考えられる。

A821　×　任意後見監督人が選任された者に対する欠格条項はなく、［選挙権］を有する。

A822　○　設定された生活保護基準が立法府の裁量権の範囲を超えている場合には、［司法審査］の対象となる。

A823　×　高齢者虐待防止法の「高齢者虐待の定義」には、「使用者による虐待」は含まれない。使用者による虐待は［障害者虐待］の定義の1つである。

11 権利擁護と成年後見制度

**Q824** 非番の警察官が制服を着用して行った行為による損害に対して、国家賠償請求はできない。

☑ ☑

**Q825** 介護保険法や障害者総合支援法における審査請求は、文書で行わなければ受理されない。

☑ ☑

## 2　民法の理解

**Q826** 家庭裁判所は、特別の事情がある場合であっても、4親等の親族に扶養の義務を負わせることはできない。

☑ ☑

**Q827** 売買の目的物に隠れた欠陥（瑕疵）があるときには、そのことを知ってから1年以内は損害賠償請求権を行使できる。これをクーリングオフという。

☑ ☑

**Q828** 元本保証のない金融商品を「絶対に儲かる」と勧誘し、実際には相場の暴落で元本割れさせてしまった場合、消費者契約を取り消すことはできない。

☑ ☑

**Q829** 幼児が石を投げて他人の家の窓ガラスを割った場合、幼児自身は不法行為責任を負う。

☑ ☑

A824　✕　非番の警察官が制服を着用して行った行為は、[職務中であると誤認] されやすい。判例でも、国家賠償法に基づく [損害賠償の対象] とされている。

A825　✕　介護保険法や障害者総合支援法における審査請求は、[文書又は口頭] で行う。審査請求は、処分があったことを知った日の翌日から起算して3か月以内に行う。

A826　◯　家庭裁判所は、特別の事情がある場合であっても、4親等の親族に扶養の義務を負わせることは [できない]。特別な事情がある場合に、家庭裁判所が扶養義務を負わせることができるのは、[3親等] までの親族である。

A827　✕　売買の目的物に隠れた欠陥（瑕疵）があるときには、そのことを知ってから1年以内は損害賠償請求権を行使できる。これを [契約不適合責任] という。

A828　✕　将来における変動が [不確実] な事項であるのにもかかわらず、断定的判断を提供し、消費者が断定的判断の内容が確実であると誤認したときは、消費者契約を [取り消す] ことができる。

A829　✕　幼児が石を投げて他人の家の窓ガラスを割った場合、幼児自身は不法行為責任を負わない。未成年者は [責任能力] がない（民法712条）。不法行為が成立するには、行為者に責任能力がある必要がある。

**11 権利擁護と成年後見制度**

**Q830** ☑ ☑ 訪問介護事業者の正職員である訪問介護員が、利用者を車いすで移動させたとき、利用者が転倒・骨折した場合、事業者は、訪問介護員に故意又は過失があれば不法行為責任を負う。

**Q831** ☑ ☑ 過失責任の原則とは、故意又は過失による行為についてのみ責任があるとすることである。

**Q832** ☑ ☑ 父母の婚姻中、嫡出子の親権は、父又は母のいずれか一方が行う。

**Q833** ☑ ☑ 父母の離婚後、嫡出子の親権は、父母が共同して行う。

**Q834** ☑ ☑ 嫡出でない子の親権は、子を認知した父と母とが共同して行う。

**Q835** ☑ ☑ 特別養子縁組制度では、配偶者のない者でも養親となることができる。

**Q836** ☑ ☑ 養親による虐待など、養子の利益を著しく害する事由があり、さらに実父母が相当の監護ができる場合に限り、請求によって家庭裁判所は特別養子縁組の当事者を離縁させることができる。

**Q837** ☑ ☑ 非嫡出子は後に、父の認知と父母の婚姻があれば嫡出子となることができる。

A830　○　訪問介護事業者の正職員である訪問介護員が、利用者を車いすで移動させたとき、利用者が転倒・骨折した場合、事業者は、訪問介護員に故意又は過失があれば［不法行為責任］を負う。不可抗力の場合は当たらない。

A831　○　［過失責任］の原則とは、故意又は過失による行為についてのみ責任があるとすることである。一方、［自己責任］の原則とは、加害者自身が自己の行為の結果についてのみ責任を負うということである。

A832　×　父母の婚姻中、嫡出子の親権は、父母が［共同］して行う。

A833　×　父母の離婚後、嫡出子の親権は、［協議］により父又は母の［いずれか一方］が行う。協議が不調又は不能な場合は、家庭裁判所の裁判で定める。

A834　×　嫡出でない子（非嫡出子）の親権は、子を認知した父と母の［協議］により、父又は母の［いずれか一方］が行う。

A835　×　特別養子縁組の養親となれるのは、［婚姻している夫婦］である。

A836　○　養親による虐待など、養子の利益を著しく害する事由があり、さらに実父母が相当の［監護］ができる場合に限り、養子、実父母又は検察官の請求によって家庭裁判所は特別養子縁組の当事者を［離縁］させることができる（民法817条の10の1項）。

A837　○　非嫡出子は後に、父の［認知］と父母の［婚姻］があれば嫡出子となることができる（民法789条1項）。これを［準正］という。

**Q838** ☑ ☑
親権者は、子どもと利益が相反する法律行為であっても、自ら子どもを代理して行うことができる。

**Q839** ☑ ☑
成年年齢に達した学生である子の親は、その子が親の同意なく行った契約を、学生であることを理由に取り消すことができる。

**Q840** ☑ ☑
被相続人から、遺贈又は贈与を受けた者があるときは、被相続人が相続開始の時に残した財産の額にその贈与の額を加えたものを相続財産とみなし、相続分の中からその遺贈又は贈与の額を控除した残額をもってその者の相続分とする。

**Q841** ☑ ☑
満15歳に達した者は、遺言をすることができる。

**Q842** ☑ ☑
買主は、購入した物を第三者に譲渡した後でも、売主に瑕疵担保責任を追及することができる。

**Q843** ☑ ☑
強制競売で買ってきた物についても、契約不適合責任が認められる。

**Q844** ☑ ☑
契約不適合責任の追及は、買主がその不適合を知ってから3年以内にしなくてはならない。

A838　✕　親権者は、子どもと利益が相反する法律行為については、親権者が子どもを代理することは［できない］。この場合は、家庭裁判所に［特別代理人］を選任してもらい、その特別代理人が子どもに代わって法律行為を行うこととなる。

A839　✕　成年年齢に達した学生である子の親は、その子が親の同意なく行った契約を、学生であることを理由に取り消すことが［できない］。親権は未成年の子に対するものであり、成人後の子には［適用されない］。

A840　○　被相続人から、遺贈（遺言により相続人以外に財産を与える）又は贈与を受けた者があるときは、被相続人が相続開始の時に残した財産の額にその［贈与の額］を加えたものを相続財産とみなし、相続分の中からその［遺贈又は贈与の額］を控除した残額をもってその者の相続分とする。

A841　○　満15歳に達した者は、［遺言］をすることができる（民法961条）。

A842　○　買主は、購入した物を第三者に譲渡した後でも、売主に［契約不適合責任］を追及することができる。契約不適合責任は、契約当事者間にあり、譲渡した後でも追及できる（民法562〜564条）。

A843　✕　強制競売で買ってきた物については、［契約不適合責任］は認められない（民法568条）。

A844　✕　契約不適合責任の追及は、買主がその不適合を知ってから［1］年以内にしなければならない（民法566条）。

## 3 行政法の理解

**Q845**

生活保護の決定に不服がある場合、福祉事務所長に不服申立てを行う。

☑ ☑

**Q846**

行政処分に対する不服申立てにおいて、審査請求をすることのできる期間は、原則、処分があったことを知った日の翌日から起算して10日以内である。

☑ ☑

**Q847**

違法な行政行為も職権取消、争訟取消があるまでは有効なものとして取り扱われる。

☑ ☑

**Q848**

開示請求に対する行政機関の長の開示決定は、開示請求があった日から20日以内にしなければならない。

☑ ☑

**Q849**

行政指導に従わなかったことを理由に、相手方に不利益処分を行うことができる。

☑ ☑

**Q850**

福祉関係事業者は、利用者の同意がなければ、急病の場合でも医師に利用者の個人情報を伝えてはならない。

☑ ☑

**Q851**

成年後見審判等を受けていない知的障害者の個人情報を利用する場合は、家族の同意でよい。

☑ ☑

A845　✕　生活保護の決定に不服がある場合、[都道府県知事]に対して[審査請求]を行う(生活保護法64条)。

A846　✕　行政処分に対する不服申立てにおいて、審査請求をすることのできる期間は、原則、処分があったことを知った日の翌日から起算して[3か月]以内にする必要がある。

A847　◯　違法な行政行為も、[取り消される]までは有効である。これを[公定力]という。

A848　✕　開示請求に対する行政機関の長の開示決定は、請求があった日から[30]日以内にしなければならない。

A849　✕　行政指導に従わなかったことを理由に、相手方に不利益な取り扱いをすることは[禁止]されている(行政手続法32条2項)。

A850　✕　福祉関係事業者は、利用者の同意がなくても、[急病]の場合には医師に利用者の個人情報を伝えることができる。人の生命、身体又は財産の保護のために必要がある場合であって、[本人の同意]を得ることが[困難]であるときは、個人情報を本人の同意なしで伝えることが例外的に認められる(個人情報保護法16条)。

A851　✕　成年後見審判等を受けていない知的障害者の個人情報を利用する場合は、あらかじめ[本人]の同意を得ることが必要である。また、家族の同意も得ることが望ましい。

11

権利擁護と成年後見制度

## 4 成年後見制度

**Q852**
☑ ☑
財産上の利益を不当に得る目的での取引の被害を受けるおそれのある高齢者について、被害を防止するため、市町村長はその高齢者のために後見開始の審判の請求をすることができる。

**Q853**
☑ ☑
成年後見人はその職務として、成年被後見人の財産に関して代理権を行使することができるが、自己決定権の尊重という理念に基づき、成年被後見人が行った法律行為については、取消権を行使することはできない。

**Q854**
☑ ☑
家庭裁判所は、破産者を成年後見人に選任することはできないが、未成年者を成年後見人に選任することはできる。

**Q855**
☑ ☑
成年後見人の職務には、成年被後見人の介護のためのサービス契約を締結することは含まれるが、現実の介護行為を行うことは含まれない。

**Q856**
☑ ☑
成年後見人は、不適切な事務遂行行為によって第三者に損害を与えた場合、成年被後見人に事理弁識能力があるときには、その第三者に対して損害賠償責任を負わない。

**Q857**
☑ ☑
成年後見制度利用促進法でいう成年後見等実施機関とは、介護、医療又は金融に係る事業その他の成年後見制度の利用に関連する事業を行うものをいう。

**Q858**
☑ ☑
保佐開始後、被保佐人が保佐人の同意を得ずに高額の借金をした場合、被保佐人及び保佐人いずれからも取り消すことができる。

**A852** ○ 財産上の利益を不当に得る目的での取引の被害を受けるおそれのある高齢者について、被害を防止するため、市町村長はその高齢者のために後見開始の審判の請求をすることが［できる］。

**A853** × 成年後見人はその職務として、成年被後見人の［財産］に関して代理権を行使することができ、また成年被後見人が行った法律行為については、［取消権］を行使することができる（民法9条）。

**A854** × 家庭裁判所は、破産者を成年後見人に選任することは［できない］。また、未成年者を成年後見人に選任することも［できない］。ただし、未成年者でも［婚姻］した場合は成人とみなされるので成年後見人に選任することができる。

**A855** ○ 成年後見人の職務には、成年被後見人の介護のための［サービス契約］の締結といった［法律行為の代理］は含まれるが、現実の介護行為といった［事実行為］は［含まれない］。

**A856** × 成年後見人は、不適切な事務遂行行為によって第三者に損害を与えた場合、成年被後見人に事理弁識能力が［ある・なしにかかわらず］、その第三者に対して［損害賠償責任］を負わなければならない。

**A857** × 成年後見制度利用促進法でいう成年後見等実施機関とは、「自ら成年後見人等となり、又は成年後見人等若しくはその候補者の育成及び支援等に関する活動を行う団体」と定義されている。

**A858** ○ 保佐開始後、保佐人の同意を得ずに被保佐人が高額の借金をした場合、被保佐人及び保佐人いずれからも［取り消す］ことができる（民法13条1項に基づく［同意権］）。

11

権利擁護と成年後見制度

**Q859**
☑ ☑
家庭裁判所への後見等開始審判の申立てについては、補助と保佐の場合は本人の同意が必要であるが、後見の場合は本人の同意はいらない。

**Q860**
☑ ☑
市町村長申立てにおいて、市町村長は、後見等の業務を適正に行うことができる者を家庭裁判所に推薦することができないとされている。

**Q861**
☑ ☑
任意後見契約では、本人の事理弁識能力が不十分になれば、家庭裁判所が職権で任意後見監督人を選任する。

**Q862**
☑ ☑
任意後見人の配偶者は任意後見監督人になることができないが、兄弟姉妹は任意後見監督人になることができる。

**Q863**
☑ ☑
任意後見契約を受任した受任者は、委任者の事理弁識能力が不十分になったと感じたときから、任意後見人としての活動を開始できる。

**Q864**
☑ ☑
任意後見契約の受任者は、任意後見人として活動する場合、契約内容に基づいたこと以外のことはできない。

**Q865**
☑ ☑
任意後見契約の締結は、法務局において行う必要がある。

**A859** ✕ 家庭裁判所への後見等開始審判の申立てについては、[補助]の場合は本人の同意が必要であるが、[保佐と後見]の場合は本人の同意はいらない。保佐の場合には代理権を付与してもらう場合に本人の同意が必要とされている。

**A860** ✕ 市町村長申立てにおいて、市町村長は、後見等の業務を適正に行うことができる者を候補者として家庭裁判所に[申立て]することが[できる]。

**A861** ✕ 任意後見契約では、本人の事理弁識能力が不十分になった際、本人、配偶者、4親等内の親族、任意後見受任者のいずれかが、任意後見監督人選任の[申立て]を行わなければ、家庭裁判所による任意後見監督人の選任は行われない。

**A862** ✕ 任意後見監督人は、[第三者的立場の者]でなければならない。任意後見受任者の配偶者や近親者は、委任者と利益相反関係になることもあるので、任意後見監督人としては[不適任]とされている。

**A863** ✕ 任意後見契約を受任した受任者は、委任者の事理弁識能力が不十分になったと感じたときに、医師による診断書を添付して家庭裁判所に[任意後見監督人]選任の申立てを行い、これが選任されたときから、任意後見人として活動することができる。

**A864** ○ 任意後見契約の受任者の任意後見人としての活動は、[契約内容]に基づいて行われるものである。契約内容以外のことはできない。

**A865** ✕ 任意後見契約の締結は、[公証役場]で公証人に[任意後見契約公正証書]を作成してもらう必要がある。

**Q866** 保佐人と被保佐人との利益が相反する行為については、保佐人は特別代理人の選任を家庭裁判所に請求しなければならない。

**Q867** 成年被後見人が自己の所有する不動産を売却したとき、その時点で意思能力を有していた場合でも、成年後見人は契約を取り消すことができる。

**Q868** 成年後見制度利用支援事業では、申立て費用だけでなく、成年後見人等の報酬も対象とすることができる。

**Q869** 「成年後見関係事件の概況（令和4年1月～12月）」において、成年後見関係制度の開始原因として最も多いのは統合失調症である。

**Q870** 「成年後見関係事件の概況（令和4年1月～12月）」において、法定後見の主な申立ての動機を見ると、身上監護よりも預貯金等の管理・解約が多い。

**Q871** 「成年後見関係事件の概況（令和4年1月～12月）」において、鑑定期間として最も多かったのは、「2か月超え3か月以内」である。

**Q872** 「成年後見関係事件の概況（令和4年1月～12月）」によると、成年後見関係事件の申立人の割合は、市区町村長よりも配偶者の方が多い。

**Q873** 「成年後見関係事件の概況（令和4年1月～12月）」において、親族以外の成年後見人等の選任では、社会福祉士が最も多い。

**A866** × 保佐人と被保佐人との利益が相反する行為については、保佐人は［臨時保佐人］の選任を家庭裁判所に請求しなければならない。成年後見人の場合は［特別代理人］の選任を請求する。

**A867** ○ 成年被後見人が自己の所有する不動産を売却したとき、その時点で意思能力を有していた場合でも、成年後見人は［契約を取り消す］ことができる。一時的に事理弁識能力が回復していたとしても、成年後見人は不動産売却の契約を取り消すことができる。

**A868** ○ 成年後見制度利用支援事業では、［申立て費用］だけでなく、成年後見人等の［報酬］についても対象となる。

**A869** × 「成年後見関係事件の概況（令和4年1月～12月）」において、成年後見関係制度の開始原因として最も多いのは開始原因として最も多いのは、［認知症］（63.2%）である。

**A870** ○ 「成年後見関係事件の概況（令和4年1月～12月）」において、法定後見の主な申立ての動機を見ると、［預貯金等の管理・解約］が最も多い。次いで［身上監護］となっている。

**A871** × 「成年後見関係事件の概況（令和4年1月～12月）」において、鑑定期間として最も多かったのは、「1か月以内」である。

**A872** × 「成年後見関係事件の概況（令和4年1月～12月）」によると、成年後見関係事件の申立人の割合は、［市区町村長］（23.3%）が最も多く、次いで［本人の子］（約20.8%）、［本人］（21.0%）の順となっており、［配偶者］は4.3%である。

**A873** × 「成年後見関係事件の概況（令和4年1月～12月）」において、親族以外の成年後見人等の選任では、［司法書士］（36.8%）が最も多い。

**Q874** 「成年後見関係事件の概況（令和4年1月～12月）」において、成年後見制度の本人の男女別割合を見ると、女性よりも男性の方が多い。

☑ ☑

---

## 5 日常生活自立支援事業

**Q875** 日常生活自立支援事業の実施主体は、利用者が不適切な売買契約を実施した場合、それを取り消すことができる。

☑ ☑

**Q876** 「日常生活自立支援事業実施状況」（2021（令和3）年度、全国社会福祉協議会）によると、2021（令和3）年度末時点での実契約者数は、「知的障害者等」の割合が最も多い。

☑ ☑

**Q877** 日常生活自立支援事業の実施主体である都道府県社会福祉協議会は、事業の一部を市区町村社会福祉協議会に委託することができる。

☑ ☑

**Q878** 日常生活自立支援事業による契約締結審査会は、すべての都道府県に設置されている。

☑ ☑

**Q879** 日常生活自立支援事業の契約締結に当たって、本人の判断能力に疑義がある場合は、市町村が利用の可否を判断する。

☑ ☑

**Q880** 日常生活自立支援事業の事業内容には、福祉サービスの利用援助や苦情解決制度の利用援助のほか、本人の契約行為の取消しを含む日常的金銭管理などがある。

☑ ☑

A874 × 成年後見関係事件の概況（令和4年1月〜12月）」において、成年後見制度の本人の男女別割合を見ると、女性が約［56.2］％、男性が約［43.8］％であり、［女性］の方が多い。

A875 × 日常生活自立支援事業の実施主体は、利用者が不適切な売買契約を実施した場合、それを取り消すことが［できない］。［取消権は与えられていない］。

A876 × 2021（令和3）年度末時点での、全国で同事業を実施している社協の事業開始からの実契約者数の内訳で最も多いのは、「認知症高齢者等」（119,869人）である。

A877 ○ 都道府県社会福祉協議会は、日常生活自立支援事業の一部を［市区町村社会福祉協議会］に委託することができる。

A878 × 日常生活自立支援事業による契約締結審査会は、［都道府県社会福祉協議会］及び［政令指定都市社会福祉協議会］ごとに設置されている。

A879 × 日常生活自立支援事業の契約締結に当たって本人の判断能力に疑義がある場合は、実施主体に設置された［契約締結審査会］で利用の可否を判断する。

A880 × 日常生活自立支援事業の事業内容には、［福祉サービス］の利用援助や［苦情解決制度］の利用援助のほか、［日常的金銭管理］などがあるが、法定後見制度のような取消権が支援者側に付与されているわけではない。

11 権利擁護と成年後見制度

273

**Q881** 自立生活支援専門員は日常生活自立支援事業の支援開始後、直ちに成年後見制度への移行を視野に入れ、関係機関と調整しなければならない。

☑ ☑

## 6 権利擁護活動にかかわる組織・団体の役割と活動の実際

**Q882** 家庭裁判所は、嫡出でない子の認知請求訴訟を取り扱う。

☑ ☑

**Q883** 相続の放棄は、家庭裁判所が取り扱う家事審判事項に含まれない。

☑ ☑

**Q884** 離婚に伴う財産分与は、家庭裁判所が取り扱う家事審判事項に含まれない。

☑ ☑

**Q885** いわゆる経済的虐待について、児童虐待防止法では規定していないが、高齢者虐待防止法では規定している。

☑ ☑

**Q886** 高齢者虐待防止法において、市町村は、養護者による高齢者虐待を受けた高齢者について、老人福祉法の規定による措置を採るために必要な居室を確保するための措置を講ずるものとする。

☑ ☑

**Q887** 児童福祉法や児童虐待防止法において、保護者が児童にわいせつな行為をさせることは、児童虐待には含まれない。

☑ ☑

A881 ✕ 自立生活支援専門員は、日常生活自立支援事業の利用者の［理解力や認知力の低下状況の変化］、財産管理や身上監護にかかわる［法律行為の行使の必要性］が認められるかどうかの状況を判断した上で、成年後見制度への移行を検討する。

A882 ○ 嫡出ではない子の認知請求訴訟は当事者が争う性質がある別表第二事件として［家庭裁判所］が取り扱う。

A883 ✕ 相続の放棄は、家庭裁判所が取り扱う家事審判事項に［含まれる］。

A884 ✕ 離婚に伴う財産分与は、家庭裁判所の取り扱う家事審判事項に［含まれる］。

A885 ○ いわゆる経済的虐待（経済的搾取）について、児童虐待防止法では規定していないが、［高齢者虐待防止］法で規定している。

A886 ○ 高齢者虐待防止法において、市町村は、養護者による高齢者虐待を受けた高齢者について、老人福祉法の規定による措置を採るために必要な居室を確保するための［措置を講ずる］ものとする（同法10条）。

A887 ✕ 児童福祉法や児童虐待防止法において、保護者が児童にわいせつな行為を［すること、させること］は、児童虐待に該当する。

11

権利擁護と成年後見制度

**出る！出る！**
....................

## 要点チェックポイント

 **量的調査の調査方法とその特徴**

| | | 面接調査 | 電話調査 |
|---|---|---|---|
| **調査方法概要** | 配布方法 | 調査員が訪問 | 電話 |
| | 自記式／他記式 | 他記式 | 他記式 |
| | 回収方法 | 調査員が回収 | 電話 |
| **調査コスト** | 必要人員数 | すごく多い | 中程度 |
| | 必要経費 | 大きい<br>（交通費・人件費） | 中程度<br>（電話代・人件費） |
| | 実査にかかる<br>時間の目安 | 2〜4週間程度 | 即時 |
| **調査票** | 質問数 | 調査対象者の<br>特性次第 | 少なめ |
| **回答の<br>信頼性** | 社会的に望ましく<br>ない質問に対する<br>嘘の回答の可能性 | 高い | 高い |
| | 記入漏れ・誤記入・<br>無回答の可能性 | 低い | 低い |
| | 記入漏れ・誤記入・<br>無回答のチェック | 可能 | 可能 |
| | 身代わり回答の<br>可能性 | 低い | 低い |
| | 調査員の質問の仕<br>方等による影響 | 大きい | 大きい |
| **その他・備考** | | | 回答拒否の数が<br>膨大 |

| 留置調査 | 郵送調査 | 集合調査 | インターネット調査 |
|---|---|---|---|
| 調査員が訪問 | 郵送 | 調査員が訪問 | インターネット |
| 自記式 | 自記式 | 自記式 | 自記式 |
| 調査員が回収 | 郵送 | 調査員が回収 | インターネット |
| 多い | 少ない | 1人でも可 | 1人でも可 |
| 大きい<br>（交通費・人件費） | 小さい<br>（郵送料） | 小さい<br>（交通費・人件費） | ほぼなし |
| 2～4週間程度 | 2週間程度 | 即時 | 即時 |
| ある程度<br>多くても良い | ある程度<br>多くても良い | 10分以内を<br>目安に | ある程度<br>多くても良い |
| 中程度 | 低い | 中程度 | 低い |
| 高い | 高い | 高い | 低い |
| 可能 | 不可 | 不可 | 可能 |
| 低い | 高い | 低い | 高い |
| 中程度 | なし | 一律 | なし |
| | 郵送費自体は小さいが、住民基本台帳の複写費用は膨大 | 学校や企業などでの調査向き | 無作為抽出ができない |

## 1 社会調査の意義と目的

**Q888** 社会調査の分析対象は，数量的データに限定されている。

☑ ☑

**Q889** 社会調査は、個人ではなく、組織や機関が実施するものである。

☑ ☑

**Q890** 質的調査の対象となる文書資料は、官公庁などの公的機関による記録のみであり、情報が正確である保証のない手紙や日記などの私的文書は含まれない。

☑ ☑

**Q891** センサスとは、民間企業が消費者の動向を把握するために行う調査である。

☑ ☑

**Q892** 国勢調査の対象者は、日本に居住する日本国籍をもつ人に限定されている。

☑ ☑

**Q893** 2007（平成19）年の統計法の改正によって、調査票情報の利用制度が変わり、目的を問わず誰でも二次利用できるようになった。

☑ ☑

**Q894** 2007（平成19）年の統計法の改正によって、統計委員会は、各都道府県に設置されるようになった。

☑ ☑

A888 × 社会調査には、数量的データとして結果を提示できない [観察] や [聞き取り] 調査なども含まれる。

A889 × 社会調査とは、「この社会がどのようなものであるかを明らかにする」という [問題意識] に基づいて行われる調査のことを指す。したがって、[調査主体] が個人であるか団体であるかは問わない。

A890 × 手紙や日記などの私的文書も調査や分析の対象とすることができる。ただしその際には、調査倫理に則り、その文書を記した本人にきちんとした [事前説明] を行い、[承諾を得る] ことが必要不可欠となる。

A891 × センサスとは、[国] が国勢を正確に把握することを目的として行う [全数調査] の総称である。日本の代表的なセンサスとしては、[国勢調査] や [経済センサス] が挙げられる。

A892 × 国勢調査は、調査時点で日本国内に 3 か月以上住んでいる（又は 3 か月以上住む予定の）すべての人及び世帯を対象に行われる調査であり、その対象には外国籍の人も [含まれる]。

A893 × 2007（平成 19）年の統計法の改定によって、国の統計調査データは、研究や教育など [公益に資する限り] において、二次利用が可能となった。

A894 × 統計委員会は、統計法 44 条において [総務省] に設置されることが定められている。

12
社会調査の基礎

## 2 社会調査における倫理と個人情報保護

**Q895**
☑ ☑
社会調査の標本抽出が目的であれば、選挙人名簿あるいは住民基本台帳から自由に個人情報を得ることができる。

**Q896**
☑ ☑
調査への協力が自由意志によるものであることはよく知られていることなので、調査の対象者に説明しなくてもよい。

**Q897**
☑ ☑
小学生に質問紙調査をする際には、調査の目的などを本人が理解できるように丁寧に説明すれば、本人たちの了承を得るだけで調査を実施してよい。

**Q898**
☑ ☑
社会調査で得られたデータを共同研究者と検討する際には、個人情報を秘匿しなくてよい。

**Q899**
☑ ☑
面接調査終了後、調査対象者1名から協力辞退の申出があったため、その調査対象者のデータについて年齢と所属を書き換えてから分析に利用した。

**Q900**
☑ ☑
仮説と異なるデータが得られた場合でも、そのデータも含めて報告書をまとめなければならない。

## 3 量的調査の方法

**Q901**
☑ ☑
確率抽出と非確率抽出とでは、非確率抽出によるサンプルの方が、母集団に対する代表性が高いサンプルといえる。

A895　× 選挙人名簿や住民基本台帳を閲覧するためには、調査の目的や社会的な意義について十分な説明を行い、[公益性] が高いと（各自治体によって）認められる必要がある。

A896　× 調査協力は [自由意志] に基づくものであり、調査対象者には [断る権利] や話したくないことは [話さなくてもよい権利] があることをきちんと伝える必要がある。

A897　× 社会調査協会の倫理規程においては、調査対象者が [15歳以下] である場合には、保護者や学校長などの承諾を得なければならないとされている。

A898　× たとえ共同研究者であったとしても、調査対象者の [同意] を得られていない場合には、個人情報は秘匿すべきである。

A899　× 社会調査協会の倫理規程（8条）には「調査対象者から要請があった場合には、当該部分の記録を [破棄] 又は [削除] しなければならない」とある。

A900　○ 社会調査とは多くの人々の協力を得て行われるものであり、調査者には協力してくれた人々に調査結果を [還元] する義務が生じる。したがって、仮説と異なるデータもまた公表されなければならない。

**12 社会調査の基礎**

A901　× 母集団に対する代表性が高いのは [確率] 抽出（= [無作為] 抽出）の場合である。[非確率] 抽出（= [有意] 抽出）には人の意思が介在するため、抽出された標本に [偏り] が生じる可能性が高い。

**Q902** 単純無作為抽出法は、母集団の規模にかかわらず作業時間が節約できる効率的な抽出法である。

**Q903** 系統抽出法では、抽出台帳に何らかの規則性がある場合、標本に偏りが生じる危険がある。

**Q904** 適切に抽出された標本調査であれば、標本誤差は生じない。

**Q905** 道で偶然に出会った見知らぬ人々を調査対象者として選ぶ方法は、無作為抽出法による標本調査である。

**Q906** 横断調査と縦断調査の違いは、調査地域の広さや調査対象者数などといった調査の規模が異なることによる。

**Q907** 今年、T市で標本抽出を行って市民意識調査を行い、来年再び同じT市で標本抽出を行って同じ内容の市民意識調査を行うならば、パネル調査といえる。

**Q908** パネル調査では、時期を空けた2回目以降の調査で同じ調査対象者が脱落してしまうといった問題がある。

**Q909** 縦断調査のデータ分析は、横断調査に比べて、2つの変数間で原因と結果という因果関係を推論することには適していない。

A902 ✕ 単純無作為抽出法とは、くじ引きのようにランダムに調査対象者を選んでいく方法であり、母集団規模が大きくなるとそれだけの回数くじを引く必要があるため、作業時間は[増大]する。

A903 ○ [系統抽出法]では、抽出台帳に何らかの規則性がある場合、標本に偏りが生じる危険性がある。

A904 ✕ 標本調査で標本を抽出する際に生じる母集団との誤差を[標本誤差]という。どれほど適切に抽出された標本調査であろうと、標本誤差は多かれ少なかれ必ず生じる。

A905 ✕ 道で偶然に出会った見知らぬ人々を調査対象者として選ぶ方法は[機縁法]と呼ばれ、[有意抽出法]の一種である。

A906 ✕ 横断調査と縦断調査の違いは調査の[継続性]にある。横断調査が[一時点]での調査であるのに対し、縦断調査は[複数時点]での調査であり同一一母集団に対し時間を空けて繰り返し調査を行う。

A907 ✕ パネル調査とは、[縦断調査]の一種であり、[同一人物]に対し、時間を空けて繰り返し調査を行うことを指す。同じ地域で時間を空けて行う調査で、調査ごとに標本抽出を行う方法は[継続調査](トレンド調査)という。

A908 ○ パネル調査では、転居等により調査回数を重ねるたびにサンプル数が減少してしまうという問題がある。これを[パネルの摩耗]と呼ぶ。

A909 ✕ 因果関係の解明は、横断調査と縦断調査（パネル調査）のどちらを選択するかによって必然的に可能になるものではなく、綿密な[調査設計]と[分析手法]による。

**Q910** 訪問面接調査法は、プライバシーに関わる質問をするのに適している。

☑ ☑

---

**Q911** 留置調査は、他計式であるため、調査対象者以外の者が回答することを回避できる。

☑ ☑

---

**Q912** 電話調査は近年、固定電話に加え、携帯電話を持つ人が増えてきたため、回収率が高いというメリットがある。

☑ ☑

---

**Q913** 集合調査は、特定の団体が集まる会合の場で実施できるため、代表性のある標本を確保しやすいというメリットがある。

☑ ☑

---

**Q914** 質問紙を作成する際には、回答者の回答を容易にするため、1つの質問に複数の論点を含む質問文を作成することが望ましい。

☑ ☑

---

**Q915** 「あなたは、宗教は大切だと思いますか」という質問の回答は、回答者本人の信仰心の強さ・弱さを表すものと解釈してよい。

☑ ☑

---

**Q916** 「増税すると福祉予算が増えますが、あなたは消費税率の引上げに賛成ですか」のように、回答者がよりよく考えて回答できるように質問に説明を含めるのが望ましい。

☑ ☑

**A910** ✕ 訪問面接法は、調査対象者の回答を聞いて調査員が調査票に回答を記入していく［他記式］の調査であるため、［プライバシー］に関わる質問は答えにくく、［社会的に望ましくない］回答は秘匿される傾向にある。

· · · · · · · · · · · · · · · · · · · · · · · · · · · · · · · · ·

**A911** ✕ 留置調査は、調査者が調査票を調査対象者に手渡し等で配布し、調査対象者に回答してもらった調査票を後日回収に訪れる、［自計式］調査である。

· · · · · · · · · · · · · · · · · · · · · · · · · · · · · · · · ·

**A912** ✕ 電話調査では、調査協力を［拒否］されるケースがほとんどであり、他の方法と比べると回収率は［最も低い］。携帯電話の場合には、知らない番号からの着信自体を拒否されることも少なくない。

· · · · · · · · · · · · · · · · · · · · · · · · · · · · · · · · ·

**A913** ✕ 集合調査では、集合した人々の特性にすでに何らかの［偏り］がある（例えば学校であれば、同じ学校の生徒は同じ地域に住んでいる、あるいは同じ程度の偏差値である、など）可能性が高いため、［代表性］のある標本は確保しにくい。

· · · · · · · · · · · · · · · · · · · · · · · · · · · · · · · · ·

**A914** ✕ 1つの質問文で複数の事項を問う「ダブル・バーレル」は、回答を迷う調査対象者が出てくるため、質問文作成時には極力避けるべきとされている。

· · · · · · · · · · · · · · · · · · · · · · · · · · · · · · · · ·

**A915** ✕ この質問の仕方では、「［あなた自身］は宗教を大切にしているか」という解釈と「［一般論として］、宗教は大切だと思うか」という解釈の両方が成り立ち、回答者がいずれのつもりで回答したのかは判別できない。

· · · · · · · · · · · · · · · · · · · · · · · · · · · · · · · · ·

**A916** ✕ 説明を行うことで回答者の思考を［誘導］し、回答を［歪めて］しまう可能性が高いため、こうした説明は極力避けることが望ましい。

**12**

**社会調査の基礎**

**Q917**
☑ ☑
配布した質問紙の回収後の集計作業を効率的に行うため、自由回答法を多く用いることが望ましい。

**Q918**
☑ ☑
前の質問文の内容が次の質問文の回答に影響を与えないように、注意を払う必要がある。

**Q919**
☑ ☑
1問も回答されていない状態の調査票であっても、有効回答に含める。

**Q920**
☑ ☑
回収した調査票が正確かどうかを確認する作業のことをコーディングという。

**Q921**
☑ ☑
大小関係を示すことができるのは、名義尺度と比例尺度の2つだけである。

**Q922**
☑ ☑
名義尺度、順序尺度、間隔尺度、比例尺度のうち、中央値・算術平均・標準偏差の3つの統計量すべてを有意味に計算することができるのは、比例尺度のみである。

---

🐱 **参考** 4つの尺度水準

| | |
|---|---|
| 名義尺度 | コーディングされた数値が数としての意味を持たないデータ（例：性別、職業） |
| 順序尺度 | コーディング文字や数値の順序に意味があるデータ（例：順位、ABC評価、4件法の選択肢） |
| 間隔尺度 | コーディングされた数値が数として意味を持つが、「0」が「無」という状態を表すわけでないデータや、「0」という概念がないデータ（例：気温、時間） |
| 比例尺度<br>（比率尺度） | コーディングされた数値が数としての意味を持ち、「0」が「無」という状態を表すデータ（例：年齢、年収） |

A917 × 自由回答法は、回答者が自分で回答を一からつくり上げる必要があるため、[心理的な負担] や [時間的な負担] が大きい。そのため、自由回答の多い質問紙では [回収率] が低く、[無回答] も多くなりがちである。どうしても必要な箇所以外では、避けることが望ましい。

A918 ○ 前の質問文の内容が次の質問文の回答に与える影響は「キャリーオーバー効果」と呼ばれ、質問紙作成時に避けるべき事柄の１つである。

A919 × １問も回答されていない状態の調査票は分析に使用できないため、有効回答には含めず、[無効票] とする。

A920 × 回収した調査票が正確かどうかを確認する作業は [エディティング] という。コーディングとは、記入された回答に [数値を割り振っていく] 作業のことを指す。

A921 × 大小関係を示すことができるのは、[順序] 尺度、[間隔] 尺度、[比例] 尺度の３つである。名義尺度は、例えば性別（「1. 男　2. 女」という選択肢）のように、数字はあくまで便宜的につけられたものであり「数」としての意味をもたないため、大小関係にはない。

A922 ○ 中央値は [順序] 尺度・[間隔] 尺度・[比例] 尺度の３つで求められる。算術平均は [間隔] 尺度・[比例] 尺度の２つで求められる。標準偏差まで求められるのは [比例] 尺度のみである。名義尺度はいずれも求めることができない。

12

社会調査の基礎

**Q923**
☑ ☑
中央値とは、データの中で出現率が一番高い値のことである。

**Q924**
☑ ☑
平均値（算術平均）は、はずれ値の影響を受けやすいので、中央値より常に大きくなる。

**Q925**
☑ ☑
標準偏差は、調査データが全体としてどれくらい平均値から離れて散らばっているのかを表す指標の1つである。

**Q926**
☑ ☑
度数分布表は、1つの変数について、それぞれのカテゴリー（階級）に当てはまる度数をまとめた表である。

**Q927**
☑ ☑
クロス集計表により変数間の関係を観察するには、相対度数ではなく、観測度数を表示する。

**Q928**
☑ ☑
クロス集計表では、2変数間の関連をみることができるが、3変数以上の関連についてみることはできない。

**Q929**
☑ ☑
クロス集計表において、2変数間の関連をみる場合、行パーセント、列パーセントのどちらを示しても、得られる情報に変わりはない。

---

😺 **参考** グラフの名称と主な用途

| 棒グラフ | | 多くの場合、度数を示す場合に用いる |
|---|---|---|
| | ヒストグラム | 度数分布表を（各棒が接する）縦棒グラフで示したもの |
| | 横棒グラフ | 複数回答の度数や割合を示す場合に用いられることが多い |
| 円グラフ | | 百分率による割合を示す場合に使用 |
| 帯グラフ | | 百分率による割合の比較を行う際に使用 |
| 折れ線グラフ | | 度数や割合の推移を把握するために作成 |
| レーダーチャート | | 複数指標で測定されるデータの全体的なバランスをみる |

A923 × データの中で出現率が一番高い値のことを［最頻値］という。中央値とは、データを［小さい順に並べた際に、全体のちょうど真ん中にくる］値のことを指す。

A924 × 平均値は確かに［はずれ値］の影響を受けやすいが、中央値より小さくなることもある。

A925 ○ ［標準偏差］は［分散］と同様に、調査データが全体としてどれくらい平均値から離れて散らばっているのかを表す指標である。

A926 ○ 度数分布表とは、［各階級に度数がどのように分布しているのか］を確認するための表である。

A927 × クロス表においては、観測度数ではカテゴリー間の［比較］が難しいため、［相対度数（百分率）］を表示するのが一般的である。

A928 × 多くのクロス表は2変数間の関連をみる「二重クロス表」と呼ばれるものだが、3変数以上の関連を見る「多重クロス表」と呼ばれるものも存在する。

A929 × 表側に性別（男／女）、表頭に「Aを好きか嫌いか」を置いた場合を想定してみる。［行パーセント］は、各行の合計が100%となるように算出された比率を指し、男性の中にはAが好きな人と嫌いな人がそれぞれどの程度いるのかを意味する（女性も同様）。［列パーセント］は、各列の合計が100%となるように算出された比率を指し、Aが好きな人の中には男性と女性がそれぞれどの程度いるのかを意味する（「嫌い」も同様）。

**Q930** ☑ ☑ カイ2乗統計量は、2つの変数が独立であるとした場合の期待数からなる表と、実際の観測数からなる表の間の全体的なズレを表すものである。

**Q931** ☑ ☑ 相関係数とは、2つの変数の因果関係を表すものである。

**Q932** ☑ ☑ 年齢と所得の相関係数は、所得が円単位でもドル単位でも同じ値になる。

**Q933** ☑ ☑ 相関係数が大きな値を示せば、2つの変数の間に必ず直接の関連がある。

**Q934** ☑ ☑ t検定は、通常3つ以上のグループの平均値の差を統計学的に検証する手法である。

**Q935** ☑ ☑ 一元配置分散分析とは、データが平均値からどの程度散らばっているのかを検証する統計学の手法である。

**Q936** ☑ ☑ ロジスティック回帰分析は、2つの連続量変数の論理的に正しいと思われる因果関係の検証のために用いられる。

---

🐱 **参考** 二変数の分析

| 分析の目的 | 分析名 | 分析方法の選択基準 |
|---|---|---|
| 二変数間の関連の有無を示す | カイ2乗検定 | 質的変数×質的変数の場合 |
| | 相関分析 | 量的変数×量的変数の場合 |
| 平均値の有意差の有無を示す | t検定 | 比較するグループが2つの場合<br>（例：男性と女性の比較） |
| | 一元配置分散分析 | 比較するグループが3つ以上の場合<br>（例：1年生・2年生・3年生の比較） |
| | 二元配置分散分析 | 分析対象となる変数が2つ以上の場合<br>（例：性別と学年を組み合わせた比較） |

A930 　〇　[カイ2乗検定]とは、クロス集計でみられた
差が統計的な意味を持つ差であるかどうかを確
かめるための検定であり、そこで算出するカイ
2乗統計量は、「差がなかったとしたらクロス
表の各セルはこれくらいになるだろう」という
[期待度数]と、「実際の調査ではこうだった」
という[観測度数]との[差](＝ズレ)をも
とに算出される。

A931 　✕　相関係数は、2つの変数の[関連性の強さ]を
表すものである。

A932 　〇　相関係数は、どのような単位のものでも必ず
[－1から1]までの間に収まるように調整(標準
化)されるため、異なる単位でも同じ値になる。

A933 　✕　2つの変数間に間接的な関連がある場合や何の
関連もない場合にも、相関係数が大きな値を示
すことはある。こうした、直接的な関連がない
にもかかわらず相関が見られることを「疑似相
関(見せかけの相関)」という。

A934 　✕　t検定は、[2つ]のグループの平均値の差を統
計学的に検証する手法である。

A935 　✕　一元配置分散分析とは、[3つ以上]のグルー
プ間で[平均値]に統計学的に有意な差がある
かどうかを検証する手法である。

A936 　✕　ロジスティック回帰分析とは、ある事象が様々
な条件下において[どの程度の確率で生起する
か]を検証する手法である。

**12 社会調査の基礎**

## 4 質的調査の方法

**Q937**
☑ ☑

質的調査においては、調査対象者を抽出する方法として、主に無作為抽出法を用いる。

**Q938**
☑ ☑

観察法は質的データを収集するための方法であり、量的データの収集においては用いられない。

**Q939**
☑ ☑

フィールドワーカーの調査者としての立場は、「完全な参加者」から「完全な観察者」まで4段階あるが、よりよいデータ収集のためには「完全な観察者」の役割を目指すのが望ましい。

**Q940**
☑ ☑

参与観察において、その集団生活に慣れ、調査対象に同化し過ぎることは望ましくない。

**Q941**
☑ ☑

フィールドワークにおいてメモを取る際には、現場の人々の不信感、警戒感を引き起こさないような工夫が必要である。

**Q942**
☑ ☑

参与観察においては、録音機器やカメラ、ビデオ等を用いて記録を行うことは望ましくない。

---

🐱 **重要** 量的調査と質的調査の併用

社会調査には、ミックス法と呼ばれる「量的調査法と質的調査法を組み合わせて行う調査方法」もある。主なミックス法は以下の通り。

トライアンギュレーション：研究の妥当性を高めるために複数の理論や方法、データや分析、調査者などを組み合わせて使用する方法

アクション・リサーチ：調査者が当事者と協力し合い、両者が関与する問題の解決を目指して行われる調査や研究

社会踏査（social survey）：地域社会の問題解決を志向して行われる調査

A937 × 質的調査においては、[機縁]法や[スノーボール]法といった[有意抽出]によって調査対象者を抽出することが多い。

A938 × 観察法は、質的データの収集だけでなく、例えば交通量調査のような[量的データ]の収集においても用いられる。

A939 × 「完全な観察者」が必ずしも最善とは限らない。「完全な参加者」や「観察者としての参加者」のように、対象者と[信頼関係（ラポール）]を築くことで「腹を割った話」を聞けたりすることもある。

A940 ○ フィールドワーカーが調査対象に同化しすぎてしまうと、部外者から見れば特徴的な服装や言葉遣いであっても[「特徴のあるもの」（観察すべき対象）]として観察できなくなってしまう。

A941 ○ 不信感、警戒感を引き起こさないためには、現場の人々に趣旨を[説明]して、メモを取る[了承を得る]ことが最も望ましい。また、要望があればいつでもメモを見せることができると伝えることで、[信頼関係]を築き上げながら調査することが可能になる。

A942 × 参与観察においては、録音機器やカメラ、ビデオ等を用いて記録を行うことも多々ある。ただし、そうした記録方法を好まない対象者もいるため、事前に[説明]を行い、[了承]を得ることが必要である。

12

社会調査の基礎

**Q943** 会話分析の関心は、調査対象者がどのように日常的な相互行為を秩序立てて生み出すのかを解明するために、会話内容ではなく、会話の形式や構造に向けられる。

☑ ☑

**Q944** 構造化面接では、面接の進行は、調査対象者に任せるのが望ましい。

☑ ☑

**Q945** 非構造化面接では、予想される調査対象者の回答を「イエス」「ノー」で記入できるシートを作成する。

☑ ☑

**Q946** 半構造化面接では質問項目を事前に用意し、いつ、どの順番で質問を行うかを面接中に調査者が判断する。

☑ ☑

**Q947** ライフストーリー・インタビューは、標準化された質問紙を用いて、回答者の人生の客観的事実について明らかにすることを目標とする。

☑ ☑

**Q948** フォーカス・グループインタビューは、あるテーマについてインタビュー参加者の合意形成に至ることを目標とする。

☑ ☑

**Q949** グループインタビューでは、調査対象者同士が相互に影響を与えることを防ぐために、調査者は一人ずつの調査対象者に対して順に質問し回答を得る。

☑ ☑

| 😺 参考 | フォーカス・グループインタビューにおける調査者の役割 | |
|---|---|---|
| 調査協力者の募集 | 通常、機縁法や応募法といった有意抽出を用いる | |
| 司会進行 | 調査中、以下の点に気をつけながら司会進行を行う<br>・誰もが自由に発言しやすい空間づくり<br>・参加者によって発言量に極端な差が出ないようにする | |
| 記録 | 調査中、各参加者の発言はもちろん、可能な限り非言語的な反応についても記録を行う | |

A943　✕　会話分析は、会話の形式や構造だけではなく、[会話内容]にも関心が向けられる。

A944　✕　構造化面接とは、質問項目や質問順序を[事前に決めて]おき、すべての対象者に同じ質問を同じ順序で行う。そのため、面接の進行は調査者が主導して行うこととなる。

A945　✕　[非構造化面接]では、質問項目や質問順序をあらかじめ決定しておくことはない。質問を用意しないため、回答を記入できるシートも用意しない。

A946　○　半構造化面接は、質問項目や質問順序をある程度事前に決めるものの、対象者との[会話の流れ]によって質問を増やしたり減らしたり、質問順序を入れ替えたりする。

A947　✕　ライフストーリー・インタビューとは、客観的な事実だけでなく、対象者がその出来事についてどう感じたのかといった[主観的な側面]も交えながら、対象者と調査者がともに[協力]し合って「対象者の人生についての語り」を[つくり上げていく]過程のことをいう。

A948　✕　フォーカス・グループインタビューの目的は、全員の一致した意見をとりまとめたり合意形成することではなく、[異なる意見を幅広く]収集することにある。

A949　✕　[グループインタビュー]の利点は、対象者たちが互いの言葉に[刺激]を受け合い、個別面接では生まれ得なかったであろう意見などが出てくる点にある。調査者は対象者同士が相互に影響を与えることを妨げるべきではない。

**Q950** フォーカス・グループインタビューでは、一度に参加する人数は、多いほど良い。

☑ ☑

---

**Q951** インタビューの場において、面接者は相手の発言内容に集中し、一言一句を正確にメモすることに専念するべきである。

☑ ☑

---

**Q952** アクションリサーチの目的は、科学的な因果関係の検証である。

☑ ☑

---

**Q953** アクションリサーチにおいては、調査を通じて得られた知見を実践活動と結び付けてはならない。

☑ ☑

---

**Q954** アクションリサーチでは質的調査が用いられ、質問紙調査のような量的調査は用いられない。

☑ ☑

---

**Q955** KJ法の目的は、集めた意見やデータの分類と集約を通して、新しい発想や仮説を創造することである。

☑ ☑

---

**Q956** グラウンデッド・セオリー・アプローチにおいてデータの分析を行う際には、事前に設定した仮説や既存の理論に沿って進めることが重要である。

☑ ☑

---

> 🐱 **重要** KJ法とグラウンデッド・セオリー・アプローチ（GTA）の違い
>
> ・GTAの目的は理論構築にあるが、KJ法はあくまで物事をまとめるための手法で、理論構築を目指すものではない
> ・KJ法では人々の体験や言葉の「生々しさ」（＝「土の香り」）を重視するのに対し、GTAでは理論化のために抽象度の高い言葉を多く使用する
> ・KJ法ではデータ収集がすべて終了した後に分析（KJ法）を行うのに対し、GTAではデータ収集と分析（GTA）を並行して行う

**A950**　✕　一度に参加する人数が多すぎると、参加者が平等に［会話に参加］することが難しくなる、［非言語的反応］が観察しきれなくなる、分析の際にどの発言が誰のものなのかがわかりづらくなるといった問題が生じる。

**A951**　✕　インタビューにおいて、メモをとることは重要だが、メモに集中するあまり対象者の顔も見ない調査者では対象者からの［信頼］を損ない、聞ける話も聞けなくなってしまう。メモは最小限とし、最低限のマナーとして、相手の顔を見ながらきちんと話を聞くことが求められる。

**A952**　✕　アクションリサーチの目的は、問題とされる事柄の［解決策を導く］ことにある。

**A953**　✕　アクションリサーチとはそもそも［実践を通じた働きかけ］であり、研究活動と実践活動は切り離せない。

**A954**　✕　アクションリサーチでは、質問紙調査を通してデータを収集することもある。また、質問紙の配布を通じて、調査対象者たちが問題を［「知る」きっかけ］をつくることもある。

**A955**　○　KJ法の発案者である［川喜田二郎］によれば、KJ法の目的は、様々な事柄の中に一定のまとまりを見出し、関連性を整理していく過程を通して、それまで気づかなかった［新たな関連性］を発見することにある。

**A956**　✕　グラウンデッド・セオリー・アプローチは、KJ法と同様、［仮説発見型］の探索的な研究手法なので、事前に設定した仮説や既存の理論に沿って進める［仮説検証型］の分析方法とは異なる。

**Q957**
☑ ☑
グラウンデッド・セオリー・アプローチでは、データの収集と分析が一体となり、繰り返し実施されるのが、その特徴の１つである。

**Q958**
☑ ☑
グラウンデッド・セオリー・アプローチでは、分析を進めた結果としてこれ以上新しい概念やカテゴリーが出てこなくなった状態を、理論的飽和と呼ぶ。

## 5 社会調査の実施に当たっての IT の活用方法

**Q959**
☑ ☑
国の統計データについては、１つに集約されたポータルサイトが整備されている。

**Q960**
☑ ☑
国勢調査では、インターネットで回答することができない。

**Q961**
☑ ☑
調査票調査の自由回答や介護記録の記述など大量の文字データの分析には、コンピュータを活用することができない。

**Q962**
☑ ☑
ノートパソコンやタブレット型コンピュータは、調査対象者とのラポールを阻害するので、調査対象者宅を訪問するタイプの個別面接法で用いてはいけない。

**Q963**
☑ ☑
インターネット上で調査協力者を集める方法はいくつも存在するが、国民全体を代表するような無作為標本が得られる方法はまだ考案されていない。

A957 ○ グラウンデッド・セオリー・アプローチでは、
[理論的飽和] に至るまでデータの収集と分析
が繰り返し実施される。

A958 ○ グラウンデッド・セオリー・アプローチにおけ
る「理論的飽和」とは、新しいデータを集めて
も、新しい [カテゴリー] や [プロパティ]、
[ディメンション] が出てこなくなった状態の
ことをいう。

A959 ○ 国 の 統 計 デ ー タ は 「政 府 統 計 の 総 合 窓 口
[e-Stat]」(www.e-stat.go.jp) というサイトに
集約されている。

A960 × [2015 (平成 27)] 年の国勢調査より、インター
ネットによる回答が可能になった。インター
ネットからの回答率は、2020 (令和 2) 年調
査で [39.5] %となっている。

A961 × 近年、大量の文字データの分析にコンピュータ
を活用することも増えている。代表例が [テキ
ストマイニング] と呼ばれる手法で、マーケ
ティング分野などでも広く浸透してきている。

A962 × ノートパソコンやタブレット型コンピュータの
使用制限は特にないが、それらの機器によるメ
モを好まない対象者もいるため、事前に [説明]
をし、[使用許可] を得る必要がある。

A963 ○ インターネット調査においては、(インター
ネット回線は世界規模で範囲を限定できない、
1 人で複数回線を持つ人も多い、などの理由か
ら) [母集団] がそもそも確定できないため、
そこから標本を確率抽出することができない。

12 社会調査の基礎

# 要点チェックポイント

 **ポイント① ケースワークの主な活動家**

| 米国 | | |
|---|---|---|
| リッチモンド | クライエントの社会状況とパーソナリティをできる限り正確に定義する。ケースワークを初めて科学的に体系化し基本的枠組みを提示 | ケースワークの母。主著『社会診断』（1917年）『ソーシャル・ケースワークとは何か』（1922年） |
| ホリス | 診断主義派。心理社会的アプローチ。ケースワークを環境調整、心理的支持、明確化、洞察に分類。「状況の中の人」の視点 | 状況の中の人に焦点。主著『ケースワーク：心理社会療法』（1964年） |
| ハミルトン | 心理社会的アプローチを重視。ソーシャルワークの取り組みにより、クライエントが自己の力に気がつくという視点 | 主著『ケースワークの理論と実際』（1940年） |
| パールマン | 問題解決アプローチ。診断主義と機能主義の折衷を提唱。ワーカビリティ | 4つのP。主著『ソーシャル・ケースワーク：問題解決のプロセス』（1957年）『ケースワークは死んだ』（1967年） |
| バートレット | ソーシャルワークの実践や方法としての共通する基盤。3つの構成要素「価値」「知識」「介入」 | 主著『ソーシャルワーク実践の共通基盤』（1970年） |
| ジャーメインギッターマン | 生態学的アプローチ。個人とその環境の交互作用に援助の視点。エコロジカルソーシャルワークを提唱 | 生活モデル（ライフモデル）。主著『ソーシャルワーク実践における生活モデル』（1980年） |
| ソロモン | 公民権運動を背景にエンパワメントの概念を主張 | 主著『黒人のエンパワメント』（1976年） |

| | | |
|---|---|---|
| サレエベイ | ストレングスとは、人間は困難でショッキングな人生経験を軽視したり、人生の苦悩を無視したりせず、むしろ試練に変えて、耐えていく能力である復元力を基本にしている | |
| トール | 人間の基本的な欲求の充足の重要性を提唱。ケースワークと公的扶助行政の関係を論じた | 『コモン・ヒューマン・ニーズ』（1945 年） |
| ロビンソン | 機能的アプローチを確立。スーパービジョンの体系化 | 『ケースワーク心理学の変遷』（1930 年） |
| **英国** | | |
| バーネット | 世界最初のセツルメント。社会改良の世論を喚起 | トインビーホール |
| チャルマーズ | 貧困家庭への友愛訪問、組織的援助などの慈善活動 | 隣友運動 |
| ラウントリー | ヨーク市における貧困調査。絶対的貧困線（第 1 次貧困）、平常と異なる支出により貧困になる貧困線（第 2 次貧困）。ヨーク市の人口の 3 割が貧困だと明らかになった | 主著『貧困－都市生活の研究』（1901 年） |
| ブース | 1886 ～ 1903 年の間のロンドン市民の貧困調査 | 主著『ロンドン民衆の生活と労働』（1903 年） |
| **日本** | | |
| 片山潜 | 東京の神田でセツルメント運動を開始 | キングスレー館 |
| 石井十次 | 日本で最初に孤児院を創設。孤児を無制限で収容 | 岡山孤児院 |
| 横山源之助 | 明治期の新聞記者。近代的貧困層を描く。「職工事情」調査に加わる | 主著『日本之下層社会』（1899 年） |
| 石井亮一 | 明治～昭和の社会事業家。知的障害児教育に寄与 | 知的障害児教育の父。弧女学園、滝乃川学園 |
| 竹内愛二 | 社会福祉学の研究者。北米の理論と実践モデルを日本に導入 | 主著『ケース・ウォークの理論と実践』（1938 年） |

## 1 社会福祉士の役割と意義／相談援助の概念と範囲

**Q964**
☑ ☑
社会福祉士及び介護福祉士法では秘密保持の義務は、社会福祉士でなくなった後においては適用されない。

**Q965**
☑ ☑
社会福祉士及び介護福祉士法と精神保健福祉士法における共通する責務として、資質向上の責務の記載がある。

**Q966**
☑ ☑
社会福祉士及び介護福祉士法では秘密保持義務には、業務上知り得た人の秘密はいかなる理由があっても開示してはならないと規定されている。

**Q967**
☑ ☑
社会福祉士の名称は、国家試験の合格をもって使用することができる。

**Q968**
☑ ☑
社会福祉士及び介護福祉士法で定めるには、社会福祉士は業務を行う上で主治医の指示を受けなければならない。

**Q969**
☑ ☑
認定社会福祉士は、一定の実務経験と認定試験に合格することが要件とされている。

**Q970**
☑ ☑
認定社会福祉士及び認定上級社会福祉士に関しては、関係団体が参画する組織によって認定される。

A964 × 社会福祉士及び介護福祉士法 46 条では「社会福祉士又は介護福祉士は、正当な理由がなく、その業務に関して知り得た人の[秘密]を漏らしてはならない。[社会福祉士又は介護福祉士でなくなった後においても、同様とする]」とされている。

A965 ○ 社会福祉士及び介護福祉士法 47 条の 2 と精神保健福祉士法 41 条の 2 に、[資質向上の責務]の記載がある。

A966 × 社会福祉士及び介護福祉士法 46 条の「秘密保持義務」には、「[正当な理由がなく]、その業務に関して知り得た人の秘密を漏らしてはならない」とある。

A967 × 社会福祉士及び介護福祉士法 35 条、36 条により、国家試験の合格後、氏名、生年月日、登録番号、登録年月日、本籍の都道府県、合格年月等を[厚生労働大臣の指定登録機関に登録]する必要がある。

A968 × 社会福祉士及び介護福祉士法には、社会福祉士と主治医との関係について、明記が[ない]。

A969 × 認定社会福祉士になるにあたって、認定試験は[ない]。認定の要件は、①社会福祉士資格を有すること、②定められた職能団体の正会員であること、③規定された一定の実務経験を有すること、④例示する実務経験、⑤認められた機関での研修を受講すること等である。

A970 ○ 認定社会福祉士及び認定上級社会福祉士は、公益社団法人日本社会福祉士会、公益社団法人日本医療社会福祉協会をはじめ、職能団体、教育関係団体、経営者団体等から構成される[第三者機関である認定社会福祉士認証・認定機構]により認証される。

13 相談援助の基盤と専門職

303

**Q971** 医療ソーシャルワーカーが、退院の際に個別に日常生活自立支援事業の活用を提案するのはメゾレベルの介入となる。

☐ ☐

**Q972** 社会福祉士は、専門性の維持・向上のために、資格更新研修を受けなければならない。

☐ ☐

**Q973** 「児童の権利に関する条約」では、締約国は結社の自由についての児童の権利を制限できると定められている。

☐ ☐

**Q974** 「ソーシャルワークのグローバル定義」（2014 年）におけるソーシャルワークの中核をなす原理として、集団主義がある。

☐ ☐

**Q975** 「ソーシャルワークのグローバル定義」の「知」によると、ソーシャルワークの発展は、西欧諸国を基準に展開する。

☐ ☐

**Q976** 「ソーシャルワーク専門職のグローバル定義」（2014 年）は、各国および世界の各地域を問わず、同一であることが奨励されている。

☐ ☐

**Q977** 「ソーシャルワークのグローバル定義」の「知」では、ソーシャルワークの基盤となる知は、単一の学問分野に依拠する。

☐ ☐

A971　✕　医療ソーシャルワーカーが、退院の際に個別の日常生活自立支援事業の活用を提案するのは［ミクロレベル］の介入である。

A972　✕　社会福祉士及び介護福祉士法には、専門性の維持・向上のために、資格更新研修を受けなければならないという［条文はない］。介護支援専門員に関しては、資格取得後、［5］年ごとに資格更新研修を受ける。

A973　✕　「児童の権利に関する条約」では、締約国は、［結社］の自由及び平和的な［集会］の自由についての児童の権利を［認める］と定められている（同条約15条）。

A974　✕　「ソーシャルワークのグローバル定義」（2014年）の本文注釈の「原則」に、「ソーシャルワーク専門職は、［人権と集団的責任の共存］が必要であることを認識する」とあるが、集団主義についての言及はない。

A975　✕　「ソーシャルワークのグローバル定義」では、ソーシャルワークは特定の実践環境や西洋の諸理論だけでなく、［先住民を含めた地域・民族固有］の知にも拠っていることを認識していること、また世界中の先住民たちの声に耳を傾け学ぶことによって、西洋の歴史的な科学的植民地主義と覇権の是正が述べられている。

A976　✕　「ソーシャルワーク専門職のグローバル定義」（2014年）は、その前文において、各国および世界の各地域で［展開してもよい］とされている。

A977　✕　「ソーシャルワークのグローバル定義」では、「ソーシャルワークは、［複数の学問分野］をまたぎ、その境界を超えていくものであり、広範な科学的諸理論および研究を利用する」とされている。

13 相談援助の基盤と専門職

**Q978**
☑ ☑
「ソーシャルワークのグローバル定義」の「原則」では、人間の内発的価値と尊厳の尊重から、多様性の尊重へと変化した。

**Q979**
☑ ☑
「ソーシャルワークのグローバル定義」（2014年）におけるソーシャルワーク専門職の中核となる任務として、自己変革の促進がある。

## 2 相談援助の形成過程

**Q980**
☑ ☑
エルバーフェルト制度では、全市を細分化し、名誉職である救済委員を配置し、家庭訪問や調査、相談を通して貧民を減少させることを目指した。

**Q981**
☑ ☑
イギリスの慈善組織協会は、「救済に値する貧民」と「救済に値しない貧民」を区別することなく、あらゆる貧民を対象とした援助活動を行った。

**Q982**
☑ ☑
セツルメント運動は、大学生たちが貧困地区に住み込むことによって展開され、貧困からの脱出に向けて、勤勉と節制を重視する道徳主義を理念とした。

**Q983**
☑ ☑
グリーンウッドは、すでに確立している専門職とソーシャルワーカーを比較することによって、準専門職の概念を提示した。

A978　×　「ソーシャルワークのグローバル定義」では、「ソーシャルワークの大原則は、[人間の内在的価値と尊厳]の尊重、危害を加えないこと、[多様性]の尊重、人権と社会正義の支持である」とされている。

. . . . . . . . . . . . . . . . . . . . . . . . . . . . . . . . . . . . . . . . . . . . . . . . . . .

A979　×　「ソーシャルワークのグローバル定義」(2014年)には自己変革の促進の記載はなく、「中核となる任務」には[社会変革の促進]の記載がある。

A980　○　[エルバーフェルト制度]は、全市を546区に細分化し、市民の中から名誉職である[救済委員]を配置し、家庭訪問や調査、相談を通して貧民を減少させることを目指した。

. . . . . . . . . . . . . . . . . . . . . . . . . . . . . . . . . . . . . . . . . . . . . . . . . . .

A981　×　イギリスの慈善組織協会は、「救済に値する貧民」と「救済に値しない貧民」に[区別]し、[救済に値する貧民のみ]を対象とした援助活動を行った。

. . . . . . . . . . . . . . . . . . . . . . . . . . . . . . . . . . . . . . . . . . . . . . . . . . .

A982　×　セツルメント運動は、[大学生]たちが貧困地区に住み込むことによって展開され、貧困の原因を社会の欠陥に求めた[社会改良]主義を理念とした。

. . . . . . . . . . . . . . . . . . . . . . . . . . . . . . . . . . . . . . . . . . . . . . . . . . .

A983　×　[エツィオーニ]は、すでに確立している専門職とソーシャルワーカーを比較することによって、準専門職の概念を提示した。[グリーンウッド]は、「専門職の属性」(1957年)で専門職の5つの属性(体系的理論、専門職的権威、社会的承認、倫理綱領、専門職的副次文化)を提唱し、「ソーシャルワークはすでに専門職である」と結論づけた。

13 相談援助の基盤と専門職

**Q984** ☑ ☑
フレックスナーは、専門職が成立する属性を挙げ、ソーシャルワークがいまだ専門職とはいえないことを主張した。

**Q985** ☑ ☑
リッチモンドは、人と社会環境との間を個別に意識的に調整することを通して、パーソナリティを発達させる過程について論じた。

**Q986** ☑ ☑
リッチモンドはケースワークの体系化に貢献したことから、後に「ケースワークの母」といわれた。

**Q987** ☑ ☑
リッチモンドは『社会診断』において、ケースワークが社会的証拠の探索と収集を重視することに対して、異議を唱えた。

**Q988** ☑ ☑
ミルフォード会議報告書において、社会システム理論を基盤とするソーシャルワークの統合化の概念が提示された。

**Q989** ☑ ☑
アダムスは、シカゴにハル・ハウスを開設（1889年）し、「慈善でもなく、友情でもなく、専門的サービスを」の標語を掲げてセツルメント活動を展開した。

**Q990** ☑ ☑
アダムスが創設したネイバーフッド・ギルドは、アメリカにおける最初のセツルメントであった。

**Q991** ☑ ☑
第二次世界大戦中、アメリカで人種間の融和が進められた時期に、パールマンは『ソーシャル・ケースワーク：問題解決プロセス』を刊行し、ケースワークの核となる要素として4つのP（人、問題、場所、過程）を明らかにした。

**A984** ○ フレックスナーは、1915年の全米慈善矯正事業会議にて、専門職として成立する共通の属性を提示し、「現段階ではソーシャルワーカーは専門職ではない」と専門性を否定した。

---

**A985** ○ リッチモンドは、人と社会環境との間を個別に意識的に調整することを通して、[パーソナリティ] を発達させる過程について論じた。

---

**A986** ○ [リッチモンド] はケースワーク基礎を築き、科学的な分析を行い、後に「ケースワークの母」といわれた。

---

**A987** ○ リッチモンドは『社会診断』において、ケースワークにおける社会診断の過程は社会的証拠の探索と収集から [社会的調査へと進化] するとした。

---

**A988** × ミルフォード会議報告書において、ソーシャルワークの [ジェネリック] の概念が提示され、統合化の先駆けとなった。

---

**A989** × アダムスは、シカゴに [ハル・ハウス] を開設（1889年）し、専門的サービスを目指さず、[社会改良] の姿勢をとった。

---

**A990** × 1886年に [コイト] が創設したニューヨークのネイバーフッド・ギルドは、アメリカにおける最初のセツルメントであった。

---

**A991** × 第二次世界大戦は [1939〜1945] 年の間である。一方、パールマンの『ソーシャル・ケースワーク：問題解決プロセス』は [1957] 年の刊行である。この書ではケースワークの核となる要素として4つのP（人、問題、場所、過程）を明らかにし、問題解決アプローチの体系を示した。

13 相談援助の基盤と専門職

**Q992**

☑ ☑ バイステックのケースワークの原則において、クライエントは、自分の感情表現に対して共感的な理解と適切な反応を得たいというニーズを持っているところから、「統制された情緒的関与の原則」が導き出された。

**Q993**

☑ ☑ ベームは、人間と環境の交互作用を基本視点とした生態学的アプローチを展開した。

**Q994**

☑ ☑ ハミルトンは、社会科学とのつながりを意識して、「リッチモンドに帰れ」と原点回帰を提唱した。

**Q995**

☑ ☑ ホリスは、「状況の中の人」という視点から、心理社会的アプローチを確立した。

**Q996**

☑ ☑ ゴールドシュタインは、価値の体系、知識の体系および多様な介入方法の3要素に基づくソーシャルワーク実践の共通基盤を提唱した。

**Q997**

☑ ☑ ソロモンは、人を環境との相互関連の中でとらえようとし、人は状況により変化するという考え方をソーシャルワークに導入した。

**Q998**

☑ ☑ ミルフォード会議の報告書（1929年）において、「ソーシャルケースワーク」という概念が初めて示され、アメリカにおけるソーシャルワークの統合化への先駆けとなった。

A992　○　バイステックのケースワークの原則において、クライエントは、自分の感情表現に対して共感的な理解と適切な反応を得たいというニーズを持っているところから、[統制された情緒的関与]の原則が導き出された。これはソーシャルワーカーは冷静に自分の感情を自覚、コントロールして、クライエントに対応しなければならないという原則である。

A993　×　[ジャーメイン]は、人間と環境の交互作用を基本視点とした生態学的アプローチを展開させた。

A994　×　[マイルズ]は、社会環境面からの支援の視点を取り戻すべきという考えから「リッチモンドに帰れ」と提唱した。[ハミルトン]は診断主義派で自我心理学を重視しており、著書『ケースワークの理論と実際』でも社会的側面よりも心理的側面を重視したアプローチを提唱している。

A995　○　[ホリス]は、「状況の中の人」という視点から、心理社会的アプローチを確立した。その後のソーシャルワークにおけるシステム理論や生態学理論に影響を与えた。

A996　×　[バートレット]は、ソーシャルワーク実践の共通基盤における「価値」「知識」「介入」の3つの構成要素に分類して定義した。

A997　×　[ジャーメイン]は、人を環境との相互関連の中でとらえようとした。[ソロモン]は、1976年『黒人のエンパワメント』を著し、ソーシャルワークにエンパワメントの概念を導入した。

A998　×　[1929]年のミルフォード会議報告書の中で、初めて「ジェネリック・ソーシャルワーク」という概念が登場した。

13　相談援助の基盤と専門職

**Q999**
☑ ☑
アメリカにおけるソーシャルワークの統合化において、精神分析学は大きな影響を与えた。

**Q1000**
☑ ☑
パールマンは、診断主義と機能主義双方の理論を折衷的に取り入れ、課題中心アプローチを体系化した。

**Q1001**
☑ ☑
石井十次が創設した東京神田のキングスレー館は、日本におけるセツルメント活動の萌芽となった。

**Q1002**
☑ ☑
竹内愛二は、「無制限主義」を掲げ、孤児を救済する民間社会事業を展開した。

**Q1003**
☑ ☑
高度経済成長期には、エビデンスに基づくソーシャルワークのあり方が重視された。

**Q1004**
☑ ☑
社会福祉基礎構造改革時には、ソーシャルワークの統合化の考え方が外国から初めて紹介された。

**Q1005**
☑ ☑
ピンカスとミナハンの4つの基本的なシステムにおいて、患者の退院後の療養に関わる院内スタッフの情報共有はチェンジ・エージェント・システムに該当する。

A999　✕　アメリカにおけるソーシャルワークの統合化に影響を与えた理論的動向として、ソーシャルワークへの［システム］理論の導入が挙げられる。

A1000　✕　パールマンは、診断主義と機能主義の理論を折衷させた［問題解決アプローチ］を体系化した。課題中心アプローチは、［リード］と［エプスタイン］が提唱した。

A1001　✕　［片山潜］が創設した東京神田のキングスレー館は、日本におけるセツルメント活動の萌芽となった。

A1002　✕　［石井十次］は、「無制限主義」を掲げ、孤児を救済する民間社会事業を展開した。［竹内愛二］は、1938（昭和13）年に『ケース・ウォークの理論と実践』を著し、当時の北米の理論と実践のモデルを日本の社会福祉へ導入することを試みた。

A1003　✕　［2000年以降］には、エビデンスに基づくソーシャルワークのあり方が重視された。

A1004　✕　［1970］年代に、ソーシャルワークの統合化の考え方が外国から初めて紹介された。北米の影響を受けつつ、議論がされるようになった。なお、社会福祉基礎構造改革は、［2000（平成12）］年6月に実施された。

A1005　◯　ピンカスとミナハンの4つの基本的なシステムにおいて、患者の退院後の療養に関わる院内スタッフの情報共有は［チェンジ・エージェント・システム］に該当する。

**13 相談援助の基盤と専門職**

## 3 相談援助の理念と実践

**Q1006**
☑ ☑
アドボカシーとは、サービス利用者の主観と、利害の対立する相手方の主張とを中立的な立場で調整することである。

**Q1007**
☑ ☑
アドボカシーでは、利用者の権利が侵害された状態が調整や交渉によっても解決しない場合は、福祉施設、行政機関などとも対決する。

**Q1008**
☑ ☑
コーズアドボカシーとは、クライエントの権利を守るために、法的な手段を用いる活動である。

**Q1009**
☑ ☑
シチズンアドボカシーとは、同じ課題を抱えるクライエントの代弁や制度の改善・開発を目指す活動である。

**Q1010**
☑ ☑
リーガルアドボカシーとは、一人のクライエントの安定した生活を復権させる活動である。

**Q1011**
☑ ☑
ノーマライゼーションの原理を8つに分けて整理した人物として、バンク-ミケルセンがいる。

---

🐱 **参考** 相談援助の理念に関する用語

アドボカシー：クライエントの権利を擁護し、その意思を代弁する
ノーマライゼーション：誰もが当たり前に、ありのままに、生活したい場所で生活すること
ソーシャル・インクルージョン（社会的包摂）：すべての人々を孤独、孤立、排除、摩擦から援護し、健康で文化的な生活ができるように、包み支え合う社会を構築すること
ストレングス：クライエントが本来の自分にできることや強みを自身で認識すること
エンパワメント：クライエントが自己の内発的な力に気づき、社会資源を活用して環境に適合し、尊厳のある生活を送る力を自ら引き出すこと

---

A1006　✕　アドボカシーにおいては、ソーシャルワーカーが中立な立場をとるのではなく、[サービス利用者本人]の権利を擁護して、その意思や権利を[代弁]する。

A1007　◯　アドボカシーでは、利用者の権利が侵害された状態が調整や交渉によっても解決しない場合は、ソーシャルワーカーが福祉施設、行政機関などとも[対決]することがある。

A1008　✕　[コーズアドボカシー]は、クラスアドボカシーとも呼ばれ、特定の支援対象者に限定せずに、地域全体の状況の改善に取り組む活動をいう。

A1009　✕　[シチズンアドボカシー]とは、当事者の権利が市民の立場から擁護されるよう地域社会に働きかけることである。

A1010　✕　[リーガルアドボカシー]は、クライエントの権利を守るために法的な手段を用いる活動である。

A1011　✕　バンク-ミケルセンは、[ノーマライゼーション]を提唱し、知的障害者の親の会と協働、社会省の行政官として知的障害者の福祉向上に尽力した。ノーマライゼーションの8つの原理の提唱者ではない。

13 相談援助の基盤と専門職

315

**Q1012**
☑ ☑
ノーマライゼーションの原理を8つに分けて整理した人物は、ニィリエである。

**Q1013**
☑ ☑
ソーシャルアクションは、制度改善や新しいサービスの創設のために行政や議会に働きかけたり、状況改善のために地域住民が行動を起こす社会運動である。

**Q1014**
☑ ☑
モニタリングとは、利用者が抱える問題や環境などの情報を収集し、それらをもとに問題状況における相互作用などを分析し、問題状況の全体を把握することである。

**Q1015**
☑ ☑
アドボカシーは、他の職種からの助言を受けることをいう。

**Q1016**
☑ ☑
障害者の意思決定支援では、職員等の価値観においては不合理でも、また他者の権利を侵害する場合でも、その選択を実現する支援を行うことが基本的原則である。

## 4 専門職の倫理

**Q1017**
☑ ☑
日本社会福祉士会の「社会福祉士の行動規範」において、過去又は現在の利用者に対して利益の相反する関係になることが避けられないと知った場合には、利用者との専門的援助関係を即座に中断しなければならない。

**Q1018**
☑ ☑
「社会福祉士の行動規範」では、援助者と利用者とが専門的な援助関係にあることについての説明は、利用者を緊張させるので行わないようにする。

A1012　○　スウェーデンの［ニィリエ］は、「社会の主流
となっている規範や形態にできるだけ近い、日
常生活の条件を知的障害者が得られるようにす
ること」と定義し、「ノーマライゼーションの
8つの原理」を提示した。

A1013　○　ソーシャルアクションは、制度改善や新しい
サービスの創設や状況改善のための［対応を求
める行動や方法］をいう。

A1014　×　［事前評価（アセスメント）］とは、利用者が抱
える問題や環境などの情報を収集し、それらを
もとに問題状況における相互作用などを分析
し、問題状況の全体を把握することである。

A1015　×　［コンサルテーション］は、他の職種からの助
言を受けることをいう。

A1016　×　障害者の意思決定支援では、職員等の価値観に
おいては不合理と思われる決定でも、［他者へ
の権利を侵害しない］のであれば、その選択を
尊重するよう努める姿勢が求められる（「障害
福祉サービス等の提供に係る意思決定支援ガイ
ドライン」Ⅱ-3-(2)）。

A1017　×　日本社会福祉士会の「社会福祉士の行動規範」
において、社会福祉士は、過去又は現在の利用
者に対して利益の相反する関係になることが避け
られないときは、［利用者を守る］手段を講じ、
それを利用者に明らかにしなければならない。

A1018　×　「社会福祉士の行動規範」では、援助者と利用
者とが［専門的］な援助関係にあることについ
ての説明は、あらかじめ利用者に行わなければ
ならない。

**Q1019** ☐ ☐ 「社会福祉士の行動規範」では、専門職サービスの代償として、利用者からの強い要望がある場合には、正規の報酬以外の物品や金銭の受取りも認められる。

**Q1020** ☐ ☐ 「社会福祉士の行動規範」では、利用者の自己決定が重大な危険を伴う場合、あらかじめその行動を制限することがあることを伝え、そのような制限をした場合には、その理由を説明しなければならない。

**Q1021** ☐ ☐ 「社会福祉士の行動規範」では、利用者が記録の閲覧を希望した場合、特別な理由なくそれを拒んではならない。

**Q1022** ☐ ☐ 「社会福祉士の行動規範」では、業務を遂行する上での利用者や家族に関する情報収集は、問題解決の支援に必要な範囲にとどめるようにする。

**Q1023** ☐ ☐ 「社会福祉士の行動規範」では、事例研究にケースを提供する場合、人物を特定できないように配慮し、その関係者に対し事前に承認を得なければならない。

**Q1024** ☐ ☐ 入院中の患者が今後も入院の継続を希望しているのに、それを実現しないで退院をさせる社会福祉士は信用失墜行為となる。

**Q1025** ☐ ☐ 「社会福祉士の行動規範」では、利用者の家族から利用者についての情報を得る場合には、利用者本人から同意を得なくてもよい。

**Q1026** ☐ ☐ ソーシャルワーカーは、法制度の規定のもとでその実践を行うので、制度とのジレンマや矛盾を起こすことはない。

A1019　×　「社会福祉士の行動規範」では、専門職サービスの代償として、正規の報酬以外に[物品や金銭]を受け取ってはならない。

A1020　○　「社会福祉士の行動規範」では、利用者の自己決定が重大な危険を伴う場合、あらかじめその[行動を制限]することがあることを伝え、そのような制限をした場合には、その理由を説明しなければならない。

A1021　○　「社会福祉士の行動規範」では、利用者が記録の[閲覧]を希望した場合、特別な理由なくそれを拒んではならない。

A1022　○　「社会福祉士の行動規範」では、業務を遂行する上での利用者や家族に関する情報収集は、問題解決の支援に[必要な範囲]にとどめるようにする。業務の遂行にあたり、必要以上の情報収集をしてはならない。

A1023　○　「社会福祉士の行動規範」では、事例研究にケースを提供する場合、人物を特定できないように配慮し、その関係者に対し[事前に承認]を得なければならない。

A1024　×　入院中の患者が今後も入院の継続を希望しているのに、それを実現しないで退院をさせる行為は、社会福祉士の信用失墜行為に[該当しない]。

A1025　×　「社会福祉士の行動規範」では、利用者の家族から利用者についての情報を得る場合には、[利用者本人]から同意を得る。

A1026　×　ソーシャルワーカーは、[倫理綱領]のもとでその実践を行う。実践現場で[倫理上]のジレンマや矛盾が生じた場合、[倫理綱領]に照らして公正性と一貫性をもってサービス提供を行うように努めなければならない。

13 相談援助の基盤と専門職

**Q1027** 社会福祉士が参加する多職種チームを構成する支援では、他の専門職の文化や価値を理解する。
☑ ☑

---

## 5 総合的かつ包括的な相談援助

**Q1028** インテークは、ソーシャルワーク支援の終結段階のことである。
☑ ☑

---

**Q1029** ジェネラリストの視点では、支援困難な事例であっても、できる限り専門職の力を借りずに地域住民で対処できるように働きかけることが目標となる。
☑ ☑

---

**Q1030** ジェネラリストの視点では、援助者の方からクライエントに積極的に働きかけるのではなく、本人の意志を尊重して自ら援助を求めてきた人を対象とすることを基本とする。
☑ ☑

---

**Q1031** 利用者に判断能力の低下が疑われる場合は、専門職が主導して支援のあり方を決めなければならない。
☑ ☑

---

**Q1032** 利用者が自己決定しようとしているときは、支援者はより早く結論が得られるよう促さなければならない。
☑ ☑

---

**Q1033** 利用者が自己決定した事柄については、支援者は専門的判断を行わずに従わなければならない。
☑ ☑

A1027 ○ 社会福祉士が参加する多職種チームの支援では、多職種の相互の[文化や価値観の違い]を認めながらも、本人中心支援に向けたチームアプローチの必要性を理解することが重要である。

A1028 × [ターミネーション]は、ソーシャルワーク支援の終結段階のことである。

A1029 × ジェネラリストの視点では、支援困難な事例の場合、専門職と地域住民が[協働]して対処できるように働きかけることが目標となる。

A1030 × ジェネラリストの視点では、ニーズがあるのに[援助を自ら求めてこない人]も対象とする。アウトリーチにより、クライエントに会うために積極的なソーシャルワークを展開することになる。

A1031 × 利用者に判断能力の低下が疑われる場合、利用者自身の意見を[最大限に尊重]して支援のあり方を決める。

A1032 × 利用者が自己決定しようとしているときは、[緊急の]場合でなければ、利用者の結論を急がせてはいけない。自己決定や意思表示に時間のかかる利用者もおり、支援者には[待つ姿勢]も求められる。

A1033 × 利用者が自己決定した事柄について、支援者による専門的判断に基づいた[介入]が必要になる場合がある。利用者による自己決定の内容に[危険]が伴う場合や、明らかに本人に[不利益]を及ぼす場合がそれにあたる。

**Q1034**

利用者が支援を望んでいない場合は、支援者は利用者に関わらないようにしなければならない。

☑ ☑

## 6 専門職の概念

**Q1035**

医療に関わるソーシャルワーカーは、医師の指示による診療補助が中心業務となる。

☑ ☑

**Q1036**

社会福祉主事は、生活保護法に規定されている。

☑ ☑

**Q1037**

現業を行う所員（現業員）の業務は、福祉事務所長の指揮監督を受けて、援護、育成又は更生の措置を要する者等に対する生活指導などを行う。

☑ ☑

**Q1038**

スクールソーシャルワーカー活用事業において、社会福祉士や精神保健福祉士等がその選考対象に明記されるようになった。

☑ ☑

**Q1039**

地域包括支援センターでは、社会福祉士等によって自立相談支援事業が行われる。

☑ ☑

**Q1040**

主任介護支援専門員は、保健・医療・福祉サービスを提供する者の連絡調整、他の介護支援専門員に対する助言、指導を行う専門員で、3年間の実務経験と市町村長が行う研修課程を修了した者がその任に就くことができる。

☑ ☑

A1034　×　利用者が支援を望んでいない場合でも、専門職が潜在的なニーズを見立てる過程で［支援の必要性］を予測できることがあるため、利用者を様子観察するなど、［見守る姿勢］が大切である。

A1035　×　医療に関わるソーシャルワーカーは、医師や看護師との［連携］を図り、患者や家族の相談に乗り、社会復帰の促進、入院中や退院後の［生活の安定］を図ることが中心業務となる。

A1036　×　社会福祉主事は、［社会福祉］法に規定されている。

A1037　○　現業を行う所員（現業員）の業務は、社会福祉事務所の長の指揮監督を受けて、［援護、育成又は更生の措置］を要する者等の家庭を［訪問］し、本人の資産・環境等の調査、保護等の措置の必要性やその種類の判断、本人に対する［生活指導］などを行う（社会福祉法15条4項）。

A1038　○　スクールソーシャルワーカーの選考は「［社会福祉士］、［精神保健福祉士］の資格取得者の中から実施主体が選考する」と明記されている（スクールソーシャルワーカー活用事業実施要領）。

A1039　×　地域包括支援センターでは、自立相談支援事業を実施［しない］。自立相談支援事業は、生活困窮者を支援対象に、［福祉事務所設置自治体］が直接又は委託により実施する。

A1040　×　主任介護支援専門員は、保健・医療・福祉サービスを提供する者の連絡調整、他の介護支援専門員に対する助言、指導を行う専門員で、［5］年間の実務経験と［都道府県知事］が行う研修課程を修了した者がその任に就くことができる。

13 相談援助の基盤と専門職

出る！出る！

# 要点チェックポイント

**ポイント①** 主なアプローチと提唱者

| | |
|---|---|
| 心理社会的アプローチ | ホリス、ハミルトン |
| 機能的アプローチ | ランク、タフト、ロビンソン、スモーリー |
| 問題解決アプローチ | パールマン |
| 行動変容アプローチ | トーマス |
| 課題中心アプローチ | リード、エプスタイン |
| 危機介入アプローチ | リンデマン、キャプラン、ラポポート |
| エンパワメント・アプローチ | ソロモン |
| ナラティブ・アプローチ | ホワイト、エプストン |
| 解決志向アプローチ | バーグ、シェザー |

**ポイント②** 面接時における主な技法

| 名称 | 内容 |
|---|---|
| 言い換え | クライエントの言葉を短い言葉で言い換えながら返し、内容を理解していることを示す |
| 明確化 | クライエントの話した内容を端的に言い表した言葉で返し、伝えたいことを明確にしていく |
| 要約 | クライエントの話の要点をまとめて返し、伝えようとしていることの整理を手助けし、共に内容の再確認を行う |
| 感情の反映 | クライエントが話している内容について、抱えている感情を想定して言い表す |
| 開かれた質問・閉じられた質問 | 開かれた質問とは、「どのように~」などクライエント自身に答える幅ができるように質問することであり、閉じられた質問とは、「はい」「いいえ」で答えるような質問である |
| 自己開示 | ワーカーが自らについての個人的な情報を率直にクライエントに伝えることで、安心感や親近感を与えるとともに、クライエント自身の自己開示を促すことにもつながる |

| Ｉ（アイ）メッセージの伝達 | クライエントの話の内容を踏まえ、相談者としての一般的なメッセージではなく、一人の人間として「私は」といった形で思いを伝える |
|---|---|

## バイステックの7原則

| ①個別化の原則 | 利用者を個人としてとらえる |
|---|---|
| ②意図的な感情表出の原則 | 利用者の感情表現を大切にする |
| ③統制された情緒的関与の原則 | 援助者は自分の感情を自覚して吟味する |
| ④受容の原則 | ありのまま受け止める |
| ⑤非審判的態度の原則 | 利用者を一方的に非難しない |
| ⑥利用者の自己決定の原則 | 利用者の自己決定を促して尊重する |
| ⑦秘密保持の原則 | 秘密を保持して信頼感をつくりあげる |

## スーパービジョンの種類

| 種類 | 概要 |
|---|---|
| 個別スーパービジョン | スーパーバイジーとの1対1の面接方式などで行われる。個別の関係で行われるため、自己覚知を促すなどの個別的な支援を行っていくことができる |
| グループ・スーパービジョン | 複数のスーパーバイジーに対して行われる。ケース会議や研修会、事例研究会等のグループも活用して行われ、メンバー同士の相互作用によって能力の向上等を図ることができる |
| ライブ・スーパービジョン | スーパーバイジーと共にケースに関わりながら行われる。実際のケースの援助場面で実施されるため、実践的な指導を受けていくことができる |
| ピア・スーパービジョン | スーパーバイジーやワーカー、学生などの仲間同士（ピア）によって行われる。事例検討会や勉強会などにおいて、親しみやすい雰囲気の中で行われるため、互いの共通課題などについて自由に表現し合うことができる |
| セルフ・スーパービジョン | スーパーバイジー本人によって、意図的に行われる。自己検証や自己評価の実践を意図的に行っていくため、自分自身の対応や今後の展望について客観的に検討していくことができる |

## 1 相談援助の理論・実践モデルとアプローチ

**Q1041**
システム理論におけるホメオスタシスとは、システムが恒常性を保とうとする働きである。

☐ ☐

**Q1042**
システム理論におけるシステムとは、複数の要素が無機的に関わり合っている集合体である。

☐ ☐

**Q1043**
リッチモンドは、個人と社会環境とを明確に区別し、社会環境に焦点を当てて対処することが必要であることを強調する。

☐ ☐

**Q1044**
心理社会的アプローチは、精神分析理論を導入したもので、人は意志を持っていると考え、意志の力を活用した援助を行う。

☐ ☐

**Q1045**
ホリスの心理社会的アプローチは、診断主義学派と機能主義学派、両アプローチの折衷アプローチであり、両学派の統合を試みたものである。

☐ ☐

**Q1046**
ピンカスとミナハンは、生態学的視座に立ち、人が環境の中で生活し、社会的にも機能していると説いた。

☐ ☐

**Q1047**
ランクの意志療法は、利用者の過去に着目し、利用者のパーソナリティの構造や自我の働きをとらえる診断主義学派の礎となった。

☐ ☐

**Q1048**
機能的アプローチでは、クライエントのニーズを機関の機能との関係で明確化し、援助過程の中でクライエントの社会的機能の向上を目指す。

☐ ☐

A1041　○　ホメオスタシスとは、生物が内的な変化や外的な刺激等を受けても、状態を[一定に保てる]よう調整する力や働きのことである。

A1042　×　システム理論におけるシステムとは、複数の要素が[有機的]に関わり合う集合体であり、互いに作用する要素から成り立っている。

A1043　×　リッチモンドは、個人と社会環境とを結び付けて考え、個人と社会環境との[関係]に焦点を当てて対処することが必要であることを強調する。

A1044　×　心理社会的アプローチは、精神分析理論や自我心理学を導入した、クライエントの[心理的]側面だけでなく、[社会的]側面（状況の中の人）にも焦点を当てていく方法である。

A1045　×　ホリスの心理社会的アプローチでは、[精神分析]や[自我心理学]の理論を取り入れ、状況の中の人という視点でケースワークをとらえた。診断主義学派と機能主義学派の統合を試みたのは、[パールマン]である。

A1046　×　[ジャーメイン]は、生態学的視座に立ち、人が環境の中で生活し、社会的にも機能していると説いた。ピンカスとミナハンは、クライエント・ワーカー・ターゲット・アクションという[4つの基本システム]に着目した。

A1047　×　ランクの意志療法は、利用者の[未来]に着目し、利用者の成長しようとする[意志]や[能力]をとらえる[機能]主義学派の礎となった。

A1048　○　機能的アプローチでは、援助機関や専門職の機能などを十分に活用しながら、クライエントが[主体的に問題を解決]できるように支援する。

**Q1049** ☑ ☑ バンデューラは、行動変容アプローチに取り入れられた社会的学習理論を提唱した。

**Q1050** ☑ ☑ 行動変容アプローチでは、クライエントのドミナントストーリーを変容させることを目指す。

**Q1051** ☑ ☑ 行動変容アプローチでは、例外探しの技法を用いる。

**Q1052** ☑ ☑ 問題解決アプローチでは、強化による行動変容によって適応行動を増やす技法を用いる。

**Q1053** ☑ ☑ パールマンの問題解決アプローチは、精神分析や自我心理学の理論を否定し、人・状況・その双方の関連性においてケースワークをとらえた。

**Q1054** ☑ ☑ リードとエプスタインの課題中心アプローチは、クライエントが解決を望む問題を吟味し、計画的に取り組む短期支援である。

**Q1055** ☑ ☑ 危機介入アプローチは、クライエントが社会から疎外され、抑圧され、力を奪われていく構造に目を向ける。

**Q1056** ☑ ☑ エコロジカルアプローチは、認知のゆがみを改善することで、感情や行動を変化させる。

**Q1057** ☑ ☑ 問題解決アプローチにおいては、利用者自らがもっている具体的な解決イメージを重視し、問題が解決した状態を短期間で実現することに焦点を当てる。

A1049　○　バンデューラは、行動変容アプローチに取り入れられた［社会的学習理論］を提唱した。

A1050　×　［ナラティブ］アプローチでは、クライエントの［ドミナントストーリー］を変容させ、新たな［オルタナティヴストーリー］を作り上げる。

A1051　×　［解決志向］アプローチでは、例外探しの技法を用いる。

A1052　×　［行動変容］アプローチでは、強化による行動変容によって適応行動を増やす技法を用いる。

A1053　×　パールマンの問題解決アプローチは、［診断］主義学派と［機能］主義学派を［折衷］させたアプローチであり、解決へのプロセスを重視した。

A1054　○　［課題中心］アプローチでは、クライエントの問題を吟味して実行可能な短期課題として明確化する。

A1055　×　［エンパワメント］アプローチは、クライエントが社会の中で疎外、抑圧され、力を奪われていく構造に目を向ける。［危機介入］アプローチは自己対処できないほどの問題でバランスを崩した［危機状態］に目を向ける。

A1056　×　［認知アプローチ］は、情緒的な問題を抱えたクライエントの認知のゆがみを改善する。［エコロジカル］アプローチは、空間という場や時間といった環境が人間の価値観やライフスタイルに影響すると捉え改善する。

A1057　×　［解決志向］アプローチにおいては、利用者自らがもっている具体的な解決イメージを重視し、問題が解決した状態を短期間で実現することに焦点を当てる。

**Q1058** ☑ ☑ 課題中心アプローチは、クライエントが自分のストーリーを理解し、新たなストーリーに書き換えていくことを目指す。

**Q1059** ☑ ☑ エンパワメントアプローチでは、クライエントのパワーレス状態を生み出す抑圧構造への批判的意識を醸成する。

**Q1060** ☑ ☑ 解決志向アプローチは、ソーシャルワークを問題解決の過程としてとらえ、クライエント自らが問題を解決することを目指す。

**Q1061** ☑ ☑ 行動変容アプローチは、役割理論を導入したもので、条件反射の消去あるいは強化により、特定の問題行動の変容を図る。

**Q1062** ☑ ☑ フェミニストアプローチは、女性にとっての差別や抑圧などの社会的な現実を顕在化させ、個人のエンパワメントと社会的抑圧の根絶を目指す。

**Q1063** ☑ ☑ 危機介入アプローチでは、災害や急病といった突発的な出来事ばかりでなく、ライフサイクル上の課題等によるストレスも視野に入れて介入を行う。

---

🐱 **重要** 主なアプローチと焦点

| アプローチ | クライエントに対する主な焦点 |
| --- | --- |
| 心理社会的アプローチ | パーソナリティ・状況の中の人 |
| 機能的アプローチ | 意志・潜在的可能性 |
| 問題解決アプローチ | 動機づけ・ワーカビリティ |
| 行動変容アプローチ | 学習・問題行動 |
| 課題中心アプローチ | 問題解決行動・課題 |
| 危機介入アプローチ | 混乱した心理・恒常性 |
| エンパワメント・アプローチ | 抑圧状況・潜在能力 |
| ナラティブ・アプローチ | 語るストーリー・再構築 |
| 解決志向アプローチ | 解決イメージ・可能性 |

A1058　×　クライエントが自分のストーリーを理解し、新たなストーリーに書き換えていくことを目指すのは、［ナラティブ］アプローチである。課題中心アプローチは、クライエントの課題を細分化して［短期間］の課題として取り組む方法である。

A1059　○　エンパワメントアプローチでは、クライエントが、自分の置かれている［抑圧状況］を認識し、［潜在能力］に気づき、対処能力を高めることに焦点を当てる。

A1060　×　解決志向アプローチは、クライエントが問題を解決して、どのような状態になりたいのかといった［望ましいイメージや可能性］に焦点を当てていくことを主眼にしている。

A1061　×　行動変容アプローチは、［学習］理論や［社会的学習］理論を導入したもので、条件反射（反応）の消去あるいは強化等によって望ましい行動の増加や望ましくない行動の減少を図ることにより、特定の問題行動の変容を図っていく方法である。

A1062　○　フェミニストアプローチは、女性にとっての差別や抑圧などの社会的な現実を顕在化させ、個人の［エンパワメント］と［社会的抑圧］の根絶を目指す。

A1063　○　［危機介入］アプローチでは、災害や急病といった突発的な出来事ばかりでなく、［ライフサイクル］上の課題等によるストレスも視野に入れて介入を行う。

14 相談援助の理論と方法

**Q1064**
☑ ☑
バートレットは、人々が試みる対処と環境からの要求との交換や均衡を、社会生活機能という概念で説いた。

**Q1065**
☑ ☑
バーグは、社会構成主義を基盤としたナラティブアプローチの発展に寄与した。

**Q1066**
☑ ☑
ストレングスアプローチは、クライエントの否定的な問題が浸み込んでいるドミナントストーリーに焦点を当てる。

## 2 相談援助の過程

**Q1067**
☑ ☑
インテークでは、クライエントの主訴を把握し、ソーシャルワーカーが所属する機関の機能について説明する。

**Q1068**
☑ ☑
インテークとは、支援の成果を評価し、その状況によっては終結へと進む段階である。

**Q1069**
☑ ☑
アセスメントでは、パーソナリティに焦点化して、クライエントに関する情報を収集する。

**Q1070**
☑ ☑
アセスメントでは、アセスメントシートに従い、質問項目の順番を順守してクライエントに尋ねる。

A1064 ○ バートレットは、クライエントの [対処する力] を高め、環境からの要求との交換や均衡を図っていくといった [社会生活機能] の向上を重視した。

. . . . . . . . . . . . . . . . . . . . . . . . . . . . . . . . . . . . . . . . . . . . . . . . . . . . .

A1065 × [ホワイトとエプストン] は、社会構成主義を基盤としたナラティブアプローチの発展に寄与した。[バーグ] は、シェザーらとともに、クライエントの望ましいイメージや可能性に焦点を当て、有効に活用していく解決志向アプローチを提唱した。

. . . . . . . . . . . . . . . . . . . . . . . . . . . . . . . . . . . . . . . . . . . . . . . . . . . . .

A1066 × [ナラティヴ] アプローチは、クライエントの否定的な問題が浸み込んでいるドミナントストーリーに焦点を当てる。[ストレングス] アプローチは、クライエントの肯定的な側面に焦点を当てる。

A1067 ○ インテークでは、クライエントの [主訴] を把握し、ソーシャルワーカーが所属する機関の [機能] について説明する。

. . . . . . . . . . . . . . . . . . . . . . . . . . . . . . . . . . . . . . . . . . . . . . . . . . . . .

A1068 × インテークでは、クライエントとの [信頼関係] を構築しながら、抱えている [問題やニーズ] などを明らかにしていく。

. . . . . . . . . . . . . . . . . . . . . . . . . . . . . . . . . . . . . . . . . . . . . . . . . . . . .

A1069 × アセスメントでは、クライエントのパーソナリティだけでなく、家族や関係する人々、資源等の情報も含め [総合的に情報を収集] する。

. . . . . . . . . . . . . . . . . . . . . . . . . . . . . . . . . . . . . . . . . . . . . . . . . . . . .

A1070 × アセスメントでは、アセスメントシートの質問項目だけでなく、[幅広い観点] からクライエントに尋ねる。

**Q1071** ソシオグラムは、クライエントと複数世代の家族メンバーとの関係性を表す。

**Q1072** ジェノグラムは、数世代にわたる血族・姻族関係、ライフイベントなどを図式化するものである。

**Q1073** エコマップは、グループメンバー間のつながり、構造、関係のパターンを図式化するものである。

**Q1074** ＰＩＥ（Person-in-Environment）とは、クライエントの訴える社会生活機能における問題について、図式化しながら記述していく方法である。

**Q1075** プランニングは、アセスメントと相談援助の実施をつなぐ作業である。

**Q1076** インターベンションは、クライエントや関係者とのパートナーシップを重視して進められる。

**Q1077** モニタリングは、クライエントに対する一連の支援終結後に、支援計画の妥当性や効果を測る段階である。

**Q1078** モニタリングは、計画どおりに援助が展開されているか否か、計画された援助が効果を上げているか否かなど、援助の経過を観察する段階である。

A1071　✕　ソシオグラムは、［集団メンバー間］の選択・拒否関係等を図式化し、人間関係や心理的関係の構造を明らかにする。

A1072　○　ジェノグラムでは、家族の関係だけでなく、［世代間にわたる］連鎖的な問題発生状況などを示すこともできる。

A1073　✕　エコマップとは、周囲の人々や社会資源との関係など、取り巻く［環境とのつながり］の中での相互関連状況を示すものである。

A1074　✕　ＰＩＥ（Person-in-Environment）とは、クライエントの訴える社会生活機能における問題について、［分類やコード化］を行いながら記述していく方法である。

A1075　○　プランニングでは、情報を踏まえて問題を［総合的に分析］するとともに、解決に向けた［目標や計画］を立てる。

A1076　○　ソーシャルワークにおけるインターベンション（介入）では、クライエントや関係者などの［理解や参加］、社会資源との［連携や協働］などが求められる。

A1077　✕　［エバリュエーション］は、クライエントに対する一連の支援終結後に、支援計画の妥当性や効果を測る段階である。どのように支援が行われたか、支援が有効であったのかなどを明らかにする。

A1078　○　［モニタリング］は、計画どおりに援助が展開されているか否か、計画された援助が効果を上げているか否かなど、援助の経過を観察する段階である。

14
相談援助の理論と方法

335

**Q1079** ☑ ☑
エバリュエーションでは、クライエントのニーズと援助機関の機能やサービス内容との適合性の判断を行う。

**Q1080** ☑ ☑
事例研究では、匿名化すれば、クライエントからの了承は得ずに研究を行ってもよい。

**Q1081** ☑ ☑
シングル・システム・デザイン（単一事例実験計画法）は、単一のクライエントの行動に変化があったかどうかを明らかにするもので、介入方法の検証に役立つ。

**Q1082** ☑ ☑
古典的実験計画法（プリテスト－ポストテスト統制群法）において、援助を受けるグループを統制群と呼ぶ。

**Q1083** ☑ ☑
ソーシャルワークにおける効果測定は、ソーシャルワーカーの援助技術がどの程度向上したかについて、スーパーバイザーが評価することによって行われる。

**Q1084** ☑ ☑
ソーシャルワークにおけるエビデンス・ベースド・プラクティスとは、事例研究による質的調査ではなく、量的調査によって効果測定を行うことである。

**Q1085** ☑ ☑
ソーシャルワークの効果測定における集団比較実験計画法は、同じ問題をもつ人のなかから介入した群と介入しなかった群に分けて評価を行う。

**Q1086** ☑ ☑
ソーシャルワーク過程における終結の際には、問題解決に至るまでのソーシャルワーカーの努力を肯定的に評価し、それをクライエントと共有する。

**Q1087** ☑ ☑
終結の際には、残された問題や今後起こり得る問題を整理し、解決方法を話し合う。

A1079　✕　クライエントのニーズを傾聴し、援助機関の機能やサービス内容との適合性を判断するのは、[インテーク（初回面接）]の機能である。

A1080　✕　事例研究では、匿名化しても、クライエントからの[了承]を得て研究を行う必要がある。

A1081　〇　シングル・システム・デザイン（単一事例実験計画法）は、[単一]のクライエントの行動に変化があったかどうかを明らかにするもので、介入方法の検証に役立つ。

A1082　✕　古典的実験計画法において、援助を受けるグループを[実験群]、援助を受けないグループを[統制群]と呼ぶ。

A1083　✕　ソーシャルワークにおける効果測定は、サービスがどの程度有効だったかについて、[データ]あるいは[エビデンス（証拠）]に基づいて評価が行われる。

A1084　✕　エビデンス・ベースド・プラクティスでは、集団比較実験計画法などによる量的調査や、事例研究による質的調査による効果測定を行い、[データ]あるいは[エビデンス]に基づいた援助を実践しようとする考え方。

A1085　〇　ソーシャルワークの効果測定における集団比較実験計画法は、同じ問題をもつ人のなかから[介入した群]（実験群）と[介入しなかった群]（比較統制群）に分けて評価を行う。

A1086　✕　ソーシャルワーク過程における終結の際には、問題解決に至るまでの[クライエント]の努力を肯定的に評価し、それをクライエントと共有する。

A1087　〇　終結の際には、残された[問題]の確認とその[解決方法]についての検討を行う。

14 相談援助の理論と方法

**Q1088** アフターケア（フォローアップ）は、クライエント
□ □ との信頼関係を形成する段階である。

## 3 相談援助における援助関係の構築・面接技術

**Q1089** ソーシャルワーカーは、クライエントの権利を守る
ために、権威的な関係の構築と保持に努めなければ
□ □ ならない。

**Q1090** パターナリズムとは、ソーシャルワーカーがクライ
エントの意思に関わりなく本人の利益のために本人
□ □ に代わって判断することをいう。

**Q1091** 援助関係においてクライエントを共感的に理解する
ために、ソーシャルワーカー自身の価値観の特徴を
□ □ 知ることは大切である。

**Q1092** ソーシャルワーカーは、クライエントの秘密を保持
しなければならないので、生活歴に関する情報はい
□ □ かなる場合も他機関に提供できない。

**Q1093** 生活場面面接では、利用者の問題となった生活場面
を再現することから始める。
□ □

**Q1094** 言い換えとは、クライエントの語りに積極的に耳を
傾けることである。
□ □

**Q1095** 相談援助の面接では、閉じられた質問によって、ク
ライエントに自由な語りを促す。
□ □

A1088 × アフターケア（フォローアップ）は、[終結]したクライエントの[状況]を調査・確認する段階である。クライエントとの信頼関係を形成するのは、[インテーク]の段階である。

A1089 × ソーシャルワーカーはクライエントの権利を守るために、専門的で対等な[信頼関係（ラポール）]の構築と保持に努めなければならない。

A1090 ○ [パターナリズム]とは、ソーシャルワーカーがクライエントの意思に関わりなく本人の利益のために本人に代わって判断することをいい、[父権主義]とも訳される。

A1091 ○ 援助関係においてクライエントを共感的に理解するために、[ソーシャルワーカー自身]の価値観の特徴を知ることは大切である。

A1092 × ソーシャルワーカーは、クライエントの秘密を保持しなければならないが、[本人の同意]など[一定の条件下]での情報提供は、生活歴に関する情報等も含めて可能である。

A1093 × 生活場面面接とは、利用者の[生活場面]において面接を行うことである。ライフスペース・インタビューとも呼ばれる。

A1094 × [傾聴]とは、クライエントの語りに積極的に耳を傾けることである。[言い換え]とは、クライエントの言葉を短く言い換えることによって、ワーカーが[内容を理解]していることを伝えることである。

A1095 × 閉じられた質問とは、[「はい」「いいえ」で答える]ような質問であり、クライエントに自由な語りを促すのは、[開かれた]質問である。

**Q1096**
☑ ☑
面接技法における支持とは、クライエントの語りをソーシャルワーカーが明確にして返すことである。

**Q1097**
☑ ☑
感情の反映とは、クライエントの感情や態度に関係なく、ワーカー自身の感情を伝えることである。

**Q1098**
☑ ☑
面接技法における要約とは、クライエントが語った内容をまとめて反射することである。

**Q1099**
☑ ☑
私はこう思いますと援助者を主語にした言い方をする技法を「アイメッセージ」という。

**Q1100**
☑ ☑
バイステックの「非審判的態度の原則」とは、クライエントを、一方的に非難したり、判断しないことである。

**Q1101**
☑ ☑
バイステックの「統制された情緒的な関与の原則」とは、クライエントが自らの情緒的混乱をコントロールできるようにすることである。

## 4 集団を活用した相談援助

**Q1102**
☑ ☑
コノプカは、グループワークの14の原則を示し、治療教育的グループワークの発展に貢献した。

A1096 ✕ 面接技法における支持とは、クライエントを [精神的に支える] ための応答をすることである。クライエントの語りを端的に言い表す言葉で返していく技法は [明確化] である。

. . . . . . . . . . . . . . . . . . . . . . . . . . . . . . . . . . . . . . . . . . . . . . . . . . . . . .

A1097 ✕ 感情の反映とは、ワーカーが [クライエントの感情を想定] して言い表し、感情の理解や共有を示す技法である。

. . . . . . . . . . . . . . . . . . . . . . . . . . . . . . . . . . . . . . . . . . . . . . . . . . . . . .

A1098 ◯ 面接技法における [要約] とは、クライエントの話した内容をまとめて反射することである。本人が伝えようとしていることを [整理する手助け] をしながら、内容の [再確認] を行う。

. . . . . . . . . . . . . . . . . . . . . . . . . . . . . . . . . . . . . . . . . . . . . . . . . . . . . .

A1099 ◯ 私はこう思いますと援助者を主語にした言い方をする技法を [アイメッセージ] という。

. . . . . . . . . . . . . . . . . . . . . . . . . . . . . . . . . . . . . . . . . . . . . . . . . . . . . .

A1100 ◯ バイステックの「非審判的態度の原則」とは、問題解決の方法についての判断等を、ワーカーの一方的な判断ではなく、[クライエント自身が行える] ようにすることである。

. . . . . . . . . . . . . . . . . . . . . . . . . . . . . . . . . . . . . . . . . . . . . . . . . . . . . .

A1101 ✕ バイステックの「統制された情緒的な関与の原則」とは、クライエントの感情や抱える課題の影響を受けて判断が偏らないよう、[ワーカー] が自らの感情をコントロールすることである。

**14 相談援助の理論と方法**

A1102 ◯ [コノプカ] は、グループワークの 14 の原則を示し、治療教育的グループワークの発展に貢献した。[意図的なグループ体験] を通じて個人の社会的に機能する能力を高め、社会生活で生じる諸問題へ [効果的に対処] できるように援助していくことを重視した。

**Q1103**
☑ ☑

コイルは、ミシガン学派に所属し、個人を望ましい方向に向けて治療する治療モデルを提唱した。

**Q1104**
☐ ☐

シュワルツによると、グループワーカーは援助過程において、主導的な活動により、メンバーに望ましい変化をもたらそうとする。

**Q1105**
☐ ☐

グループワークの展開過程において、準備期とは、実際にメンバーが顔を合わせ、グループとして活動を始める段階のことである。

**Q1106**
☑ ☑

グループワークの開始期には、援助関係の形成がなされる。

**Q1107**
☑ ☑

グループワークの開始期では、メンバー間の相互援助システムの形成が促進される。

**Q1108**
☑ ☑

波長合わせとは、主にグループワークの作業期において援助者側が活用する技術である。

**Q1109**
☑ ☑

グループワークの開始期では、グループ内での行動は制限せずに援助を行う。

**Q1110**
☑ ☑

作業期では、メンバーがソーシャルワーカーの指示に従って、目標達成に向けて課題に取り組めるよう促す。

**Q1111**
☑ ☑

作業期は、メンバー同士の交流が深まった時期なので、グループ内の役割分担をいったん解消して、メンバーのグループからの自立を促すように働きかける。

A1103　×　［ヴィンター］は、ミシガン学派に所属し、個人を望ましい方向に向けて治療する治療モデルを提唱した。［コイル］は、グループワークを［個人の成長や発達］を図るものであると定義し、体系化に貢献した。

A1104　×　シュワルツによると、グループワーカーは援助過程において、［メンバー］が主体的に取り組むよう［側面］から援助することにより、メンバーに望ましい変化をもたらそうとする。

A1105　×　グループワークの展開過程において、［開始期］とは、実際にメンバーが顔を合わせ、グループとして活動を始める段階のことである。

A1106　○　グループワークの開始期には、［援助関係］の形成がなされる。

A1107　×　グループワークの［作業期］では、メンバー間の相互援助システムの形成が促進される。

A1108　×　波長合わせとは、主にグループワークの［準備期］において援助者側が活用する技術である。

A1109　×　グループワークの開始期はメンバーの参加や行動を促進させる段階だが、場合によってはメンバー個人やグループ全体の状況に対する診断的評価に基づいて［制限をかけること］も必要である。

A1110　×　作業期は、ソーシャルワーカーの指示ではなく、［メンバー自ら］が目標達成に取り組んでいけるよう促す。

A1111　×　作業期は、まだメンバーの目的や課題が［達成できていない］時期なので、グループ内の役割分担を解消してメンバーの自立を促していくべきではない。

**Q1112** 作業期において、メンバー同士の衝突や摩擦が起こると、グループ活動による効果が得られなくなるので、できるだけ事前に回避するように働きかける。

☑ ☑

**Q1113** グループワークにおいて葛藤が生じた場合、グループ全体に関わる課題にではなく、メンバー個々の言動に関してコメントするように促す。

☑ ☑

**Q1114** サブグループへの対応は、グループ全体への影響を考慮せずに行う。

☑ ☑

**Q1115** グループの凝集性が高まると、メンバーのグループへの所属意識は強くなる。

☑ ☑

**Q1116** グループワークの終結期には、集団規範の形成がなされる。

☑ ☑

**Q1117** グループワークの終結期とは、メンバーと目標達成の程度や活動の評価を行い、全体的なまとめをする段階のことである。

☑ ☑

**Q1118** 自助（セルフヘルプ）グループは、多様な専門性を持つ専門職による、多職種連携の一形態である。

☑ ☑

**Q1119** 自助（セルフヘルプ）グループにおいて、最も重視されるのは、メンバー間の序列である。

☑ ☑

**Q1120** ピア・カウンセリングは、当事者のことを最もよく理解している仲間による相談をいう。

☑ ☑

**A1112** ✕ 作業期において、メンバー同士の衝突や摩擦が起こると、グループ活動による効果が得られなくなるので、できるだけ［グループ内］で解決していけるように働きかける。

. . . . . . . . . . . . . . . . . . . . . . . . . . . . . . . . . . . . . . . . .

**A1113** ✕ グループワークにおいて葛藤が生じた場合、［グループ全体］に関わる課題に対してコメントするように促す。メンバー個々の言動に対するコメントは、個人的な攻撃になりかねない。

. . . . . . . . . . . . . . . . . . . . . . . . . . . . . . . . . . . . . . . . .

**A1114** ✕ グループにサブグループが生じた際には、グループ全体の仲間意識の構築やグループ運営に［よい影響を与えるかどうか］を見極めながら対処する必要がある。

. . . . . . . . . . . . . . . . . . . . . . . . . . . . . . . . . . . . . . . . .

**A1115** 〇 グループ内にメンバーを［引き止める］ような［まとまり］を生じさせる凝集性が高まると、メンバーのグループへの所属意識は［高く］なる。

. . . . . . . . . . . . . . . . . . . . . . . . . . . . . . . . . . . . . . . . .

**A1116** ✕ グループワークの［作業期］には、集団規範の形成がなされる。

. . . . . . . . . . . . . . . . . . . . . . . . . . . . . . . . . . . . . . . . .

**A1117** 〇 グループワークの［終結期］とは、メンバーと目標達成の程度や活動の評価を行い、全体的なまとめをする段階のことである。

. . . . . . . . . . . . . . . . . . . . . . . . . . . . . . . . . . . . . . . . .

**A1118** ✕ 自助（セルフヘルプ）グループは、専門職から独立した形で［クライエントのみ］で構成され、状況の改善を目指していくものである。

. . . . . . . . . . . . . . . . . . . . . . . . . . . . . . . . . . . . . . . . .

**A1119** ✕ 自助（セルフヘルプ）グループにおいて、最も重視されるのは、メンバーは［当事者］であり［対等］ということである。

. . . . . . . . . . . . . . . . . . . . . . . . . . . . . . . . . . . . . . . . .

**A1120** 〇 ［ピア・カウンセリング］は、当事者のことを最もよく理解している仲間による相談をいう。

**14**

**相談援助の理論と方法**

**Q1121** 自助（セルフヘルプ）グループでは、ヘルパー・セラピー原則が起こらないように注意する必要がある。

☑ ☑

---

## 5 相談援助における様々な技術

**Q1122** ソーシャルサポート・ネットワークでは、インフォーマルなサポートよりも、フォーマルなサービスの機能に着目して活性化を図る。

☑ ☑

- - - - - - - - - - - - - - - - - - - - - - - - - - - - - - - - - - - - - -

**Q1123** ケースアドボカシーとは、クライエントと同じ状況に置かれている人たちの権利を守るために、新しい資源を開発しようとすることである。

☑ ☑

- - - - - - - - - - - - - - - - - - - - - - - - - - - - - - - - - - - - - -

**Q1124** ソーシャルアクションの目的には、社会参加の促進は含まれない。

☑ ☑

- - - - - - - - - - - - - - - - - - - - - - - - - - - - - - - - - - - - - -

**Q1125** アウトリーチは、自ら援助を求めない人への関わりとして有効である。

☑ ☑

- - - - - - - - - - - - - - - - - - - - - - - - - - - - - - - - - - - - - -

**Q1126** ケアマネジメントにおけるアセスメントとは、クライエントや家族の意向に沿ってニーズを充足する方法を決定することである。

☑ ☑

A1121　✕　自助（セルフヘルプ）グループでは、グループに生じる［ヘルパー・セラピー原則］は重要な機能である。これは、メンバー相互が援助する相互援助の作用が生じていくことである。

A1122　✕　ソーシャルサポート・ネットワークでは、［フォーマル］及び［インフォーマル］な社会資源、サービスなどを調整しながら効果的なネットワークを形成する。

A1123　✕　［コーズアドボカシー］とは、クライエントと同じ状況に置かれている人たちの権利を守るために、新しい資源を開発しようとすることである。［ケースアドボカシー］とは、クライエント個人の権利を守るための活動を行うものである。

A1124　✕　ソーシャルアクションの目的には、多くの人々が活動に［参加］し、住民や当事者の意思を［反映］した改革などが実現されていくことなどが含まれる。

A1125　○　アウトリーチは、サービスを必要としているにもかかわらず、［援助を求めない］人や［拒否している］人などのもとへ出向いていくことである。

A1126　✕　ケアマネジメントにおける［プランニング］とは、［アセスメント］の結果に基づいて援助目標や方法等を設定し、クライエントや家族の意向に沿ってニーズを充足する方法を決定することである。

**14 相談援助の理論と方法**

**Q1127** ケアマネジメントのモニタリングは、訪問ではなく利用者の来所により行うものである。
☑ ☑

**Q1128** ケアマネジメントのモニタリングには、支援が必要と判断された人を支援提供機関などに連絡し、紹介することが含まれる。
☑ ☑

**Q1129** ケアマネジメントのモニタリングでは、面接だけでなく、記録に残すことも必要となる。
☑ ☑

**Q1130** ケアマネジメントにおけるスクリーニングとは、一定期間の後に支援経過と結果を全体的に評価することである。
☑ ☑

**Q1131** スーパービジョンの教育的機能は、ストレスに対応するようスーパーバイジーの精神面を支える機能である。
☑ ☑

**Q1132** 管理的機能とは、スーパービジョン関係を用いて情緒的・心理的な面をサポートすることである。
☑ ☑

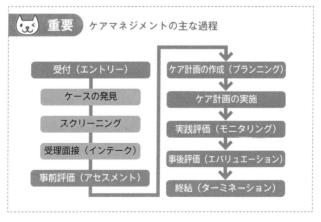

**重要** ケアマネジメントの主な過程

受付（エントリー）
ケースの発見
スクリーニング
受理面接（インテーク）
事前評価（アセスメント）

ケア計画の作成（プランニング）
ケア計画の実施
実践評価（モニタリング）
事後評価（エバリュエーション）
終結（ターミネーション）

A1127　✕　ケアマネジメントのモニタリングは、援助者が利用者の居宅を［訪問］して行う。介護保険法によると、介護支援専門員（ケアマネジャー）は、少なくとも1月に［1］回、利用者の居宅を［訪問］しなければならない（指定居宅介護支援等の事業の人員及び運営に関する基準13条14号）。

- - - - - - - - - - - - - - - - - - - - - - - - - - - - - - - -

A1128　✕　ケアマネジメントの［計画の実施］には、支援が必要と判断された人を支援提供機関などに連絡し、紹介することが含まれる。

- - - - - - - - - - - - - - - - - - - - - - - - - - - - - - - -

A1129　○　ケアマネジメントのモニタリングでは、面接だけでなく、［記録］に残すことも必要となる。

- - - - - - - - - - - - - - - - - - - - - - - - - - - - - - - -

A1130　✕　ケアマネジメントにおける［エバリュエーション］とは、一定期間の後に支援経過と結果を全体的に評価することである。［スクリーニング］では、ケアマネジメントが必要な状況か否かを確認し、適切な対処を検討する。

- - - - - - - - - - - - - - - - - - - - - - - - - - - - - - - -

A1131　✕　スーパービジョンの教育的機能は、スーパーバイジーが実践する上で必要な［知識や技術］を高める機能である。

- - - - - - - - - - - - - - - - - - - - - - - - - - - - - - - -

A1132　✕　［支持的機能］とは、スーパービジョン関係を用いて情緒的・心理的な面をサポートすることである。

**14 相談援助の理論と方法**

**Q1133** ☑ ☐ グループ・スーパービジョンでは、スーパーバイジー同士の議論や検討により、学習効果の高まりを期待することができる。

**Q1134** ☐ ☐ ピア・スーパービジョンとは、スーパーバイザーである上司から複数の同僚や仲間とともにスーパービジョンを受けることである。

**Q1135** ☐ ☐ ライブ・スーパービジョンとは、スーパーバイザーが援助者の実践場面に同席するなどしてスーパービジョンを行うことをいう。

**Q1136** ☐ ☐ コンサルテーションでは、ソーシャルワーカー同士で業務遂行の適切性を相互に管理・監督することがある。

**Q1137** ☑ ☑ ケース会議は、援助の向上のみならず、職員教育の意味合いもあることから、終了後は会議内容の要約を参加メンバーで交代して作成し、共有する。

**Q1138** ☑ ☐ インフォーマルな社会資源の提供主体には、社会福祉法人も含まれる。

**Q1139** ☐ ☐ フェイスシートには、全体の振り返りや目標達成の評価を記述する。

**Q1140** ☑ ☐ 時間的順序に沿って過程を細かく記述する文体は、要約体である。

**Q1141** ☑ ☐ 説明体による記録は、クライエントによる事実に関する説明や解釈を記述するものである。

A1133 ◯ グループ・スーパービジョンにおいて、スーパーバイザーには、スーパーバイジー同士の議論や検討が［より活発となる配慮や環境づくり］を行うことが求められる。

A1134 ✕ ピア・スーパービジョンとは、スーパーバイザーは同席せず［スーパーバイジー同士］や［仲間同士］などで行われるスーパービジョンのことである。グループ・スーパービジョンとは、［スーパーバイザーである上司］から［複数の同僚や仲間］とともにスーパービジョンを受けることである。

A1135 ◯ ライブ・スーパービジョンとは、スーパーバイザーが援助者の実践場面に［同席］するなどしてスーパービジョンを行うことをいう。

A1136 ✕ コンサルテーションとは、対人援助の専門職が課題解決のために、［特定］の領域の［専門職］から情報・知識・技術を習得する過程を指す。

A1137 ◯ ケース会議は、援助の向上のみならず、［職員教育］の意味合いもあることから、終了後は会議内容の要約を参加メンバーで交代して作成し、［共有］する。

A1138 ✕ 社会福祉法人等は［フォーマル］な社会資源である。インフォーマルな社会資源とは、［家族や知人、近隣住民、自助団体等］である。

A1139 ✕ フェイスシートには、クライエントの［基本的属性］を項目ごとにまとめて記述する。

A1140 ✕ 時間的順序に沿って過程を細かく記述する文体は、［叙述体］である。主題を明確にして、要点をまとめて記述する文体は、［要約体］である。

A1141 ✕ 説明体による記録は、［ソーシャルワーカー］が、事実についての説明や解釈を記述するものである。

14 相談援助の理論と方法

**Q1142** 逐語録では、話し言葉の記録にソーシャルワーカーの説明や解釈を加えて記述する。

**Q1143** 個人情報保護法では、たとえ本人の生命の保護に必要がある場合であっても、本人の同意を得ることが困難であるときは、個人情報を開示してはならないと定めている。

**Q1144** 個人情報保護法において個人情報には、個人の身体的な特徴に関する情報が含まれる。

**Q1145** 死亡した個人の情報については、その情報が遺族等の生存する個人に関連するものである場合においても、法律やガイドラインの対象外となる。

**Q1146** 個人情報保護法における個人情報取扱事業者には、国や地方公共団体等も含まれている。

**Q1147** 匿名加工情報とは、特定の個人を識別することができないよう加工した情報であり、復元できないようにしたものである。

**Q1148** 情報リテラシーとは、情報通信ネットワークを利用するのに必要な知識や技術のことである。

**Q1149** デジタル・デバイドとは、IT（情報通信技術）を使いこなせる者が活用している技術や機器等のことをいう。

A1142　×　逐語録では、会話ややり取りの内容について、ソーシャルワーカーの説明や解釈を加えずに順を追って [そのまま記述] する。

A1143　×　個人情報保護法では、人の生命、身体又は財産の保護に必要がある場合であって、本人の同意を得ることが困難であるときには、[同意を得る必要はない] とされている（同法18条3項）。

A1144　○　2015（平成27）年の個人情報保護法の改正により、身体の一部の特徴を変換した符号（DNAや虹彩、声紋、指紋・掌紋など）も [個人識別符号] として規定された（同法2条2項）。

A1145　×　個人情報保護法及びガイドラインによると、[死亡] している人については定義上は保護の対象外である。ただし、その情報が遺族等の [生存する個人] に関連・影響するものである場合には個人情報保護の [対象] となる。

A1146　×　個人情報保護法における個人情報取扱事業者とは、個人情報データベース等を事業の用に供している者をいうとされており、国や地方公共団体は [除外されている]。

A1147　○　匿名加工情報とは、個人情報に含まれる [記述等の一部] や [個人識別符号] を削除したりするなどして復元できないように加工したものである（個人情報保護法2条6項）。

A1148　○　情報リテラシーとは、情報通信ネットワークを利用するのに必要な [知識] や [技術] のことである。

A1149　×　デジタル・デバイドとは、IT（情報通信技術）を使いこなせる者と使いこなせない者の間に生じる [貧富や機会等の格差] のことをいう。

14

相談援助の理論と方法

出る！出る！

## 要点チェックポイント

 **ポイント 1** 社会福祉法人

1951（昭和26）年に制定された**社会福祉事業法**（現：社会福祉法）により創設

| 目的 | 社会福祉事業を行うことが目的。これに支障がない限り公益事業と収益事業を行うことができる |
|---|---|
| 資産 | 土地や建物などの必要な資産を備えることが不可欠 |
| 所轄庁 | その主たる事務所の所在地の都道府県知事<br>・主たる事務所が当該市内にあり、当該市内のみでその事業を実施する場合：市長（特別区の区長を含む）<br>・主たる事務所が指定都市の区域内で、1つの都道府県において2つ以上の市町村で事業を実施する場合：指定都市の長<br>・2つ以上の都道府県で事業を実施する場合：厚生労働大臣 |
| 設立 | 所轄庁の認可を受け、登記により成立する |
| 組織 | 社会福祉法　理事：6人以上、監事：2人以上 |
| | 会計監査人　・一定規模以上の特定社会福祉法人は、会計監査人を置かなければならない<br>・会計監査人は、社会福祉法人の計算書類および附属明細書を監査する |
| 評議員会 | ・評議員会は、運営に関わる重要事項の議決機関<br>・評議員会を設置しなければならない。評議員は理事の員数（7名以上）を超える数とする |
| 経営の原則など | ・福祉サービスの質の向上、事業経営の透明性の確保を図らなければならない<br>・社会福祉事業及び公益事業を行うに当たり、無料又は低額な料金で日常生活又は社会生活上の支援を必要とする者に対して福祉サービスを積極的に提供するよう努めなければならない |

| | |
|---|---|
| **情報の公開** | ・現況報告書、財産目録、貸借対照表など、利害関係人からの請求があれば閲覧に供しなければならない（インターネットでの公表義務）<br>・定款も含まれる。書類の備置き及び国民一般に対する閲覧等に係る規定が整備された（同法 59 条の 2） |
| **特別の利益供与の禁止** | 社会福祉法人は、事業を行うに当たり、評議員、理事、監事、職員その他の関係者に対し特別の利益を与えてはならない |
| **解散及び合併** | ・社会福祉法人は、他の社会福祉法人と合併することができる（登記によって効力を生じる）（同法 48 条）<br>・社会福祉法人以外の法人等と合併することはできない<br>・社会福祉法人が解散した際の残余財産は、社会福祉法人その他の社会福祉事業を行う者又は国庫に帰属する |
| **社会福祉充実計画及びその他** | ・社会福祉法人は、毎会計年度、その保有する財産について、事業継続に必要な財産を控除したうえ、再投下可能な財産（社会福祉充実残額）を算定しなければならない<br>・社会福祉充実残額（社会福祉法人が保有する財産について、事業継続に必要な財産の額を控除したもので、その法人が再投下可能な財産）が生じる場合には、社会福祉充実計画を作成し、その実施費用に充てなければならない |
| **助成及び監督** | 所轄庁は、社会福祉法人が、法令、法令に基づいてする行政庁の処分若しくは定款に違反し、又はその運営が著しく適正を欠くと認めるときは、当該社会福祉法人に対し、期限を定めて、その改善のために必要な措置（役員の解職を除く）をとるべき旨を勧告することができる（同法 56 条 4 項） |
| **事業内容** | 社会福祉事業 | 第 1 種、第 2 種社会福祉事業 |
| | 公益事業 | 公益を目的とする事業（居宅介護支援、有料老人ホーム、病院・診療所など） |
| | 収益事業 | その収益を社会福祉事業や公益事業の経営に充てることを目的とする事業<br>（貸ビルの経営、駐車場の経営、売店の経営など） |

## 1 社会福祉法人と福祉サービス

**Q1150**
☑ ☑
社会福祉法人は、社会福祉事業の主たる担い手としてふさわしい事業を確実、効果的かつ適正に行うため、自主的にその経営基盤の強化を図るとともに、その提供する福祉サービスの質の向上及び事業経営の透明性の確保を図らねばならない。

**Q1151**
☑ ☑
社会福祉法人は、社会福祉事業を実施する必要があるが、当該法人の実施する事業において社会福祉事業は主たる地位を占める必要はない。

**Q1152**
☑ ☑
社会福祉法人の役員の選任は、評議員会の決議を必要としない。

**Q1153**
☑ ☑
社会福祉法人は、その会計や財務諸表をインターネットや広報などにおいて公表する必要はない。

**Q1154**
☑ ☑
社会福祉法人の監事は、理事、評議員又は当該法人の職員を兼ねることができる。

**Q1155**
☑ ☑
社会福祉事業の経営者は、福祉サービスを利用するための契約（一部の社会福祉事業を除く）が成立したときは、その利用者に対し、遅滞なく、提供する福祉サービスの内容や、利用者が支払うべき額に関する事項等を記載した書面を交付しなければならない。

**Q1156**
☑ ☑
社会福祉法人は、学校法人や宗教法人など社会福祉法人以外の法人とも合併することができる。

A1150　○　社会福祉法人は、社会福祉事業の主たる担い手としてふさわしい事業を確実、効果的かつ適正に行うため、自主的にその経営基盤の強化を図るとともに、その提供する福祉サービスの［質の向上］及び事業経営の［透明性］の確保を図らねばならない（社会福祉法 24 条）。社会福祉法人には、「経営の倫理」が求められる。

. . . . . . . . . . . . . . . . . . . . . . . . . . . . . . .

A1151　×　社会福祉法人は、社会福祉事業を実施する必要があるが、当該法人の実施する事業において社会福祉事業は［主たる地位］を占める必要がある。社会福祉法人審査基準に規定されている。

. . . . . . . . . . . . . . . . . . . . . . . . . . . . . . .

A1152　×　社会福祉法人の役員の選任は評議員会の決議を［必要とする］と規定されている（社会福祉法 43 条 1 項）。

. . . . . . . . . . . . . . . . . . . . . . . . . . . . . . .

A1153　×　社会福祉法人は、現況報告書や財務諸表をインターネットや広報などにおいて［公表しなければならない］。

. . . . . . . . . . . . . . . . . . . . . . . . . . . . . . .

A1154　×　社会福祉法人の監事は、理事、評議員又は当該法人の職員を［兼ねることはできない］（社会福祉法 40 条 2 項、44 条 2 項）。

. . . . . . . . . . . . . . . . . . . . . . . . . . . . . . .

A1155　○　社会福祉事業の経営者は、福祉サービスを利用するための契約（保育所や児童更生施設などを除く）が成立したときは、その利用者に対し、遅滞なく、提供する福祉サービスの内容や、利用者が支払うべき額に関する事項等を記載した［書面］を交付しなければならない。

. . . . . . . . . . . . . . . . . . . . . . . . . . . . . . .

A1156　×　社会福祉法人は、［他の社会福祉法人］と合併することができる（社会福祉法 48 条）。学校法人や宗教法人など社会福祉法人以外の法人と合併することは［できない］。

15

福祉サービスの組織と経営

**Q1157** 社会福祉法人が行える事業は、社会福祉事業と公益事業に限定される。
☑ ☑

**Q1158** 社会福祉法人が解散した際の残余財産は、設立時の寄附者に帰属する。
☑ ☑

**Q1159** 社会福祉法人は、介護老人保健施設を開設することはできない。
☑ ☑

**Q1160** 社会福祉法人は、理事、監事等の関係者に対し特別の利益を与えることができる。
☑ ☑

## 2 特定非営利活動法人などの団体

**Q1161** 特定非営利活動法人は、行政への届出の手続だけで設立できる。
☑ ☑

**Q1162** 1つの市町村のみに主たる事務所を置く特定非営利活動法人の所轄庁は、市町村長であると法に定められている。
☑ ☑

**Q1163** 特定非営利活動法人の社員（法人の構成員）は、10名以上であるとともに、社員の資格の得喪について不当な条件を付さずに、加入脱退の自由を保障する必要がある。
☑ ☑

A1157　×　社会福祉法人は、その経営する社会福祉事業に支障がない限り、公益事業又は［収益事業］を実施することができる（社会福祉法26条）。

A1158　×　解散した社会福祉法人の残余財産は、定款の定めるところにより、その［帰属すべき者］に帰属する。ただし、処分されない財産は、［国庫］に帰属する（社会福祉法47条）。

A1159　×　社会福祉法人は、「生計困難者のために、無料又は低額な費用で介護保険法に規定する［介護老人保健施設］を利用させる事業」（第2種社会福祉事業）として、［介護老人保健施設］、［介護医療院］を開設することができる（社会福祉法2条3項10号）。

A1160　×　社会福祉法人は、評議員、理事、監事、職員等の関係者に対し、特別の利益を［与えてはならない］（社会福祉法27条）。

A1161　×　特定非営利活動法人は、行政から［認証］を受けることにより設立できる。

A1162　×　特定非営利活動法人の所轄庁は、その主たる事務所が所在する［都道府県の知事］（指定都市の区域内のみの場合は、［指定都市の長］）とすると規定されている（特定非営利活動促進法9条）。

A1163　○　特定非営利活動法人の社員（法人の構成員）は、［10］名以上であるとともに、社員の資格の得喪について不当な条件を付さずに、［加入脱退］の自由を保障する必要がある（特定非営利活動促進法2条2項、12条1項）。

15
福祉サービスの組織と経営

**Q1164**
☑ ☑
特定非営利活動法人は、毎事業年度1回事業報告書等、役員名簿等及び定款等を所轄庁に提出することが義務づけられている。

**Q1165**
☑ ☑
認定特定非営利活動法人以外の特定非営利活動法人に寄附を行った個人は、所得控除を受けることができる。

**Q1166**
☑ ☑
特定非営利活動法人は、地方公共団体の議会の議員候補者を推薦したり、支持したりする目的で設立することはできない。

**Q1167**
☑ ☑
特定非営利活動促進法では、特定非営利活動の範囲を17分野に限定しているが、その中でこれまで最も多く法人が設立されているのは、「環境の保全を図る活動」である。

**Q1168**
☑ ☑
医療法人は、保育所を経営することはできない。

**Q1169**
☑ ☑
社会医療法人は、収益業務を行うことができない。

## 3 福祉サービス組織の経営管理、その理論と方法

**Q1170**
☑ ☑
あらゆる環境に適した組織化の唯一最善の方法が存在するという考え方を、コンティンジェンシーアプローチと呼ぶ。

A1164　○　特定非営利活動法人は、毎事業年度1回事業報告書等、役員名簿等及び定款等を[所轄庁]に提出することが義務づけられている。

. . . . . . . . . . . . . . . . . . . . . . . . . . . . . . . . . . . . . . . . . . . . . . . . . . . . . . . . . . .

A1165　×　認定特定非営利活動法人以外の特定非営利活動法人に寄附を行った個人は、所得控除を受けることが[できない]。認定特定非営利活動法人へ寄附を行った個人は、所得控除を受けることが[できる]。

. . . . . . . . . . . . . . . . . . . . . . . . . . . . . . . . . . . . . . . . . . . . . . . . . . . . . . . . . . .

A1166　○　特定非営利活動法人は、[特定の公職の候補者]もしくは[公職にある者]又は[政党を推薦]し、支持し、又はこれらに反対することを[目的とするものでない団体]であることが規定されている（特定非営利活動促進法2条2項）。

. . . . . . . . . . . . . . . . . . . . . . . . . . . . . . . . . . . . . . . . . . . . . . . . . . . . . . . . . . .

A1167　×　特定非営利活動促進法では、特定非営利活動の範囲を[20]分野に限定しているが、その中でこれまで最も多く法人が設立されているのは、[保健、医療又は福祉の増進を図る活動]である。

. . . . . . . . . . . . . . . . . . . . . . . . . . . . . . . . . . . . . . . . . . . . . . . . . . . . . . . . . . .

A1168　×　医療法人は、児童福祉法に規定される[保育所]を経営することができる（医療法42条7号、社会福祉法2条3項2号）。

. . . . . . . . . . . . . . . . . . . . . . . . . . . . . . . . . . . . . . . . . . . . . . . . . . . . . . . . . . .

A1169　×　社会医療法人は、その開設する病院、診療所、介護老人保健施設又は介護医療院の業務に[支障のない限り]、厚生労働大臣が定める[業務（収益業務）]を行うことができる（医療法42条の2号1項）。

A1170　×　あらゆる環境に適した組織化の唯一最善の方法が[存在しない]という考え方を、[コンティンジェンシーアプローチ]と呼ぶ。これは、有効なスタイルは取り巻く状況に依存して決まるというアプローチ手法である。

**Q1171** 組織構造を決定する際の命令一元化の原則は、従業員に与えられた権限と責任が等しくなるようにしなくてはならないということである。

**Q1172** 組織構造を決定する際の統制範囲適正化の原則（スパンオブコントロール）とは、一人の管理者が直接管理できる部下の数には限界があるので、その数を超えるように組織を設計してはならないという原則で、その数は 10 人程度といわれている。

**Q1173** 経営理念は、職員を含む利害関係者に対して事業などの指針を具体的に示し、環境の変化に対応して、柔軟に見直すものである。

**Q1174** アージリスは、既存の枠組みとは異なる新しい可能性を探る組織の学習形態をシングルループ学習と呼び、組織が継続的に学習する上で必要であると指摘している。

**Q1175** ヘドバーグは、組織にとって時代遅れとなったり、有効性が失われた知識を棄却するプロセスをアンラーニング（unlearning）と呼び、これが望ましい組織学習の上で欠かせないと考えた。

**Q1176** ドメインとは、他社が模倣することが困難で、競合する他社を圧倒的に上回るレベルの能力のことをいう。

A1171　×　組織構造を決定する際の［権限・責任一致］の
原則は、従業員に与えられた権限と責任が等し
くなるようにしなくてはならないということで
ある。［命令一元化］の原則とは、各構成員に
対する指示・命令系統は単純で明快でなくては
ならないということである。一人の上司から指
示・命令を受ける仕組みが想定されている。

A1172　×　組織構造を決定する際の［統制範囲適正化］の
原則（スパンオブコントロール）とは、一人の
管理者が直接管理できる部下の数には限界があ
るので、その数を超えるように組織を設計して
はならないという原則で、その数は［5 ～ 7］
人程度といわれている。

A1173　×　［経営目標］は、職員を含む利害関係者に対し
て事業などの指針を具体的に示し、環境の変化
に対応して、柔軟に見直すものである。［経営
理念］は、経営の基本方針を表すもので、長期
にわたって変わらないことが特徴。

A1174　×　アージリスは、既存の枠組みとは異なる新しい
可能性を探る組織の学習形態を［ダブルループ
学習］と呼び、組織が継続的に学習する上で必
要であると指摘している。

A1175　○　ヘドバーグは、組織にとって時代遅れとなった
り、有効性が失われた知識を棄却するプロセスを
［アンラーニング（unlearning）］と呼び、これが
望ましい組織学習の上で欠かせないと考えた。

A1176　×　［ドメイン］とは、事業活動を行う領域のこと
で、誰を顧客とするか（顧客軸）、どのような
ニーズにどう応えるか（機能軸）、独自の能力
や技術は何か（サービス軸）に基づいて設定さ
れる。

**15**

**福祉サービスの組織と経営**

**Q1177** ☑ ☑　アンゾフは、経営における意思決定を、日常業務的意思決定、管理的意思決定、戦略的意思決定の3層に区分した。

**Q1178** ☑ ☑　サービス・プロフィット・チェーンの考え方によれば、サービスへの利用者の満足度を高めるためには、従業員の仕事への満足度を高めることが重要である。

**Q1179** ☑ ☑　テイラーが挙げた管理の第一の目標は、従業員一人一人の賃金を一律に低く抑えることである。

**Q1180** ☑ ☑　マグレガーによれば、X理論では部下は仕事を当然のこととして自律的に目標達成しようとし、責任を率先して引き受ける。

**Q1181** ☑ ☑　サービスは、無形性や同時性といった特徴があり、有形の製品と比較して、利用者が質の評価を行うのは難しい。

**Q1182** ☑ ☑　デミングらが提唱した統計的品質管理手法は、製造業の品質管理に使われるものであり、サービスの品質管理に使うことはできないとされる。

A1177 ○ アンゾフは、経営における意思決定を、[日常業務的]意思決定、[管理的]意思決定、[戦略的]意思決定の３層に区分した。それぞれ順に、組織階層のロアーマネジメント、ミドルマネジメント、トップマネジメントが行うとした。

A1178 ○ サービス・プロフィット・チェーンとは、[従業員満足向上]が[顧客満足向上]へつながり、さらに[業績向上]につながるという考え方である。

A1179 × テイラーが挙げた管理の第一の目標は、従業員の賃金を[高く]し、労務費を[低く]抑えることである。賃金は一律に高くするのではなく、１日の標準作業量を設定（課業設定）し、達成した場合に高賃金、未達成の場合は低賃金とするシステムを考案し、生産性を高めようとする[科学的管理法]を確立した。

A1180 × マグレガーによれば、[X]理論は命令や強制で管理し、目標が達成できなければ処罰を与えるマネジメント手法であり、[Y]理論は魅力ある目標と責任を与え続け、従業員を動かしていくマネジメント手法である。

A1181 ○ サービスは、[無形性]や[同時性]といった特徴があり、有形の製品と比較して、利用者が質の評価を行うのは難しい。サービスは形がなく、また生産と消費が同時に進行するため、利用者がサービスの質を購入前に評価することは困難である。

A1182 × デミングらが提唱した[統計的品質管理手法]は、製造業の品質管理だけでなく、サービスの品質管理など幅広く使われている。デミングが提唱した管理手法に[PDCAサイクル]がある。

**Q1183**

☑ ☑

介護保険制度上の居宅介護支援事業者は、利用者に対するサービス提供により事故が発生した場合に、市町村の指示があるまでは、必要な措置を講じてはならない。

**Q1184**

☑ ☑

1件の重大事故の背景には、重大事故に至らなかった29件の軽微な事故が隠れており、その背後には事故寸前だった300件の危険な状態が隠れているのを、リーズンの軌道モデルという。

**Q1185**

☑ ☑

社会福祉法に規定する運営適正化委員会は都道府県社会福祉協議会に設置され、福祉サービス利用援助事業の適正な運営の確保とともに、福祉サービスの利用者からの苦情に適切に対応するために設けられている。

**Q1186**

☑ ☑

「福祉サービス第三者評価事業」は、福祉サービスの質の向上のために、社会福祉法に規定された措置として社会福祉事業の経営者にその受審が義務づけられている。

# 4 福祉サービス組織の管理運営の方法

**Q1187**

☑ ☑

コンプライアンスとは、行政機関が、事業者に対して、法令を守らせるようにすることをいう。

**Q1188**

☑ ☑

コンプライアンスを達成するには、ガバナンスが重要である。

A1183　×　介護保険制度上の居宅介護支援事業者は、利用者に対するサービス提供により事故が発生した場合は、速やかに [市町村]、[利用者の家族] 等に連絡を行うとともに、必要な措置を [講じなければならない]（「指定居宅介護支援等の事業の人員及び運営に関する基準」27 条）。

A1184　×　１件の重大事故の背景には、重大事故に至らなかった 29 件の軽微な事故が隠れており、その背後には事故寸前だった 300 件の危険な状態が隠れているのを、[ハインリッヒの法則] という。大きな事故や苦情は、欠陥や要因の弱点部分が [重なったとき] に発生しやすいことを、[リーズンの軌道モデル] という。

A1185　○　社会福祉法に規定する運営適正化委員会は、[都道府県社会福祉協議会] に設置され、福祉サービス利用援助事業の適正な運営の確保とともに、福祉サービスの利用者からの [苦情] に適切に対応する（同法 83 条）。

A1186　×　[自己評価] は、福祉サービスの質の向上のために、社会福祉法に規定された措置として社会福祉事業の経営者に [努力義務] が規定されている（同法 78 条）。第三者評価事業の受審は義務づけられて [いない]。

A1187　×　コンプライアンスとは、[事業者] が、[自発的] な取り組みとして法令を守ることをいう。社内規程・マニュアル・企業倫理・社会貢献などで行われる。

A1188　○　[コンプライアンス] とは、特に企業や組織の法令遵守を指す。[ガバナンス] とは企業統治と訳される。コンプライアンスを達成するには、[ガバナンス] の徹底が重要である。

15 福祉サービスの組織と経営

**Q1189** 社会福祉充実残額とは、社会福祉法人における事業継続に必要な財産額をいう。

☑ ☑

**Q1190** 監査には、外部の第三者が行う「外部監査」と、監事・監査役が行う「監査役等監査」、内部の組織・担当者が行う「内部監査」がある。

☑ ☑

**Q1191** 社会福祉法人がこれまでに獲得した利益の合計額を次期繰越活動収支差額というが、これは事業活動収支計算書にのみ表れるものである。

☑ ☑

**Q1192** 貸借対照表とは、事業の収支の状態や継続性をみるために、当該会計年度における支払資金の増加及び減少の状況を表示するものである。

☑ ☑

**Q1193** クラウドファンディングとは、不特定多数から通常インターネット経由で資金調達することを指す。

☑ ☑

**Q1194** 減価償却とは、長期間にわたって使用される固定資産の取得に要した支出を、その資産が使用できる期間にわたって費用配分する会計上の手続きであり、福祉サービスのために利用する土地や建物もその対象となる。

☑ ☑

**Q1195** 資金収支計算書とは、資金の調達や資産への投入状況をみるために、当該会計年度末現在における資産、負債及び純資産の状態を表示するものである。

☑ ☑

A1189　✕　社会福祉充実残額とは、社会福祉法人が保有する財産について、[事業継続に必要な財産の額] を [控除] し、その法人が再投下可能な財産を指す。

A1190　○　監査には、監査人が誰であるかによる分類として、外部の第三者が行う [外部監査] と、監事・監査役が行う [監査役等監査]、内部の組織・担当者が行う [内部監査] がある。また、監査をする対象による分類として、会計監査、情報セキュリティ監査、個人情報保護監査、環境監査などがある。

A1191　✕　社会福祉法人がこれまでに獲得した利益の合計額を次期繰越活動収支差額というが、これは [事業活動収支計算書] と [貸借対照表] に表れる。貸借対照表では純資産の部に示される。

A1192　✕　[資金収支計算書] とは、事業の収支の状態や継続性をみるために、当該会計年度における支払資金の増加及び減少の状況を表示するものである。

A1193　○　[クラウドファンディング] は、クラウド（群衆）とファンディング（資金調達）を組み合わせた造語で、アイデアやプロジェクトを持つ起案者が、[インターネット] を通して、共感した人から広く [資金] を集める方法である。

A1194　✕　[減価償却] とは、長期間にわたって使用される固定資産の取得に要した支出を、その資産が使用できる期間にわたって費用配分する会計上の手続きであり、福祉サービスのために利用する [建物] もその対象となる。時間によって価値が減少しない [土地] は対象外である。

A1195　✕　[貸借対照表] とは、資金の調達や資産への投入状況をみるために、当該会計年度末現在における資産、負債及び純資産の状態を表示するものである。

15
福祉サービスの組織と経営

**Q1196** ☑ ☑
ハーズバーグの動機づけ・衛生理論（2要因理論）によれば、仕事の達成や承認、責任などは、職務不満足に関係する衛生要因である。

**Q1197** ☑ ☑
ホーソン実験では、物理的作業条件よりも人間関係の側面が生産性に影響を与えることが明らかにされた。

**Q1198** ☑ ☑
組織内のコンフリクトによって、新しいアイデアが生まれることはない。

**Q1199** ☑ ☑
三隅二不二によれば、リーダーシップM行動は、集団の目標達成に志向したリーダーシップ行動である。

**Q1200** ☑ ☑
三隅二不二によれば、リーダーシップP行動は、集団や組織の中で生じた人間関係の緊張を解消するリーダーシップ行動である。

**Q1201** ☑ ☑
シェアード・リーダーシップは、それぞれのメンバーが、必要に応じてリーダーのように振る舞って他のメンバーに影響を与えるリーダーシップである。

**Q1202** ☑ ☑
フィードラー理論によれば、リーダーとメンバーの関係が良好で、仕事の内容・手順が明確な場合は、「タスク志向型」のリーダーより、「人間関係志向型」のリーダーの方が、よい業績が得られるとした。

A1196　✕　ハーズバーグの動機づけ・衛生理論（2要因理論）によれば、仕事の達成や承認、責任などは積極的に満足を与える［動機づけ要因］である。会社の政策と経営、監督技術、給与、上司との関係などは職務不満足に関係する［衛生要因］である。

A1197　○　ホーソン実験では、仕事の満足度や生産性を左右するのは、物理的な作業の条件よりも、［従業員間の協力や価値の実感］であることが明らかにされた。

A1198　✕　組織内のコンフリクトには、現状への挑戦、［新しいアイデア］やアプローチの奨励、変革の発生というプラスの影響もある。

A1199　✕　三隅二不二によれば、［リーダーシップP行動］は、集団の目標達成に志向したリーダーシップ行動である。

A1200　✕　三隅二不二によれば、［リーダーシップM行動］は、集団や組織の中で生じた人間関係の緊張を解消するリーダーシップ行動である。

A1201　○　［シェアード・リーダーシップ］は、「組織内の［複数の人間］、ときに［全員］がリーダーシップを取る」という理論である。従来のリーダーシップの関係性は［垂直］型だが、シェアード・リーダーシップは［水平］型の関係性となる。

A1202　✕　フィードラー理論によれば、リーダーとメンバーの関係が良好で、仕事の内容・手順が明確な場合は、［人間関係志向型］のリーダーより、［タスク志向型］のリーダーの方が、よい業績が得られるとした。

15

福祉サービスの組織と経営

**Q1203** ☑ ☑
パス・ゴール理論では、メンバーの目標達成のための道筋を明示することが、リーダーシップの本質であるとしている。

**Q1204** ☑ ☑
職場内において、新規事業に関する人材募集の社内広報を見つけ、応募した。このような制度は、自己申告制度といわれている。

**Q1205** ☑ ☑
年数が経つにつれてキャリアの高原状態に入ることをキャリアアンカーと呼ぶ。

**Q1206** ☑ ☑
キャリアプラトーとは、本当の自己を象徴する能力・動機・価値観が組み合わさったものである。

**Q1207** ☑ ☑
人事制度で使われるコンピテンシー（competency）とは、ある職務や役割において効果的もしくは優れた業績を発揮する行動特性をいう。

**Q1208** ☑ ☑
ハロー効果とは、評価者自身と反対の特性を持つ者を過大又は過小に評価するエラーのことである。

**Q1209** ☑ ☑
考課者訓練とは、考課する職員が考課される職員に対して行う訓練をいう。

A1203　○　リーダーシップ条件適応理論に含まれるパス・ゴール理論では、メンバーの目標達成のための［道筋を明示］することが、［リーダーシップ］の本質であるとしている。

A1204　×　職場内において、新規事業に関する人材募集の社内広報を見つけ、応募した。このような制度は、［社内公募制度］といわれている。職員に事情や希望を自己申告してもらい、配置やキャリア形成等を行うことを、［自己申告制度］という。

A1205　×　年数が経つにつれてキャリアの高原状態に入ることを［キャリアプラトー］と呼ぶ。組織内で昇進・昇格の可能性に行き詰まり、あるいは行き詰まったと本人が感じて、モチベーションの低下や能力開発機会の喪失に陥ることである。

A1206　×　［キャリアアンカー］とは、本当の自己を象徴する能力・動機・価値観が組み合わさったものである。

A1207　○　人事制度で使われるコンピテンシーとは、ある職務や役割において［効果的もしくは優れた］業績を発揮する行動特性をいう。

A1208　×　［対比誤差］とは、評価者自身と反対の特性を持つ者を過大又は過小に評価するエラーのことである。［ハロー効果］とは、部分的な特性の評価が、全体の評価に及ぶ傾向を指す。

A1209　×　考課者訓練とは、［考課者］の評価能力・技術を高めるための訓練をいう。人事考課は、慎重かつ正確に行うことが重要である。考課者にはそれを行うために必要な知識やスキルが求められる。

15 福祉サービスの組織と経営

**Q1210** ☑ ☑ 360度評価（多面評価制度）は、評価者である上司が職員の能力や業績だけでなく性格、志向、特技などを多面的に評価することである。

**Q1211** ☑ ☑ 目標管理制度とは、職員個人の能力に応じた目標と組織目標を関連づけ、組織の業績向上と職員の自己実現を目指すことである。

**Q1212** ☑ ☑ 事業者は、時間外・休日労働が一定時間以上で、疲労の蓄積が認められる労働者が申し出た場合は、医師による面接指導を行わなくてはならない。

**Q1213** ☑ ☑ 心理的負荷による精神障害は、業務上災害を補償する労働者災害補償保険の支給対象とはならない。

**Q1214** ☑ ☑ 計画的な人事異動であるジョブ・ローテーションは、人材育成を目的としたものではない。

**Q1215** ☑ ☑ ダイバーシティ・マネジメントにおいては、人材の多様性は組織に様々な価値や利益をもたらすと考えられている。

**Q1216** ☑ ☑ 就業規則を作成することが義務づけられている事業所においては、就業規則の作成又は変更に当たっては、労働者の過半数を代表する者の同意を得ることが法律上の要件とされている。

A1210　×　360度評価（多面評価制度）は、評価者である上司だけではなく、[部下や同僚、他部門の担当者、取引先や顧客]など多方面から人材を評価する制度である。

A1211　○　目標管理制度とは、職員[個人の能力]に応じた目標と[組織目標]を関連づけ、組織の業績向上と職員の自己実現を目指すことである。具体的には、①[能力開発]目標、②[職務遂行]目標、③[業務改善]目標、④[業績]目標が挙げられる。

A1212　○　事業者は、時間外・休日労働が一定時間以上で、疲労の蓄積が認められる労働者が申し出た場合は、医師による面接指導を[行わなくてはならない]。

A1213　×　心理的負荷による精神障害は、業務上災害を補償する[労働者災害補償保険]の支給対象と[なる]。精神障害の労災認定要件の1つとして、精神障害の発病前おおむね[6か月]の間に、業務による強い心理的負荷が認められることによって支給対象となる。

A1214　×　[ジョブ・ローテーション]とは、社員の職場を定期的に変え、様々な職務を経験させることによってマンネリ化を避けながら、社員の職能を高め、将来的に必要な人材育成、専門家・技術者の[育成]を図る制度である。

A1215　○　[ダイバーシティ・マネジメント]においては、属性や価値観の差異にかかわらず人員を適材適所で活用して、個人・チームの[成果を最大化]することにつなげる。

A1216　×　就業規則を作成することが義務づけられている事業所においては、就業規則の作成又は変更に当たっては、労働者の過半数を代表する者の[意見を聴く]ことが法律上の要件とされている。同意を得る必要はない。

15

福祉サービスの組織と経営

**Q1217** 労働基準法に定められている産前産後休業の6週間の間であっても、労働者の請求があれば、就業させることができる。

☑ ☑

**Q1218** 「育児・介護休業法」に定められている育児休業は、契約期間のある非正規職員は取得できない。

☑ ☑

**Q1219** 「男女雇用機会均等法」は、女性の妊娠、出産、産前産後休業の請求や取得を理由とした解雇その他不利益な取扱いをしてはならないと規定する。

☑ ☑

**Q1220** 使用者は就業規則を、労働者に対して周知する必要がある。

☑ ☑

**Q1221** 労働契約が就業規則で定める基準に達しない労働条件を定める場合は、労働契約で定める基準が有効になる。

☑ ☑

**Q1222** パワーハラスメントの典型的な例には、優越的な関係を背景として行われた、身体的・精神的な攻撃、人間関係からの切り離し、過大・過小な要求などが含まれる。

☑ ☑

**Q1223** 経済連携協定（EPA）に基づく介護福祉士候補者の受入れの対象国は、インドネシア、フィリピン、ベトナムの3か国である。

☑ ☑

A1217 × 労働基準法では、[6] 週間以内に出産予定の女性が休業を請求した場合は、就業させてはならない。また、産後 [8] 週間を経過しない女性を就業させてはならないが、産後 [6] 週間を経過した女性が [請求] し、[医師が支障がないと認めた業務] に就かせることは可能。

A1218 × 「育児・介護休業法」では、契約期間のある [非正規職員] で、雇用された期間が [1] 年以上であり、子が1歳に達する日を超えて引き続き雇用されることが見込まれる者は、事業主への申し出で育児休業を取得 [できる]（同法5条）。

A1219 ○ [男女雇用機会均等法] は、女性の妊娠、出産、産前産後休業の請求や取得を理由とした解雇その他不利益な取扱いをしてはならないと規定する。

A1220 ○ 使用者は [就業規則] を、常時見やすい場所に掲示するか備え付け、書面の交付その他の方法で労働者に [周知] させなければならない（労働基準法106条）。

A1221 × 効力の優先順位は優位の高いものから、①労働基準法、②労働協約、③ [就業規則]、④ [労働契約] という順となり、[就業規則] で定める基準が [労働契約] より有効となる（労働基準法13条、93条、92条、労働組合法16条）。

A1222 ○ パワーハラスメントの典型的な例には、優越的な関係を背景として行われた、[身体的・精神的] な攻撃、[人間関係] からの切り離し、[過大・過小な要求] などが含まれる。パワーハラスメント防止措置は [事業主] の義務である（労働施策総合推進法30条の2）。

A1223 ○ 経済連携協定（EPA）に基づく介護福祉士候補者とは、日本の介護施設で就労・研修をしながら日本の介護福祉士の資格取得を目指す人々のことで、受け入れの対象国は、[インドネシア、フィリピン、ベトナム] の3か国である。

# 16 高齢者に対する支援と介護保険制度

## 出る！出る！

## 要点チェックポイント

 **ポイント① 老人福祉法による老人福祉施設**

| | |
|---|---|
| 老人デイサービスセンター | 日常生活を営むのに困難がある高齢者に対して、入浴や排泄、食事等の介護の提供、機能訓練、介護方法の指導その他の便宜を提供する |
| 老人短期入所施設 | 養護者の疾病その他の理由により、居宅において介護を受けることが一時的に困難となった高齢者に対して、短期間入所させ、養護する |
| 養護老人ホーム | 経済的な理由で居宅において養護を受けることが困難な高齢者を入所させ、養護するとともに、その者が自立した生活を営み、社会的活動に参加するために必要な指導及び訓練その他の援助を行う |
| 特別養護老人ホーム（介護老人福祉施設） | 常時の介護を必要としかつ居宅においてこれを受けることが困難な高齢者を入所させ、養護する |
| 軽費老人ホーム | 無料又は低額な料金で、老人を入所させ、食事の提供その他日常生活上必要な便宜を供与する |
| 老人福祉センター | 無料又は低額な料金で、老人に関する各種の相談に応ずるとともに、老人に対して、健康の増進、教養の向上及びレクリエーションのための便宜を総合的に供与する |
| 老人介護支援センター | 老人や養護者、地域住民等からの相談に応じ必要な助言を行うとともに、主として居宅において介護を受ける老人や養護者、各事業者等との連絡調整を含め、援助を総合的に行う |

**ポイント② 介護サービス利用の手続き**

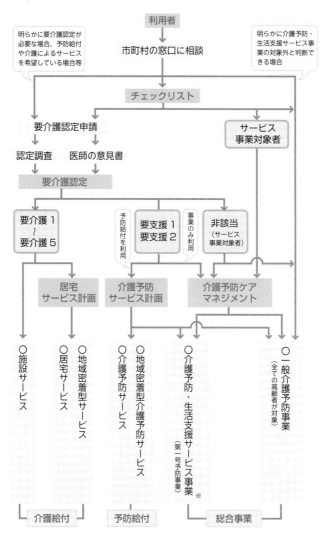

※2021（令和3）年より、①従前から第一号予防事業を受けている、②市町村長が認める場合に、要介護者も利用できる

## 1 高齢者を取り巻く社会情勢と高齢者保健福祉制度の発展

**Q1224**
☑ ☑
「令和4年版高齢社会白書」（内閣府）によると、2025（令和7）年に後期高齢者数と前期高齢者数が逆転し、後期高齢者数が上回ることが予想されている。

. . . . . . . . . . . . . . . . . . . . . . . . . . . . . . . . . . . . . . . . . . . . . . . .

**Q1225**
☑ ☑
総務省の人口推計により各年の動向をみると、総人口は、少子高齢化の進行により、1990年代中頃から減少に転じており、2012（平成24）年まで人口減少が続いている。

. . . . . . . . . . . . . . . . . . . . . . . . . . . . . . . . . . . . . . . . . . . . . . . .

**Q1226**
☑ ☑
「令和4年版高齢社会白書」（内閣府）によると、要介護者等からみた主な介護者の続柄で最も多いのは、「子の配偶者」となっている。多い順から、配偶者、子の配偶者、子となっている。

. . . . . . . . . . . . . . . . . . . . . . . . . . . . . . . . . . . . . . . . . . . . . . . .

**Q1227**
☑ ☑
「令和4年版高齢社会白書」によると、2019（令和元）年時点での健康寿命は、2010（平成22）年と比べて男女共に延びている。

. . . . . . . . . . . . . . . . . . . . . . . . . . . . . . . . . . . . . . . . . . . . . . . .

**Q1228**
☑ ☑
「令和4年版高齢社会白書」（内閣府）によると、2021（令和3）年時点で、都道府県の中で高齢化率が最も低いのは沖縄県であった。

. . . . . . . . . . . . . . . . . . . . . . . . . . . . . . . . . . . . . . . . . . . . . . . .

**Q1229**
☑ ☑
「令和4年版高齢社会白書」（内閣府）における高齢者の雇用形態をみると、男性の雇用者の場合、非正規雇用者の比率は、65～69歳で6割を超えている。

A1224 × 「令和4年版高齢社会白書」（内閣府）によると、75歳以上人口は、[2018（平成30）]年には65〜74歳人口を上回り、その後も[2054（令和36）]年まで増加傾向が続くと見込まれている。

A1225 × 総務省の人口推計により各年の動向をみると、総人口は、少子高齢化の進行により、[2008]年をピークに減少に転じている。

A1226 × 「令和4年版高齢社会白書」（内閣府）によると、要介護者等からみた主な同居の介護者の続柄で最も多いのは[配偶者]（23.8％）で、[子]（20.7％）、[子の配偶者]（7.5％）と続く。

A1227 ○ 「令和4年版高齢社会白書」によると、2019（令和元）時点での健康寿命は、男性が[72.68]年、女性が[75.38]年となっており、それぞれ2010（平成22）年と比べて[延びている]。

A1228 × 「令和4年版高齢社会白書」（内閣府）によると、2021（令和3）年現在の高齢化率は、最も高いのは[秋田県]で38.1％、最も低い[東京都]は22.9％となっている。

A1229 ○ 「令和4年版高齢社会白書」（内閣府）における高齢者の雇用形態では、男性の場合、非正規雇用者の比率は55〜59歳で10.5％であるが、60〜64歳で45.3％、65〜69歳で[67.8]％となっており、[6]割を超えている。

16

高齢者に対する支援と介護保険制度

**Q1230**
☑ ☑
「令和4年版高齢社会白書」（内閣府）によると、要介護者等において、介護が必要になった主な原因で最も多いのは、「認知症」となっている。

**Q1231**
☑ ☑
「ゴールドプラン21」は、介護保険制度が始まった2000（平成12）年度から10か年計画でスタートし、サービス基盤の整備目標や今後の方向性を明らかにした。

**Q1232**
☑ ☑
老人家庭奉仕員派遣制度は、老人福祉法改正時（1990（平成2）年）に、デイサービスやショートステイと共に法定化された。

**Q1233**
☑ ☑
老人福祉法制定時（1963（昭和38）年）には、特別養護老人ホームは経済的理由により居宅において養護を受けることが困難な老人を収容するものとされていた。

**Q1234**
☑ ☑
老人保健法（1982（昭和57）年）により、市町村による40歳以上の者に対する医療以外の保健事業（健康教育、健康診査、訪問指導など）の実施が規定された。

**Q1235**
☑ ☑
老人福祉法の改正（1990（平成2）年）により、特別養護老人ホーム等の入所決定権が、国から都道府県に移譲された。

**Q1236**
☑ ☑
高齢社会対策基本法（1995（平成7）年）により、21世紀までの介護基盤の量的整備が規定された。

A1230 ○ 「令和4年版高齢社会白書」によると、介護が必要になった原因で最も多いのは［認知症］（18.1％）で、次いで［脳血管疾患（脳卒中）］（15.0％）、［高齢による衰弱］（13.3％）、［骨折・転倒］（13.0％）と続く。

A1231 × 「ゴールドプラン21」は、介護保険制度が始まった2000（平成12）年度から［5］か年計画でスタートし、サービス基盤の整備目標や今後の方向性を明らかにした。

A1232 × 老人家庭奉仕員派遣制度は、1963（昭和38）年の老人福祉法制定時に、［特別養護老人ホーム］や［養護老人ホーム］、［養護委託］などとともに法定化された。

A1233 × 1963（昭和38）年の老人福祉法制定時に、［養護老人ホーム］は経済的な理由により居宅において養護を受けることが困難な老人を収容するものとされていた。

A1234 ○ 老人保健法（1982（昭和57）年）により、［市町村］による40歳以上の者に対する医療以外の保健事業（健康教育、健康診査、訪問指導など）の実施が規定された。同法は医療等とそれら以外の保健事業の2本柱からなり、前者では［老人医療費支給事業］が、後者では各種の保健事業が行われている。

A1235 × 1990（平成2）年の［老人福祉法等の一部を改正する法律］いわゆる［福祉八法改正法］において、特別養護老人ホーム等の入所決定権が都道府県から町村に移譲された。

A1236 × ［1989（平成元）］年に策定された［ゴールドプラン（高齢者保健福祉推進10か年戦略）］により、21世紀までの介護基盤の量的整備が規定された。その後、1994（平成6）年に新ゴールドプラン（高齢者保健福祉計画）へ改定された。

16

高齢者に対する支援と介護保険制度

**Q1237** ☑ ☑ 老人保健法の廃止に伴い、老人福祉法による70歳以上の者に対する老人医療費支給制度が開始された。

**Q1238** ☑ ☑ 高齢者介護研究会「2015年の高齢者介護～高齢者の尊厳を支えるケアの確立に向けて～」(2003(平成15)年)において、「第2次ベビーブーム世代」が高齢者になる時期を念頭に、既存の介護保険施設の拡充が提言された。

**Q1239** ☑ ☑ 認知症高齢者の急増に対応してオレンジプラン(認知症施策推進5か年計画)が1990年代に策定され、その計画推進を目的の1つとして介護保険法が制定された。

**Q1240** ☑ ☑ 高齢者の医療の確保に関する法律による第3期医療費適正化計画では、2010年代から2020年代の取組の1つとして、寝たきり老人ゼロ作戦が初めて示された。

## 2 高齢者保健福祉制度の概要

**Q1241** ☑ ☑ 養護者による高齢者虐待についてみると、虐待の種別・類型では「経済的虐待」が最も多く、次いで「介護等放棄」「身体的虐待」「心理的虐待」の順であった。

**Q1242** ☑ ☑ 老人福祉法(1963(昭和38)年)により、軽費老人ホームが規定された。

A1237　×　[老人福祉] 法による 70 歳以上の者に対する老
人医療費支給制度は、1973（昭和 48）年に実
施され、事業は市町村が行った。1983（昭和
58）年、[老人保健] 法施行により廃止された。

- - - - - - - - - - - - - - - - - - - - - - - - - - - - - - - - - - - - - - - - -

A1238　×　高齢者介護研究会「2015 年の高齢者介護～高
齢者の尊厳を支えるケアの確立に向けて～」
（2003（平成 15）年）では、「[戦後の（第 1 次）
ベビーブーム] 世代」が 65 歳以上になる時期
を念頭に介護保険施設の拡充が提言された。

- - - - - - - - - - - - - - - - - - - - - - - - - - - - - - - - - - - - - - - - -

A1239　×　オレンジプラン（認知症施策推進 5 か年計画）
は、[2012（平成 24）] 年に策定された。介護
保険法の制定は [1997（平成 9）] 年である。

- - - - - - - - - - - - - - - - - - - - - - - - - - - - - - - - - - - - - - - - -

A1240　×　寝たきり老人ゼロ作戦は、[1989（平成元）] 年
に策定した [ゴールドプラン（高齢者保健福祉
推進 10 か年戦略）] の中の施策の 1 つである。

A1241　×　養護者による高齢者虐待についてみると、虐待
の種別・類型では「身体的虐待」が最も多く、
次いで「心理的虐待」、「介護等放棄」、「経済的
虐待」の順であった（厚生労働省「令和 3 年度
『高齢者虐待の防止、高齢者の養護者に対する
支援等に関する法律』に基づく対応状況等に関
する調査結果」より）。

- - - - - - - - - - - - - - - - - - - - - - - - - - - - - - - - - - - - - - - - -

A1242　○　[老人福祉] 法により、軽費老人ホームは特別
養護老人ホーム等と併せて規定された。

**Q1243**
☐ ☐
「高齢者虐待防止法」において、市町村は、虐待防止のために市町村が行う高齢者や養護者に対する相談、助言、指導について、当該市町村と連携協力する高齢者虐待対応協力者のうち適当と認められるものに委託することができる。

**Q1244**
☐ ☐
高齢者の居住の安定確保に関する法律の規定に関して、市町村は高齢者居住安定確保計画で、その区域内における高齢者に対する賃貸住宅及び老人ホームの供給の目標、高齢者居宅生活支援事業に供する施設の整備の促進に関する事項などそれらの目標を達成するために必要なものを定めることができる。

**Q1245**
☐ ☐
高齢者の居住の安定確保に関する法律の規定に関して、サービス付き高齢者向け住宅事業の登録を受けている有料老人ホームの設置者については、特例として老人福祉法による有料老人ホームの事業内容の届出、事業内容の変更、廃止・休止の届出規定は適用されない。

**Q1246**
☐ ☐
高齢者、障害者等の移動等の円滑化の促進に関する法律において、公共交通事業者等は、その職員に対して移動等円滑化を図るために必要な教育訓練を行うよう努めなければならない。

**Q1247**
☐ ☐
高齢者、障害者等の移動等の円滑化の促進に関する法律において、移動等円滑化基本構想に位置づけられた事業の実施状況等の調査・分析や評価は、おおむね10年ごとに行わなければならない。

**Q1248**
☐ ☐
有料老人ホームの設置者は、あらかじめその施設を設置しようとする地域の市町村長に法定の事項を届け出なければならない。

A1243　○　「高齢者虐待防止法」において、市町村は、虐待防止のために市町村が行う高齢者や養護者に対する相談、助言、指導について、当該市町村と連携協力する［高齢者虐待対応協力者］のうち適当と認められるものに［委託］することができる（同法17条1項）。

A1244　×　高齢者の居住の安定確保に関する法律の規定に関して、［都道府県］は高齢者居住安定確保計画で、その区域内における高齢者に対する賃貸住宅及び老人ホームの供給の［目標］、高齢者居宅生活支援事業に供する施設の整備の促進に関する事項などそれらの［目標］を達成するために必要なものを定めることができる。

A1245　○　高齢者の居住の安定確保に関する法律の規定に関して、［サービス付き高齢者向け住宅事業］の登録を受けている有料老人ホームの設置者については、特例として老人福祉法による有料老人ホームの事業内容の届出、事業内容の変更、廃止・休止の届出規定は［適用されない］。

A1246　○　公共交通事業者等は、その職員に対し、移動等円滑化を図るために必要な教育訓練を［行うよう努めなければならない］とされている（同法8条6項）。

A1247　×　市町村が移動等円滑化基本構想を作成した場合、おおむね［5］年ごとに、特定事業その他の事業の実施の状況についての調査、分析及び評価を行うよう努めることとされている（同法25条の2）。

A1248　×　有料老人ホームの設置者は、あらかじめその施設を設置しようとする地域の［都道府県知事］に法定の事項を届け出なければならない（老人福祉法29条1項）。

16

高齢者に対する支援と介護保険制度

**Q1249**

☑ ☑

老人福祉法において規定する老人福祉施設とは、老人デイサービスセンター、老人短期入所施設、養護老人ホーム、特別養護老人ホーム、軽費老人ホーム、老人福祉センター、老人介護支援センター及び地域包括支援センターをいう。

**Q1250**

☑ ☑

有料老人ホームとは、介護等の供与をする事業を行う施設であって、老人福祉施設や認知症対応型老人共同生活援助事業を行う住居等の施設でないものをいう。

**Q1251**

☑ ☑

社会福祉法人は、厚生労働大臣の認可を受けて、養護老人ホーム又は特別養護老人ホームを設置することができる。

**Q1252**

☑ ☑

養護老人ホームでは、入所者の心身の状況等に応じて、社会復帰の促進及び自立のために必要な指導や訓練、その他の援助を行うこととされている。

**Q1253**

☑ ☑

市町村老人福祉計画は、老人の福祉に関する事項を定める市町村介護保険事業計画及び市町村地域福祉計画と調和が保たれたものでなければならない。

**Q1254**

☑ ☑

「認知症施策推進大綱」（2019（令和元）年）では、認知症の人の事故を補償する給付を現行の介護保険制度の中で創設することの必要性を明示している。

A1249　×　老人福祉法において規定する老人福祉施設とは、[老人デイサービスセンター]、[老人短期入所施設]、[養護老人ホーム]、[特別養護老人ホーム]、[軽費老人ホーム]、[老人福祉センター]、[老人介護支援センター] をいう。[地域包括支援センター] は、介護保険法に規定された、地域支援事業を行う機関。

A1250　○　[有料老人ホーム] とは、介護等の供与をする事業を行う施設であって、老人福祉施設や認知症対応型老人共同生活援助事業を行う住居等の施設でないものをいう（老人福祉法29条1項）。

A1251　×　社会福祉法人は、[都道府県] の認可を受けて、養護老人ホーム又は特別養護老人ホームを設置することができる（老人福祉法15条4項）。

A1252　○　養護老人ホームでは、入所者の心身の状況等に応じて、[社会復帰の促進及び自立] のために必要な指導や訓練、その他の援助を行うこととされている。

A1253　×　市町村老人福祉計画は、老人の福祉に関する事項を定める市町村地域福祉計画と [調和] が保たれたものでなければならない。また、市町村介護保険事業計画と [一体のもの] として作成されなければならない。

A1254　×　「認知症施策推進大綱」（2019（令和元）年）では、認知症の人の事故を補償する給付を現行の介護保険制度の中で創設することの必要性を明示 [していない]。

16

高齢者に対する支援と介護保険制度

## 3 介護保険制度の概要

**Q1255**
☐ ☐
介護報酬の1単位当たりの単価は全国一律で10円とした上で、事業所・施設の所在地及びサービスの種類に応じて減額が行われている。

**Q1256**
☐ ☐
介護保険制度における要介護認定は、その認定結果の通知が申請者の手元に届いた時点で効力を生ずる。

**Q1257**
☐ ☐
介護予防・日常生活支援総合事業の財源は、介護保険特別会計からではなく、市町村の一般財源が用いられる。

**Q1258**
☐ ☐
市町村における介護保険給付費のための支出会計区分は、一般会計である。

**Q1259**
☐ ☐
第1号被保険者の保険料率は、全国どこの保険者においても第4段階を基準額として、6段階に統一的に設定されている。

**Q1260**
☐ ☐
市町村は、介護保険審査会を設置する。

**Q1261**
☐ ☐
福祉用具貸与の介護報酬については、貸与価格の下限の設定が行われることとなっている。

**Q1262**
☐ ☐
都道府県は、6年を1期とする介護保険事業計画を策定するに当たって、各年度の地域支援事業の見込量の算出を行う。

A1255　✕　介護報酬の1単位当たりの単価は全国一律で10円とした上で、地域区分（1～7級地に分類。「そのほか」も含めて実質8種類）及びサービスの種類に応じて、［増額（上乗せ）］の割合がそれぞれ設定されている。

A1256　✕　介護保険制度における要介護認定は、［その申請のあった日］にさかのぼってその効力を生ずる。

A1257　✕　介護予防・日常生活支援総合事業の財源は、［国（25％）］、［地方公共団体（都道府県12.5％・市町村12.5％）］、［第1号被保険料（23％）］、［第2号被保険料（27％）］となっている。

A1258　✕　介護保険給付費のための支出会計区分は、［特別会計］で行うこととされている（介護保険法3条2項）。

A1259　✕　第1号被保険者の保険料率は、全国どこの保険者においても第5段階を基準額として、9段階に区分されているが、全国一律ではなく、各市町村により［10段階以上］に設定することも可能である。

A1260　✕　［都道府県］は、介護保険審査会を設置することとされている（介護保険法184条）。

A1261　✕　福祉用具貸与の介護報酬については、貸与価格の［上限］の設定が行われる。2021（令和3）年度の介護報酬改定より［3］年に一度改定されることとなった。

A1262　✕　［市町村］は、［3］年を1期とする介護保険事業計画を策定する（介護保険法117条1項）。都道府県が策定するのは［都道府県介護保険事業支援計画］である（同法118条1項）。

**高齢者に対する支援と介護保険制度**

**Q1263** ☑ ☑ 社会保険診療報酬支払基金は、市町村からの委託を受けて、介護保険の指定事業者からの請求に基づく介護報酬の審査・支払事務を行う。

**Q1264** ☑ ☑ 国民健康保険団体連合会は、介護保険の財政の安定化に資する事業に必要な費用を充てるため、財政安定化基金を設ける。

**Q1265** ☑ ☑ 介護保険法における指定居宅サービス事業者（地域密着型サービスを除く）は、市町村長から3年ごとに指定の更新を受けなければならない。

**Q1266** ☑ ☑ 国民健康保険団体連合会は、都道府県の委託を受けて介護サービス費等の請求に関する審査及び支払いを行い、介護サービス等の質の向上に関する調査等を行う。

**Q1267** ☑ ☑ 国民健康保険団体連合会は、介護サービス事業者が利用者に提供したサービスに伴う介護給付費の請求に関し、市町村から委託を受けて審査及び保険給付の支払いを行う。

**Q1268** ☑ ☑ 介護保険制度の第一号保険料の額は、政令で定める基準に従い、各市町村が条例で定める保険料率に基づいて算定され、第一号被保険者に賦課される。

**Q1269** ☑ ☑ 介護保険制度の第一号保険料が特別徴収となるのは、公的年金の受給額が年額120万円以上の第一号被保険者である。

**Q1270** ☑ ☑ 介護保険制度の第一号被保険者が医療保険の被用者保険（健康保険など）の被保険者の場合、介護保険料は医療保険者が医療保険料と一体的に徴収する。

A1263 × ［国民健康保険団体連合会］は、市町村からの委託を受けて、介護保険の指定事業者からの請求に基づく介護報酬の審査・支払事務を行う。

A1264 × ［都道府県］は、介護保険の財政の安定化に資する事業に必要な費用を充てるため、財政安定化基金を設ける。

A1265 × 介護保険法における指定居宅サービス事業者の指定は［都道府県知事］が行い、有効期間は［6］年とされている（同法70条の2）。

A1266 × 国民健康保険団体連合会は、［市町村］の委託を受けて介護サービス費等の請求に関する審査及び支払いを行い、介護サービス等の質の向上に関する調査等を行う。

A1267 ○ 国民健康保険団体連合会は、介護保険制度の［審査支払機関］であり、介護サービス事業者が利用者に提供したサービスに伴う介護給付費の請求に関し、［市町村］から委託を受けて審査及び保険給付の支払いを行う。

A1268 ○ 介護保険制度の第一号被保険者の保険料額は［各市区町村が条例］で設定する基準額に、所得に応じた段階別の保険料率を乗じた額となる。基準額は各市区町村で策定する［介護保険事業計画］で定められる。

A1269 × 介護保険制度の第一号保険料が特別徴収となるのは、［65］歳以上の第一号被保険者であって、年額［18万］円以上の年金を受給している者である。

A1270 × 介護保険制度の［第二号被保険者］が医療保険の被用者保険（健康保険など）の被保険者の場合、介護保険料を医療保険者が医療保険料と一体的に徴収する。

16

高齢者に対する支援と介護保険制度

**Q1271**

☑ ☑

介護保険制度の第一号被保険者が被保護者（生活保護受給者）であって第一号保険料が普通徴収となる場合、その保険料は介護扶助として支給される。

**Q1272**

☑ ☑

都道府県知事は、介護保険法における指定居宅サービス事業者（地域密着型サービスを除く）からの居宅介護サービス費の請求に関する不正があったとき、指定を取り消すことができる。

**Q1273**

☑ ☑

事業の取り消しを受けた介護保険法における指定居宅サービス事業者（地域密着型サービスを除く）の再指定は、その取消しの日から起算して3年を経過すれば指定を受けることができる。

**Q1274**

☑ ☑

介護保険制度における介護報酬は、3年に1回改定される。

**Q1275**

☑ ☑

特定施設入居者生活介護では、認知症要介護者に対して共同生活を営むことのできる住居において入浴、排泄、食事等の介護、その他の日常生活上の世話を行う。

**Q1276**

☑ ☑

居宅療養管理指導とは、居宅要介護者に対して心身機能の回復及び日常生活上の自立を図るために居宅において診療に基づき実施される理学療法や作業療法をいう。

**Q1277**

☑ ☑

老人福祉法に規定する有料老人ホームは、サービス付き高齢者向け住宅の登録を受けることができる。

**Q1278**

☑ ☑

サービス付き高齢者向け住宅に関する報告徴収、立入検査等の指導監督は、所在地の市町村によって行われる。

A1271　✕　介護保険制度の第一号被保険者（65歳以上の人）は医療保険の加入の有無にかかわらず被保険者となるため、生活保護受給者も介護保険の被保険者となる。その保険料については生活保護費の［生活扶助］で賄われる。

A1272　○　介護保険法における指定居宅サービス事業者（地域密着型サービスを除く）の指定の取り消しは、［都道府県知事］が行う（同法77条1項）。

A1273　✕　事業の取消しを受けた介護保険法における指定居宅サービス事業者（地域密着型サービスを除く）の再指定は、［5］年の経過が必要とされている（同法70条）。

A1274　○　介護報酬の算定基準や単位、サービスの種類や地域ごとの割合等については、［3］年に1回の割合で改定されている。

A1275　✕　特定施設入居者生活介護では、［特定施設］（有料老人ホーム、軽費老人ホーム、養護老人ホーム等）の［入居者］に対して日常生活の介護や機能訓練、療養上の世話等を行う。

A1276　✕　居宅療養管理指導とは、居宅要介護者に対して心身機能の回復及び日常生活上の自立を図るために居宅において診療に基づき実施される［療養上の管理や指導等］をいう。

A1277　○　サービス付き高齢者向け住宅の登録制度は、高齢者向けの賃貸住宅又は有料老人ホームに高齢者を入居させて規定するサービスを行う者等が［都道府県知事］より登録を受ける制度である。

A1278　✕　サービス付き高齢者向け住宅に対する報告徴収や立入検査といった指導監督は、［都道府県・政令市・中核市］が行う。

16

高齢者に対する支援と介護保険制度

**Q1279** ☑ ☑ 指定介護訪問介護においては、訪問介護員が利用者にとって必要と認めた場合、同居家族に対してサービスを提供することが認められている。

**Q1280** ☑ ☑ やむを得ない事由で介護保険法の保険給付などが利用できない場合、市町村が採ることのできる福祉の措置の1つとして、居宅における介護等が老人福祉法に規定されている。

**Q1281** ☑ ☑ 地域密着型サービスは、事業所が存在する市町村の住民を対象としているため、他の市町村の住民は利用することはできないとされている。

**Q1282** ☑ ☑ 市町村は、厚生労働大臣が定める基準により算定した額に代えて、その額を超えない額を、当該市町村の地域密着型介護サービス費の額とすることができる。

**Q1283** ☑ ☑ 簡易浴槽は、介護保険法に定める福祉用具貸与の種目である。

**Q1284** ☑ ☑ サービス付き高齢者向け住宅は、入居者に対し、介護保険制度における居宅介護サービス若しくは地域密着型サービスの提供が義務づけられている。

**Q1285** ☑ ☑ 地域包括支援センター運営協議会は、原則として当該市町村で設定される日常生活圏域ごとに1つ設置されることになっている。

A1279 ✕ 指定介護訪問介護においては、同居家族に対してサービスを提供することは [認められていない]。

A1280 ○ やむを得ない理由で介護保険法の保険給付などが利用できない場合、市町村が採ることのできる福祉の措置として、[居宅] における介護 (老人居宅生活支援事業) や [特別養護老人ホーム]が老人福祉法に規定されている。

A1281 ✕ 地域密着型サービスは、原則事業所が存在する市町村の住民を対象としているが、市町村長等の同意が得られた場合には、他市町村の住民の利用も [可能] となる。

A1282 ○ 市町村は、[地域密着型サービスの種類] その他の [事情を勘案] して、厚生労働大臣が定める基準により算定した額に代えて、その額を[超えない] 額を、当該市町村の地域密着型介護サービス費の額とすることができる (介護保険法42条の2第4項)。

A1283 ✕ 簡易浴槽は、取水や排水のために工事を伴わない空気式又は折りたたみ式等で容易に移動できるものであり、[特定福祉用具・特定介護予防福祉用具販売] の種目である。

A1284 ✕ サービス付き高齢者向け住宅は、2011 (平成23) 年の「高齢者の居住の安定確保に関する法律 (高齢者住まい法)」の改正により創設されたが、入居者に対し、介護保険制度における居宅介護サービス若しくは地域密着型サービスの提供は義務づけられて [いない]。

A1285 ✕ 地域包括支援センター運営協議会は、原則として [市町村] ごとに1つ設置されることになっているが、複数の市町村により共同で設置することもできる。

16

高齢者に対する支援と介護保険制度

**Q1286**
☑ ☑
都道府県は、定期的に、地域包括支援センターにおける事業の実施状況について、評価を行わなければならない。

**Q1287**
☐ ☐
市町村長は、都道府県知事の事前了解を得て指定居宅サービス事業者や指定介護老人福祉施設等に報告や帳簿書類の提出を求めたり、立入検査などを行ったりできる。

**Q1288**
☐ ☐
居宅サービス計画は、指定居宅介護支援事業者の介護支援専門員に作成を依頼することなく、利用者自らが作成することができる。

**Q1289**
☐ ☐
介護支援専門員は、居宅サービス計画の実施状況の把握のため、少なくとも2週間に1度は利用者宅を訪問することが義務づけられている。

**Q1290**
☐ ☐
指定居宅介護支援事業所の介護支援専門員は、利用者が訪問看護、通所リハビリテーション等の医療サービスを希望している場合、利用者の同意を得て主治医等の意見を求めなければならない。

**Q1291**
☐ ☐
介護予防ケアマネジメント（第一号介護予防支援事業）については、地域包括支援センターへ委託をしてはならないこととなっている。

**Q1292**
☐ ☐
介護認定審査会の委員は、要介護者等の保健、医療、福祉に関する学識経験者及び第一号被保険者から都道府県知事が任命する。

A1286　✕　地域包括支援センターにおける事業の実施状況の評価は、[市町村] が行う（介護保険法 115 条の 46 第 9 項）。

A1287　✕　[市町村長] は、指定居宅サービス事業者や指定介護老人福祉施設等に報告や帳簿書類の提出を求めたり、立入検査などを行ったりできる。都道府県知事の事前了解を得る必要はない。

A1288　〇　居宅サービス計画は、指定居宅介護支援事業者の介護支援専門員に作成を依頼することなく、[利用者自身や家族] が作成することが可能であり、これを [セルフケアプラン] という。

A1289　✕　介護支援専門員は、居宅サービス計画の実施状況の把握（モニタリング）のため、少なくとも [1 か月] に 1 回の利用者への訪問が義務づけられている。

A1290　〇　利用者が訪問看護、通所リハビリテーション等の医療サービスを希望している場合、指定居宅介護支援事業所の介護支援専門員は、[利用者] の同意を得て [主治医等] の意見を求めなければならない（居宅介護支援基準 13 条 19 号、20 号）。

A1291　✕　介護予防ケアマネジメント（第一号介護予防支援事業）については、地域包括支援センターに [委託] することができる。業務の一部を指定居宅介護支援事業所に [委託] し、当該事業所の介護支援専門員により実施することも可能である。

A1292　✕　介護認定審査会の委員は、各分野のバランスに配慮した構成とし、保健、医療、福祉に関する学識経験者及び被保険者から、[市町村長] が任命する。

16
高齢者に対する支援と介護保険制度

**Q1293** ☑ ☑
介護認定審査会は、市町村長が定める認定基準に従って審査・判定を行い、その結果を申請者（被保険者）に通知する。

**Q1294** ☑ ☑
介護認定審査会は、被保険者の要介護状態の軽減または悪化の防止のために必要な療養に関する事項などの意見を市町村に述べることができる。

**Q1295** ☑ ☑
要介護認定・要支援認定における認定調査員は、新規申請の場合も、更新・区分変更申請の場合も、市町村職員以外の者が担うことはできない。

**Q1296** ☑ ☑
市町村は、要介護等認定の効力が生じた日前にやむを得ず指定サービスを受ける必要があったと認めるときには、要介護等被保険者に対し特例的にサービス費を支給できる。

**Q1297** ☑ ☑
介護保険制度の地域支援事業における包括的支援事業のうち、包括的・継続的ケアマネジメント支援業務では、地域内の要介護者などやその家族に対し、日常的な介護予防に関する個別指導や相談などが実施される。

**Q1298** ☑ ☑
介護保険制度の地域支援事業における包括的支援事業のうち、生活支援体制整備事業では、生活支援コーディネーター（地域支え合い推進員）と生活支援サービスの提供主体による情報共有・連携強化の場として協議体が設置される。

A1293 ✕ 介護認定審査会は、[厚生労働省令]が定める基準に従って審査・判定を行い、その結果を申請者（被保険者）に通知する。審査・判定は、[要介護認定等基準時間]をもとに要介護状態区分などを判断する。

A1294 ○ 介護認定審査会は、介護認定審査会資料から読み取れる状況に基づき、要介護状態の軽減または悪化の防止のために特に[必要な療養]があると考えられる場合、及び指定居宅サービスまたは指定施設サービスの有効な利用に関して被保険者が[留意すべきこと]がある場合には、市町村に意見を付すことができる。

A1295 ✕ 市町村は、[新規の要介護認定に係る認定調査]を除き、認定調査を指定居宅介護支援事業者、地域密着型介護老人福祉施設、介護保険施設もしくは地域包括支援センター等に委託できる。

A1296 ○ 市町村は、要介護等認定の[効力が生じた日前]にやむを得ず指定サービスを受ける必要があったと[認める]ときには、要介護等被保険者に対し特例的にサービス費を支給できる。

A1297 ✕ 包括的・継続的ケアマネジメント支援業務は、[介護支援専門員]への日常的個別指導や相談、支援困難事例等への指導・助言、地域での介護支援専門員のネットワーク構築などを行うものである。

A1298 ○ 生活支援体制整備事業では、[生活支援コーディネーター（地域支え合い推進員）]と[生活支援サービスの提供主体]による情報共有・連携強化の場として協議体が設置され、地域づくりが強化される。

16

高齢者に対する支援と介護保険制度

**Q1299** ☑ ☑ 介護保険制度の地域支援事業における包括的支援事業のうち、認知症総合支援事業では、民生委員や地域内のボランティアによる認知症初期集中支援チームが設置される。

**Q1300** ☑ ☑ 介護保険制度の居宅介護サービスにおける支給限度基準額を超えて介護サービスを利用する場合には、その超えた費用は全額が利用者負担となる。

**Q1301** ☑ ☑ 介護保険制度の施設サービスにおける食費と居住費は、生活保護の被保護者を除き、市町村民税非課税世帯などの低所得者も全額の自己負担が求められる。

**Q1302** ☑ ☑ 介護支援専門員証の有効期間の更新にあたっては、法令に定められた研修を受けなければならない。

**Q1303** ☑ ☑ 認知症総合支援事業に基づく認知症初期集中支援チームが包括的、集中的な支援を行う期間は、おおむね2年とする。

**Q1304** ☑ ☑ 認知症総合支援事業に基づく認知症初期集中支援チームの対象は介護サービスが中断している者も含まれる。

**Q1305** ☑ ☑ 介護相談員派遣等事業の実施主体は、都道府県である。

A1299 ✕ 認知症総合支援事業では、認知症の初期段階に本人やその家族に対して個別訪問し適切な支援を行う認知症初期集中支援チームが、[地域包括支援センターの職員] や複数の [専門家] らによって設置される。

A1300 ○ 介護保険でのサービス利用にあたっては、要介護度に応じて限度額（区分支給限度額）が定められており、それらを超えて利用した介護サービス分の費用は [全額自己負担] となる。

A1301 ✕ 市町村民税非課税世帯などの低所得者に対しては、負担の限度額を超えた場合には [特定入所者介護サービス費（介護予防サービスでは特定入所者介護予防サービス費)] が給付される。

A1302 ○ 介護支援専門員証の有効期間は [5] 年とされており、更新にあたっては都道府県知事が厚生労働省令で定めるところにより行う研修を [受けなければならない] とされている。

A1303 ✕ 認知症総合支援事業に基づく認知症初期集中支援チームが包括的、集中的な支援を行う期間は、おおむね最長 [6 か月] 間とされている（厚生労働省老健局長通知）。

A1304 ○ 認知症総合支援事業に基づく認知症初期集中支援チームの対象には、介護サービスを [受けていない] 者や [中断している] 者も含まれる。

A1305 ✕ 介護相談員派遣等事業の実施主体は、[市町村（特別区を含む)] である。

16
高齢者に対する支援と介護保険制度

## 4 介護の概念や過程、技法

**Q1306**

☐ ☐

居室の湿度は 50 ～ 60％が望ましい。

**Q1307**

☐ ☐

冬季においては、移動時には厚めの衣類を着用するので、居室と廊下、トイレ等の温度差に注意する必要はない。

**Q1308**

☐ ☐

加齢により色覚が変化するため、日常生活空間では、青・緑より視覚的に見やすい赤・黄といった系統の色を使用するとよい。

**Q1309**

☐ ☐

仙骨部の発赤が消失しないので、マッサージをした。

**Q1310**

☐ ☐

車いす座位で足部に浮腫が出現した場合、足部を膝の高さぐらいに上げて変化を観察する。

**Q1311**

☐ ☐

車いすで長時間座位をとる場合は 20 ～ 30 分ごとに除圧する。

**Q1312**

☐ ☐

車いすで段差を下るときは、前向きで降ろす。

**Q1313**

☐ ☐

右上肢と左下肢に麻痺がある状態は、対麻痺である。

**Q1314**

☐ ☐

車いすからベッドへ移乗介助する場合、ベッドに対して要介護者の患側に車いすを置く。

A1306 ○ 居室の湿度は [50 ～ 60] ％が望ましい。

A1307 × 高齢者には、特に冬季は、室内と室外の差だけ
でなく [室内の温度差] にも気を配る必要があ
る。高齢者は、体温調節機能の衰えから心臓や
脳血管に大きな負担がかかるなど、急激な寒暖
の差に対応しきれないことも多い。

A1308 ○ 加齢により色覚が変化するため、日常生活空間
では、青・緑より視覚的に見やすい [赤・黄]
といった系統の色を使用するとよい。

A1309 × 発赤部分に直接マッサージなどの刺激を与えるこ
とは[逆効果]になるおそれがある。仙骨部は [褥
瘡]ができやすいため、対応は慎重に行う必要が
ある。

A1310 ○ 車いす座位で足部に浮腫が出現した場合、足部
を [膝] の高さぐらいに上げて変化を観察する。

A1311 ○ 車いすで長時間座位をとる場合は [20 ～ 30]
分ごとに除圧する。

A1312 × 車いすで段差を下るときは、[後ろ向き] で降ろ
す。ブレーキを活用しながら確実に後輪を降ろ
した上で、前輪を降ろしていくことが望ましい。

A1313 × 右上肢と左下肢に麻痺がある状態は、[交叉性
麻痺] である。

A1314 × 車いすからベッドへ移乗介助する場合は、ベッ
ドに対して要介護者の [健側] に車いすを置く。

16

高齢者に対する支援と介護保険制度

**Q1315**
右片麻痺者が杖歩行（三動作歩行）にて、階段を上るときは、杖→左足→右足の順である。

☑ ☑

**Q1316**
片麻痺者の歩行介助は、利用者の患側前方に位置すると安全を守りやすい。

☑ ☑

**Q1317**
右上肢に麻痺がある利用者の衣服の着脱は、左上肢から脱がせ、右上肢から着せる。

☑ ☑

**Q1318**
右片麻痺者がベッド上で臥床して食事をする場合、利用者の左側から介助する。

☑ ☑

**Q1319**
半身麻痺のある利用者がベッドから車いすに移乗する場合は、利用者を端座位にして車いすを患側に置いて行う。

☑ ☑

**Q1320**
右片麻痺で嚥下機能が低下した状態にある人に対する食事の介護では、左側にクッションを入れ座位姿勢が保てるようにする。

☑ ☑

**Q1321**
片麻痺者の浴槽やシャワーチェアからの立ち上がりのために、浴室の手すりは複数取り付けるとよい。

☑ ☑

**Q1322**
右片麻痺で嚥下機能が低下した状態にある人に対しては、右側から食事の介助をする。

☑ ☑

A1315 ○ 右片麻痺者が、杖歩行（三動作歩行）にて階段を上る時は［杖→健側の足→患側の足］となるため［杖→左足→右足］の順となる。

A1316 × 片麻痺者の歩行介助は、利用者の［患側斜め後方］に位置すると安全を守りやすい。

A1317 ○ 右上肢に麻痺がある利用者の衣服の着脱は、［左上肢］から脱がせ、［右上肢］から着せる。片麻痺者の着脱の介護では、［脱健着患］が基本である。

A1318 ○ 右片麻痺者がベッド上で臥床して食事をする場合、利用者の［左側］から介助する。片麻痺者の食事の介護では、［健側］へ食べ物を運ぶようにすることが適切である。

A1319 × 半身麻痺のある利用者がベッドから車いすに移乗する場合は、利用者を端座位にして車いすを［健側］に置いて行う。重心を利用者の重心に合わせて行う［健側接近］が基本である。車いすからベッドへの移乗でも同様。

A1320 × 片麻痺や嚥下機能の低下した状態にある人に対する食事の介護では、座位姿勢を保つためにクッションを使用するかどうか、また、どのように使用するかについては、［利用者の障害の程度等の状態］をよく勘案した上で判断することが必要である。

A1321 ○ 片麻痺者の浴槽やシャワーチェアからの立ち上がりのために、浴室の手すりは［複数］取り付けるとよい。浴槽からの出入りのための［L字型手すり］やシャワーチェアからの立ち上がりのための［横手すり］などがある。

A1322 × 片麻痺や嚥下機能の低下した状態にある人に対して、左右のどちら側から介助を行うかは、［介助される人の症状］に合わせる。

**Q1323** ☑ ☑
高齢者の住環境整備で、ドアは開閉時に身体の前後動作ができるよう、開き戸で握り式のノブが一般的に使いやすい。

**Q1324** ☑ ☑
要介護高齢者の住環境整備では、階段はステップの面と高さの色彩コントラストをはっきりさせる。

**Q1325** ☑ ☑
認知症の高齢者本人に働きかける方法の1つとして、過去の思い出に働きかけて心理的な安定や意欲の向上を図ろうとする回想法がある。

**Q1326** ☑ ☑
認知症ケアを行う介護施設における居室環境は、生活単位をできるだけ大規模化し、高齢者が空間を把握し易くしたほうがよい。

**Q1327** ☑ ☑
「認知症の人の日常生活・社会生活における意思決定支援ガイドライン」(2018(平成30)年)において、認知症の人の意思決定支援については、ケアを提供する専門職員や行政職員は関与しないことが規定された。

**Q1328** ☑ ☑
アドバンス・ケア・プランニング(ACP)では、本人が医療・ケアチームと十分な話し合いを行い、本人による意思決定を尊重する。

**Q1329** ☑ ☑
片麻痺の人の食事時の座位姿勢として、頸部は体幹に対して後屈の姿勢とする。

**Q1330** ☑ ☑
グリーフケアは、終末期を迎えた人に対して、積極的な延命治療を行わず、できる限り自然な死を迎えられるようにすることである。

A1323 × 高齢者の住環境整備で、ドアは開閉時に身体の前後動作ができるよう、[引き] 戸で [レバーハンドル] が一般的に使いやすい。

. . . . . . . . . . . . . . . . . . . . . . . . . . . . . . . . . . . . . . . . . . . . .

A1324 ○ 要介護高齢者の住環境整備では、階段はステップの面と高さの [色彩コントラスト] をはっきりさせる。視力の衰えによる踏み外しの危険性を減らすために有効である。

. . . . . . . . . . . . . . . . . . . . . . . . . . . . . . . . . . . . . . . . . . . . .

A1325 ○ 認知症の高齢者本人に働きかける方法の1つとして、過去の思い出に働きかけて心理的な安定や意欲の向上を図ろうとする [回想法] がある。他にも、バリデーション、コラージュ療法などがある。

. . . . . . . . . . . . . . . . . . . . . . . . . . . . . . . . . . . . . . . . . . . . .

A1326 × 認知症ケアを行う介護施設における居室環境は、生活単位をできるだけ [小規模化] し、高齢者が空間を把握し易くしたほうがよい。

. . . . . . . . . . . . . . . . . . . . . . . . . . . . . . . . . . . . . . . . . . . . .

A1327 × 「認知症の人の日常生活・社会生活における意思決定支援ガイドライン」(2018 (平成 30) 年) は、特定の職種や特定の場面に限定されるものではなく、[認知症の人の意思決定支援に関わるすべての人] による意思決定支援を行う際のガイドラインである。

. . . . . . . . . . . . . . . . . . . . . . . . . . . . . . . . . . . . . . . . . . . . .

A1328 ○ アドバンス・ケア・プランニング (ACP) とは、将来の変化に備え、医療及びケアについて [本人による意思決定] を支援するプロセスのことである。本人を主体に、その家族や近しい人、医療・ケアチームが、繰り返し話し合いを行うことが重要視される。

. . . . . . . . . . . . . . . . . . . . . . . . . . . . . . . . . . . . . . . . . . . . .

A1329 × 片麻痺の人の食事中の座位姿勢として、頸部は体幹に対してやや [前屈] とする。

. . . . . . . . . . . . . . . . . . . . . . . . . . . . . . . . . . . . . . . . . . . . .

A1330 × グリーフケアとは、[死別などによる深い悲しみや悲痛] をケアすることであり、「遺族ケア」や「悲嘆ケア」ともいわれる。

16

高齢者に対する支援と介護保険制度

## 要点チェックポイント

 **児童や少年などの定義**

| 根拠法 | 区分 | 定義 |
|---|---|---|
| 児童福祉法 | 児童 | 満18歳に満たない者 |
| | 乳児 | 満1歳に満たない者 |
| | 幼児 | 満1歳から、小学校就学の始期に達するまでの者 |
| | 少年 | 小学校就学の始期から、満18歳に達するまでの者 |
| 母子保健法 | 妊産婦 | 妊娠中又は出産後1年以内の女子 |
| | 乳児 | 1歳に満たない者 |
| | 幼児 | 満1歳から小学校就学の始期に達するまでの者 |
| | 保護者 | 親権を行う者、未成年後見人その他の者で、乳児又は幼児を現に監護する者 |
| | 新生児 | 出生後28日を経過しない乳児 |
| | 未熟児 | 身体の発育が未熟のまま出生した乳児であって、正常児が出生時に有する諸機能を得るに至るまでの者 |

 **児童福祉法による児童福祉施設**

| 施設 | 対象及び目的 |
|---|---|
| 助産施設 | 保健上必要があるにもかかわらず、経済的理由により、入院助産を受けられない妊産婦を入所させ、助産を受けさせる |
| 乳児院 | 乳児（保健上、安定した生活環境の確保その他の理由により特に必要のある場合には、幼児も含む）を入院させ、これを養育し、併せて退院した者について相談その他の援助を行う |
| 母子生活支援施設 | 配偶者のない女子又はこれに準ずる事情にある女子及びその者の監護すべき児童を入所させて、これらの者を保護するとともに、これらの者の自立の促進のためにその生活を支援し、併せて退所した者について相談その他の援助を行う |

| 施設 | | 対象及び目的 |
|---|---|---|
| 保育所 | | 日々保護者の委託を受けて、保育に欠けるその乳児又は幼児を保育する |
| 幼保連携型認定こども園 | | 学校教育、保育、家庭における養育支援を一体的に提供する |
| 児童厚生施設 | 児童遊園 | 児童に健全な遊びを与え、その健康を増進し情操を豊かにするとともに、事故による傷害の防止を図る |
| | 児童館 | 児童に健全な遊びを与え、その健康を増進し、又は情操を豊かにする |
| 児童養護施設 | | 保護者のない児童（乳児を除く。ただし、安定した生活環境の確保その他の理由により特に必要のある場合には、乳児を含む）、虐待されている児童その他環境上養護を必要とする児童を入所させて、これを養護し、併せて退所した者に対する相談その他の自立のための援助を行う |
| 障害児入所施設 | 福祉型 | 障害児を入所させて、保護、日常生活の指導及び独立自活に必要な知識技能の付与を行う |
| | 医療型 | 障害児を入所させて、保護、日常生活の指導、独立自活に必要な知識技能の付与及び治療を行う |
| 児童発達支援センター | 福祉型 | 障害児を日々保護者のもとから通わせて、日常生活における基本的動作の指導、独立自活に必要な知識技能の付与又は集団生活への適応のための訓練を行う |
| | 医療型 | 障害児を日々保護者のもとから通わせて、日常生活における基本的動作の指導、独立自活に必要な知識技能の付与又は集団生活への適応のための訓練及び治療を行う |
| 児童心理治療施設 | | 軽度の情緒障害を有する児童を短期間入所させ、又は保護者のもとから通わせて、その情緒障害を治し、併せて退所した者について相談その他の援助を行う |
| 児童自立支援施設 | | 不良行為をなし、又はなすおそれのある児童及び家庭環境その他の環境上の理由により生活指導等を要する児童を入所させ、又は保護者のもとから通わせて、個々の児童の状況に応じて必要な指導を行い、その自立を支援する |
| 児童家庭支援センター | | 地域の児童の福祉に関する各般の問題につき、児童、母子家庭その他の家庭、地域住民その他からの相談に応じ、必要な助言を行うとともに、保護を要する児童又はその保護者に対する指導を行い、併せて児童相談所、児童福祉施設等との連絡調整等を総合的に行い、地域の児童、家庭の福祉の向上を図る |

## 1 子ども家庭福祉制度の発展過程

**Q1331**
石井十次は、福田会育児院を創設し、主として少年
教護の領域で活躍した。
☑ ☑

**Q1332**
石井亮一は、滝乃川学園を創設し、主として知的障
害児の領域で活躍した。
☑ ☑

**Q1333**
糸賀一雄は、石神井学園を創設し、主として身体障
害児の領域で活躍した。
☑ ☑

**Q1334**
野口幽香は、家庭学校を創設し、主として保育の領
域で活躍した。
☑ ☑

**Q1335**
留岡幸助は、近江学園を創設し、主として児童養護
の領域で活躍した。
☑ ☑

## 2 子ども家庭福祉の理念・法制度

**Q1336**
「児童の権利に関する条約」では、「児童」を16歳
未満の者と定めている。
☑ ☑

**Q1337**
ヤヌシュ・コルチャックは、子どもの権利に関する先駆
的な思想を持ち、児童の権利に関する条約の精神に多
大な影響を与えたといわれ、第二次世界大戦下ナチス
ドイツによる強制収容所で子どもたちと死を共にした。
☑ ☑

**Q1338**
児童福祉法2条では、「国及び地方公共団体は、児
童の保護者の協力を得て、児童を心身ともに健やか
に育成する責任を負う」と規定している。
☑ ☑

| A1331 | × | 石井十次は、1887（明治20）年に［岡山孤児院］を創設し、主として［児童養護］の領域で活躍した。 |
| --- | --- | --- |

| A1332 | ○ | 石井亮一は、［滝乃川学園］を創設し、主として［知的障害児］の領域で活躍した。 |
| --- | --- | --- |

| A1333 | × | 糸賀一雄は、［近江学園］を創設し、主として［知的障害児］の領域で活躍した。 |
| --- | --- | --- |

| A1334 | × | 野口幽香は、［二葉幼稚園］を創設し、主として［保育］の領域で活躍した。 |
| --- | --- | --- |

| A1335 | × | 留岡幸助は、［家庭学校］を創設し、主として［感化教育］の領域で活躍した。 |
| --- | --- | --- |

| A1336 | × | 「児童の権利に関する条約」では、児童を［18］歳未満のすべての者と規定している（同条約1条）。 |
| --- | --- | --- |

| A1337 | ○ | ［ヤヌシュ・コルチャック］は、子どもの権利に関する先駆的な思想を持ち、［児童の権利に関する条約］の精神に多大な影響を与えたといわれ、第二次世界大戦下ナチスドイツによる強制収容所で子どもたちと死を共にした。 |
| --- | --- | --- |

| A1338 | × | 児童福祉法2条では、「国及び地方公共団体は、児童の［保護者とともに］、児童を心身ともに健やかに育成する責任を負う」と規定している。 |
| --- | --- | --- |

413

**Q1339**
児童福祉法は、保護者からの児童虐待の定義を規定している。

**Q1340**
児童福祉法は、保護者とは親権者であると規定している。

**Q1341**
2004（平成16年）の児童福祉法改正により、特に必要のある場合には、乳児院、児童養護施設とも乳児から18歳未満の児童を入所させることができることとされた。

**Q1342**
2019（令和元）年の児童福祉法等の一部改正により、児童相談所における介入担当と保護者支援担当は、同一の児童福祉司が担うこととなった。

**Q1343**
2019（令和元）年の児童福祉法等の一部改正により、特別区（東京23区）に、児童相談所を設置することが義務づけられた。

**Q1344**
2019（令和元）年の児童福祉法等の一部改正により、一時保護の解除後の児童の安全の確保が、市町村に義務づけられた。

**Q1345**
児童虐待は、身体的虐待、性的虐待、ネグレクト（保護の怠慢）、心理的虐待、社会的暴力の5つの類型に分類されている。

**Q1346**
児童虐待を受けたと思われる児童を発見した者は、できる限り通告するよう努めなければならない。

A1339　×　[児童虐待防止] 法は、保護者からの児童虐待の定義を規定している（同法2条）。

A1340　×　児童福祉法は、保護者とは、親権を行う者、[未成年後見人] その他の者で、児童を現に [監護] する者と規定している（同法6条）。

A1341　×　2004（平成16）年児童福祉法改正により、特に必要のある場合には、乳児院に [幼児] を、児童養護施設に [乳児] を入所させることができることとされた。

A1342　×　2019（令和元）年の児童福祉法等の一部改正により、児童の一時保護等を行った児童福祉司等 [以外の者] に、当該児童に係る保護者への指導を行わせることとなった。

A1343　×　2019（令和元）年の児童福祉法等の一部改正により、改正法の施行後5年間を目途として、中核市及び特別区が児童相談所を [設置できるよう必要な措置を講ずる] ものとされたが、設置が義務づけ [られたわけではない]。

A1344　×　2019（令和元）年の児童福祉法等の一部改正により、一時保護の解除後の児童の安全の確保が、[都道府県] に義務づけられた。

A1345　×　児童虐待は、[身体的虐待]、[性的虐待]、[ネグレクト]（保護の怠慢）、[心理的虐待] の4つの類型に分類されている。

A1346　×　児童虐待を受けたと思われる児童を発見した者は、速やかに、これを福祉事務所もしくは児童相談所又は児童委員を介して、市町村、都道府県の設置する福祉事務所もしくは児童相談所に [通告しなければならない]（児童虐待防止法6条）。

児童や家庭に対する支援と児童・家庭福祉制度

17

**Q1347** 児童が同居する家庭における配偶者に対する生命又は身体に危害を及ぼす暴力は、児童虐待の定義に含まれる。

**Q1348** 「令和2年度福祉行政報告例」（厚生労働省）における「児童相談所における児童虐待相談の対応件数」によると、「相談種別」では「性的虐待」が全体の3割を占めている。

**Q1349** 社会保障審議会児童部会に設置された児童虐待等要保護事例の検証に関する専門委員会の「子ども虐待による死亡事例等の検証結果等について（第18次報告）」（2022（令和4）年）によると、心中以外の虐待死のうち、死因となる虐待の種類は、ネグレクトが最も多い。

**Q1350** 保護者が再出頭要求に応じない場合において、児童虐待が行われている疑いがあるときは、安全の確認・安全の確保のため、都道府県知事は裁判官の許可状を得て児童の住所又は居所に臨検させ、又は児童を捜索させることができる。

**Q1351** 配偶者からの生命等に対する脅迫を受けた被害者に係る保護命令は、「DV防止法」制定時から定められている規定である。

**Q1352** DVを子どもの目の前で行うことは、児童虐待の防止等に関する法律に規定する虐待のうちネグレクト（保護の怠慢）に該当する。

**Q1353** 里親には、養育里親、親族里親、専門里親、養子縁組里親の4種類がある。

**A1347** ○ 児童虐待防止法において、児童が同居する家庭における［配偶者］に対する生命又は身体に危害を及ぼす暴力は、児童虐待の定義に含まれる（同法２条４号）。

**A1348** × 「令和２年度福祉行政報告例」によると、「相談種別」では、多い順に、［心理的虐待］121,334件（59.2％）、［身体的虐待］50,035件（24.4％）、［保護の怠慢・拒否（ネグレクト）］31,430件（15.3％）、［性的虐待］2,245件（1.1％）となっている。

**A1349** ○ 同報告によると、心中以外の虐待死に関して、虐待の種別は54人中で、［ネグレクト］が22人（［44.9］％）、［身体的虐待］が21人（［42.9］％）、不明が６人（12.2％）となっている。

**A1350** ○ 保護者が再出頭要求に応じない場合において、児童虐待が行われている疑いがあるときは、安全の確認・安全の確保のため、都道府県知事は裁判官の許可状を得て児童の住所又は居所に［臨検（強制立ち入り調査）］させ、又は児童を［捜索］させることができる（児童虐待防止法９条の３第１項）。

**A1351** × 配偶者からの生命等に対する脅迫を受けた被害者に係る保護命令は、2007（平成19）年の［DV防止法改正］時に規定された。

**A1352** × DVを子どもの目の前で行うことは、児童虐待の防止等に関する法律に規定する虐待のうち［心理的虐待］に該当する。

**A1353** ○ 里親には、養育里親、親族里親、専門里親、［養子縁組里親］の４種類がある。なお、養子縁組里親は、2008（平成20）年の児童福祉法改正により、養育里親と養子縁組を希望する里親を区別するために新設された。

**Q1354** 里親の認定は、児童相談所長が行う。

**Q1355** 短期里親への委託期間は、1か月を超えることはできない。

**Q1356** 里親となることを希望する者に配偶者がいなくても、都道府県知事が認めれば里親として認定される。

**Q1357** 1人の里親希望者に対して、異なった種類の里親を重複して認定することはできない。

**Q1358** 里親への委託が開始される児童の年齢は、12歳未満と定められている。

**Q1359** 母子保健法において「乳児」とは、1歳に満たない者のうち、「新生児」を除いた者のことをいう。

**Q1360** 母子保健法において「未熟児」とは、身体の発達が未熟のまま出生した乳児であって、出生後6か月を経過しない者をいう。

**Q1361** 母子及び寡婦福祉法（現在の母子及び父子並びに寡婦福祉法）は、1980年代に父子家庭を対象に含めた。

A1354 × 里親の認定は、[都道府県知事]が行う。

A1355 × 短期里親への委託期間は、[1]年を超えること はできない。なお、短期里親は、2008（平成 20）年の児童福祉法改正で、養育里親に含まれ ることになった。

A1356 ○ 厚生労働省「里親制度の運営について」（2017 （平成29）年）には、「知識、経験を有する等 児童を適切に養育できると認められる者につい ては、[必ずしも配偶者がいなくても]、里親と して認定して差し支えないこと」と規定されて いる。また、[都道府県知事]が都道府県児童 福祉審議会の意見を聴いた上で認定を行うこと になっている。

A1357 × 厚生労働省「里親制度の運営について」（2017 （平成29）年）には、「1人の里親希望者につ いて、[異なった種類の里親を重複して認定し ても差し支えない]こと」と規定されている。

A1358 × 厚生労働省「里親制度の運営について」（2017 （平成29）年）には、「里親が養育する委託児 童は、[18]歳未満の者とすること」と規定さ れている。

A1359 × 母子保健法において「乳児」とは、1歳に満た ない者のことであり、[新生児]も含まれる（同 法6条）。

A1360 × 母子保健法において「未熟児」とは、身体の発 達が未熟のまま出生した乳児であって、正常児 が出生時に有する[諸機能を得るに至るまで] の者のことをいう（同法6条）。

A1361 × 母子及び寡婦福祉法（現在の母子及び父子並び に寡婦福祉法）は、[2002（平成14）]年の[同 法改正]の時に父子家庭を対象に含めた。

**Q1362** 母子及び父子並びに寡婦福祉法にいう児童とは、20歳未満の者を意味する。

☑ ☑

**Q1363** 婦人保護施設は、母子及び父子並びに寡婦福祉法に基づく施設である。

☑ ☑

**Q1364** 市町村は、婦人相談所を設置しなければならない。

☑ ☑

**Q1365** 児童手当を受けようとする父母等は、都道府県知事の認定が必要である。

☑ ☑

**Q1366** 15歳に達する日以後の最初の3月31日までの間にある児童は、児童手当の支給要件児童に該当する。

☑ ☑

**Q1367** 児童扶養手当は、父子家庭も対象にしている。

☑ ☑

**Q1368** 児童扶養手当を受給している者には児童手当は支給されない。

☑ ☑

**Q1369** 特別児童扶養手当は、障害児の父もしくは母がその障害児を監護するとき、その父もしくは母に対して支給される。

☑ ☑

**Q1370** 次世代育成支援対策推進法により、国及び地方公共団体以外のすべての事業主（一般事業主）は、必ず一般事業主行動計画を策定するものとされている。

☑ ☑

**A1362** ○ 母子及び父子並びに寡婦福祉法にいう児童とは、[20] 歳未満の者を意味する（同法6条）。

**A1363** × 婦人保護施設は、[売春防止] 法に基づく施設である。

**A1364** × [都道府県] は、婦人相談所を設置しなければならない（売春防止法34条1項）。

**A1365** × 児童手当を受けようとする父母等は、[市町村長] の認定が必要である。児童手当を受けるためには、まず [市町村] への申請を行う。

**A1366** ○ 児童手当は、[中学校卒業] までの児童の [養育者] に支給されることになっており、[15] 歳に達する日以降の最初3月31日までの間にある児童は、支給要件児童に該当する。

**A1367** ○ 児童扶養手当は、[父子家庭] も対象にしている。2010（平成22）年5月の [児童扶養手当法] 改正（4条）によって、同年8月から父子家庭の父にも児童扶養手当が支給されている。

**A1368** × 児童扶養手当は、[ひとり親家庭] の経済的安定を図るために支給される手当であり、児童手当は、中学校卒業までの児童の養育者に支給される手当である。[ひとり親家庭] は、両手当の受給が可能である。

**A1369** ○ [特別児童扶養手当] は、障害児の父もしくは母がその障害児を監護するとき、その父もしくは母に対して支給される。

**A1370** × 次世代育成支援対策推進法により、国及び地方公共団体以外の [101] 人以上の事業主（一般事業主）は、必ず一般事業主行動計画を策定するものとされている。[100] 人以下の事業主は努力義務である。

**Q1371** ☑ ☑ 次世代育成支援対策推進法により、市町村は、5年を一期として市町村行動計画を策定するものとされている。

**Q1372** ☑ ☑ 政府は2年ごとに、子どもの貧困の状況と貧困対策の実施状況を公表しなければならない。

## 3 子ども家庭福祉制度における 組織・団体・専門職

**Q1373** ☑ ☑ 児童及び妊産婦の福祉に関し、家庭その他からの相談に応じることは、市町村の業務の1つである。

**Q1374** ☑ ☑ 都道府県に、次世代育成に関する相談その他の援助の業務を行う児童委員を置くこととされている。

**Q1375** ☑ ☑ 児童委員は、児童及び妊産婦について、生活や取り巻く環境の状況を把握する。

**Q1376** ☑ ☑ 主任児童委員の指名は、市町村の業務である。

**Q1377** ☑ ☑ 「保育所等関連状況取りまとめ（令和4年4月1日）」（厚生労働省）によると、3歳未満児のうち、保育所等を利用する児童数がおよそ半数を占めている。

**Q1378** ☑ ☑ 「保育所等関連状況取りまとめ（令和4年4月1日）」（厚生労働省）によると、保育所等待機児童数は、令和3年4月1日時点に比べて減少している。

A1371 〇 次世代育成支援対策推進法により、市町村は、[5] 年を一期として市町村行動計画を策定するものとされている。

A1372 × 政府は [毎年1回]、子どもの貧困の状況と貧困対策の実施状況を公表しなければならない（子どもの貧困対策の推進に関する法律7条）。

A1373 〇 児童及び妊産婦の福祉に関し、家庭その他からの相談に応じることは、[市町村] の重要な業務である（児童福祉法10条）。

A1374 × [市町村の区域] に、次世代育成に関する相談その他の援助の業務を行う [児童委員] を置くこととされている。児童委員は、児童福祉法に基づき [厚生労働大臣] の委嘱により置かれる民間奉仕者であり、[民生委員] を兼務する。

A1375 〇 [児童委員] は、児童福祉法に基づき、市町村の区域に厚生労働大臣の委嘱で置かれ、[民生委員] を兼務する。主な職務は、担当区域の児童・家庭等の実情把握、相談援助、関係機関への要保護児童の連絡、住民からの通告の仲介、児童健全育成活動などである。

A1376 × 児童委員の中から主任児童委員を指名するのは、[厚生労働大臣] である。

A1377 × 「保育所等関連状況取りまとめ（令和4年4月1日）」（厚生労働省）によると、3歳未満児のうち、保育所等を利用する児童数は [1,100,925名（43.4％）] となっており、半数に [達していない]。

**Q1379** 満3歳未満の保育を必要とする子どもは、幼保連携型認定こども園の入園の対象から除外されている。

**Q1380** 幼保連携型認定こども園は、学校及び児童福祉施設として位置づけられている。

**Q1381** 保育士としての登録は市町村が行い、保育士登録証が交付される。

**Q1382** 保育士は、保育士の信用を傷つけるような行為をしてはならないとされている。

**Q1383** 小規模住居型児童養育事業（ファミリーホーム）は、児童を養育者の家庭に迎え入れて養育を行う事業である。

**Q1384** 児童養護施設は、児童福祉法27条1項3号に基づく措置の対象となる施設である。

**Q1385** 母子生活支援施設に入所する児童は、15歳に満たない者とされている。

---

🐱 **重要** 児童福祉法7条に規定される児童福祉施設

助産施設（22条）／乳児院（37条）／母子生活支援施設（38条）／保育所（39条）／幼保連携型認定こども園（39条の2）／児童厚生施設（40条）／児童養護施設（41条）／障害児入所施設（42条）／児童発達支援センター（43条）／児童心理治療施設（43条の2）／児童自立支援施設（44条）／児童家庭支援センター（44条の2）

A1378 ○ 「保育所等関連状況取りまとめ（令和4年4月1日）」（厚生労働省）によると、2022（令和4）年4月1日時点の保育所等待機児童数は2,944名、2021（令和3）年4月1日時点の保育所等待機児童数は [5,634] 名となっており、[2,690名減少] している。

A1379 × 幼保連携型認定こども園に入園できる子どもは、[満3歳以上の子ども及び満3歳未満の保育を必要とする子ども] とされている。

A1380 ○ 幼保連携型認定こども園は、[学校及び児童福祉施設] として位置づけられている。

A1381 × 保育士登録簿は [都道府県] に備えられており、[都道府県知事] は、保育士の登録をしたときは、申請者に [保育士登録証] を交付する（児童福祉法18条の18の2）。

A1382 ○ 保育士は、[保育士の信用を傷つけるような行為] をしてはならない（児童福祉法18条21項）。

A1383 ○ [小規模住居型児童養育事業（ファミリーホーム）] は、児童を養育者の家庭に迎え入れて養育を行う事業である。2008（平成20）年の児童福祉法の改正で制度化され、5〜6人程度の児童を養育者の家庭に迎え入れて養育を行う事業である。

A1384 ○ [児童養護施設] は、児童福祉法27条1項3号に基づく措置の対象となる施設である。ほかに、措置の対象となる施設には、[乳児院]、[障害児入所施設]、児童心理治療施設、児童自立支援施設がある。

A1385 × 母子生活支援施設に入所する児童は、原則として [18] 歳未満であるが、特別な事情がある場合は、[例外的に入所中に満20歳] になるまで可能となっている。

児童や家庭に対する支援と児童・家庭福祉制度

17

**Q1386**

☑ ☑

母子健康包括支援センターは、妊娠・出産・子育てに関する妊産婦等からの相談に応ずるとともに、必要に応じ、支援プランを策定する。

**Q1387**

☑ ☑

国には、児童の適切な保護又は支援を図るため、要保護児童対策地域協議会の設置義務が課されている。

**Q1388**

☑ ☑

要保護児童対策地域協議会を構成する者のうち、公務員と社会福祉法人の職員には守秘義務が課せられているが、それ以外の者には守秘義務は課せられていない。

**Q1389**

☑ ☑

要保護児童対策地域協議会を設置した地方公共団体の長は、協議会を構成する関係機関等のうちから、複数の要保護児童対策調整機関を指定することができる。

**Q1390**

☑ ☑

要保護児童対策地域協議会には、教育関係、保健医療関係の機関の職員も構成員として参加することが想定されている。

**Q1391**

☑ ☑

児童養護施設を退所した者に対する相談その他の自立のための援助を行うことは、当該施設の目的の1つである。

**Q1392**

☑ ☑

児童発達支援は、未就学の児童とその保護者を対象に、「子育てひろば」を実施する取り組みである。

A1386 　○　母子健康包括支援センターは、妊娠・出産・子育てに関する［妊産婦等］からの相談に応ずるとともに、必要に応じ、［支援プラン］を策定する。

- - - - - - - - - - - - - - - - - - - - - - - - - - - - - - - - - - - -

A1387 　×　［地方公共団体］には、児童の適切な保護又は支援を図るため、要保護児童対策地域協議会の設置の［努力義務］が課されている（児童福祉法25条の2）。

- - - - - - - - - - - - - - - - - - - - - - - - - - - - - - - - - - - -

A1388 　×　2004（平成16）年児童福祉法改正法により、要保護児童対策地域協議会を構成する［関係機関等］に対し、守秘義務が課せられている。

- - - - - - - - - - - - - - - - - - - - - - - - - - - - - - - - - - - -

A1389 　×　要保護児童対策地域協議会を設置した地方公共団体の長は、協議会を構成する関係機関等のうちから、［一に限り］要保護児童対策調整機関を指定することができる。

- - - - - - - - - - - - - - - - - - - - - - - - - - - - - - - - - - - -

A1390 　○　要保護児童対策地域協議会には、［教育関係］（幼稚園、小中高等学校、教育委員会）、［保健医療関係］（保健所、病院など）の機関の職員も構成員として参加することが想定されている。

- - - - - - - - - - - - - - - - - - - - - - - - - - - - - - - - - - - -

A1391 　○　児童養護施設の［退所した者］に対して、相談その他の自立のための援助を行うことは、当該施設の目的の1つである。この支援は、2004（平成16）年児童福祉法改正により新たに規定され、重要視されている。

- - - - - - - - - - - - - - - - - - - - - - - - - - - - - - - - - - - -

A1392 　×　児童発達支援では、障害児につき、［児童発達支援センター］その他の施設に通わせ、日常生活における基本的な動作の指導、知識技能の付与、集団生活への適応訓練その他の内閣府令で定める便宜を供与する（児童福祉法6条の2の2第2項）。

児童や家庭に対する支援と児童・家庭福祉制度

17

**Q1393** 児童家庭支援センターは、児童相談所に附置できる児童福祉施設の1つである。

**Q1394** 児童相談所の業務内容は、児童福祉法に基づき、必要があると認めるときは児童の一時保護を行うことである。

**Q1395** 都道府県及び政令指定都市・中核市は、児童相談所を設置しなければならない。

**Q1396** 児童相談所において、一時保護期間は原則として1か月を超えてはならない。

**Q1397** 児童相談所長は、一時保護を里親に委託して行うことができる。

**Q1398** 親権者の意に反して2か月を超える一時保護を実施するためには、児童福祉審議会の承認を得なければならない。

**Q1399** 保護者の虐待で施設入所した児童を家庭復帰させた場合には、保護者の主体性を重んじ、児童相談所は継続的な指導は行わないこととされている。

A1393　✕　児童家庭支援センターは、[児童養護施設]に附置できる児童福祉施設の１つである。2008（平成20）年児童福祉法改正により、[附置要件は廃止]された。

A1394　〇　児童相談所の業務内容は、児童福祉法に基づき、必要があると認めるときは児童の[一時保護]を行うことである。ほかに児童に関する相談や調査、児童福祉施設等への入所措置なども行う。

A1395　✕　都道府県及び政令指定都市は児童相談所を設置[しなければならない（義務設置）]が、中核市は設置[することができる（任意設置）]とされている。2017（平成29）年の児童福祉法改正により、[特別区]も児童相談所を設置できることとなった。

A1396　✕　児童相談所において、一時保護期間は原則として、[2]か月を超えてはならない。

A1397　〇　児童相談所長は、一時保護を、児童相談所に設置されている[一時保護所]や[児童福祉施設]、[里親]、医療機関そのほか[児童福祉に深い理解と経験を有する者]に委託できる（児童福祉法33条1号）。

A1398　✕　親権者又は未成年後見人の意に反して2か月を超える一時保護を実施するためには、児童相談所長又は都道府県知事は、[家庭裁判所]の承認を得なければならない（児童福祉法33条5号）。

A1399　✕　保護者援助によって児童虐待のリスクが逓減して家庭復帰ができたとしても、当面の期間は、当該家庭の状況を即座に把握し、対応するために継続した援助を続けることが必要であり、[一定期間（少なくとも6か月程度）]は、[児童福祉司指導措置又は継続指導]を採るものとされている（厚生労働省「児童虐待を行った保護者に対する援助ガイドライン」）。

児童や家庭に対する支援と児童・家庭福祉制度

17

**Q1400** 児童相談所長は、親権喪失の宣告の請求を行うことができる。

**Q1401** 「平成30年度児童養護施設入所児童等調査結果」（厚生労働省）において、入所時又は入所後に、児童相談所が被虐待経験があると判断した児童が児童養護施設における全入所児童に占める割合は、2割に満たない。

**Q1402** 「平成30年度児童養護施設入所児童等調査結果」（厚生労働省）において、児童養護施設入所児童数に比較し、里親委託児童数は2分の1程度である。

**Q1403** 社会的養護をできる限り家庭的な環境で行うために、児童の措置を行う場合については、里親委託を優先して検討するべきであるとの原則が、厚生労働省より通知されている。

**Q1404** 里親支援専門相談員は、社会福祉士の資格を有する者でなければならない。

**Q1405** 里親支援専門相談員は、里親支援を行う児童養護施設及び乳児院に配置される。

**A1400** ○ ［児童相談所長］は、親権喪失の宣告の請求を行うことができる。親権喪失の宣告を行うのは［家庭裁判所］である。

....................................................

**A1401** × 「平成 30 年度児童養護施設入所児童等調査結果」において、入所時又は入所後に、児童相談所が被虐待経験があると判断した児童が児童養護施設における全入所児童に占める割合は、［5 割以上（65.6％）］である。

....................................................

**A1402** × 「平成 30 年度児童養護施設入所児童等調査結果」において、児童養護施設入所児童数（27,026 人）に比較し、里親委託児童数（5,382 人）は約［20］％である。

....................................................

**A1403** ○ 社会的養護をできる限り家庭的な環境で行うために、児童の措置を行う場合については、［里親委託］を優先して検討するべきであるとの原則が、厚生労働省より通知されている。2011（平成 23）年に通知された［里親委託ガイドライン］において、［里親委託優先の原則］が明記されている。

....................................................

**A1404** × ［里親支援専門相談員（通称：里親支援ソーシャルワーカー）］は、2012（平成 24）年 9 月から里親による養育を支援している。里親支援専門相談員の資格要件としては、「社会福祉士若しくは精神保健福祉士の資格を有する者、児童福祉法 13 条の 2 のいずれかに該当する者（児童福祉司任用資格のこと）又は児童養護施設等（里親を含む）において児童の養育に［5］年以上従事した者であって、里親制度の理解及びソーシャルワークの視点を有する者」とされ、社会福祉士資格の有無は問われない。

....................................................

**A1405** ○ 里親支援専門相談員は、里親支援を行う［児童養護施設］及び［乳児院］に配置される。

**Q1406**

☑ ☑

児童養護施設は、保護者のいる児童を入所させることはできない。

**Q1407**

☑ ☑

学校現場における教育と福祉の連携を目的としてスクールソーシャルワーカーの活用が学校教育法に規定され、全国的に展開の途上にある。

**Q1408**

☑ ☑

家庭支援専門相談員（ファミリーソーシャルワーカー）は、乳児院等に入所している児童の早期家庭復帰、退所後の児童に対する継続した生活相談等の支援を専門に担当する職員である。

**Q1409**

☑ ☑

子ども・子育て支援法によると、子ども・子育て会議は厚生労働省に置くことになっている。

A1406 ✕ 児童養護施設は、[虐待] されている児童その他環境上 [養護] を要する児童も入所させることができる（児童福祉法 41 条）。

. . . . . . . . . . . . . . . . . . . . . . . . . . . . . . . . . . . . . . . . . . . . . . . . . .

A1407 ✕ 学校現場における教育と福祉の連携を目的としてスクールソーシャルワーカーの活用が、2008（平成 20）年度に文部科学省による [スクールソーシャルワーカー活用事業] によって導入され、全国的に展開の途上にある。法律に規定されるには至っていない。

. . . . . . . . . . . . . . . . . . . . . . . . . . . . . . . . . . . . . . . . . . . . . . . . . .

A1408 ◯ 家庭支援専門相談員（ファミリーソーシャルワーカー）は、乳児院等に入所している児童の [早期家庭復帰]、退所後の児童に対する継続した [生活相談等の支援] を専門に担当する職員である。2004（平成 16）年から、家庭支援専門相談員が児童養護施設、乳児院などの全施設に配置できることとなった。

. . . . . . . . . . . . . . . . . . . . . . . . . . . . . . . . . . . . . . . . . . . . . . . . . .

A1409 ✕ 子ども・子育て支援会議は、[内閣府] に置くことになっている（子ども・子育て支援法 72 条）。

児童や家庭に対する支援と児童・家庭福祉制度

17

433

## 18 就労支援サービス

### 出る！出る！

# 要点チェックポイント

 **障害者総合支援法による就労支援**

|  | 対象者 | 利用期間 |
|---|---|---|
| 就労移行支援 | 就労を希望する者で、通常の事業所に雇用されることが見込まれる人 | 2年 |
| 就労継続支援A型 | 企業等に就労することが困難で、雇用契約に基づき、継続的に就労することが可能な65歳未満の人。雇用契約に基づく支援 | 制限なし |
| 就労継続支援B型 | 就労移行支援等を利用したが企業等の雇用に結びつかない人、一定年齢に達している人等。雇用契約を結ばずに支援 | 制限なし |
| 就労定着支援 | 就労移行支援等を利用した後、通常の事業所に新たに雇用され、就労継続期間が6か月を経過した人 | 3年 |

|  | サービス管理責任者 | 就労支援員 | 職業指導員 | 生活支援員 | 就労定着支援員 |
|---|---|---|---|---|---|
| 就労移行支援 | ○ | ○ | ○ | ○ | |
| 就労継続支援A型・B型 | ○ | | ○ | ○ | |
| 就労定着支援 | ○ | | | | ○ |

※配置される主な職員＝○

**職業リハビリテーション機関**

| | | | |
|---|---|---|---|
| 障害者職業センター | 障害者職業総合センター | ・職業リハビリテーションに関する調査研究<br>・障害者雇用に関する情報収集<br>・専門職員の養成　等 | 障害者雇用促進法 |
| | 広域障害者職業センター | 障害者職業能力開発校や療養施設などと密接に連携した系統的な職業リハビリテーションを実施 | |
| | 地域障害者職業センター | ・障害者に対する職業評価、職業指導、職業準備訓練等専門的な職業リハビリテーションを実施<br>・事業主に対する雇用管理に関する助言<br>・精神障害者総合雇用支援<br>・職場適応援助者(ジョブコーチ)による支援<br>・障害者職業カウンセラーによるカウンセリング　等 | |
| 障害者就業・生活支援センター | | 身近な地域での拠点となっている機関で、就業面、生活面への総合支援を行う | 障害者雇用促進法 |
| 障害者職業能力開発校 | | 障害者が職業的に自立し、生活の安定と地位向上を図れるように、就職に必要な知識、技能・技術を学べる場である | 職業能力開発促進法 |

就労支援サービス

18

 **障害者の法定雇用率**

| | |
|---|---|
| 民間企業 | 2.3%（対象労働者数 43.5 人以上） |
| 特殊法人等 | 2.6% |
| 国・地方公共団体 | 2.6% |
| 都道府県等の教育委員会 | 2.5% |

・2024（令和6）年度からそれぞれ0.2%、さらに2026（令和8）年7月から0.2%引き上げの予定
・短時間労働者（週所定労働時間20時間以上30時間未満）は、1人を0.5人としてカウント
・重度の身体障害者・知的障害者は1人を2人としてカウント
・短時間重度の身体障害者・知的障害者は1人を1人としてカウント

## 1 雇用・就労の動向と労働施策の概要

**Q1410**
☑ ☑
ディーセント・ワークとは、働きがいのある人間らしい仕事のことをいう。

**Q1411**
☑ ☑
フレキシキュリティとは、職業生活と家庭生活の両立を図る政策理念のことである。

**Q1412**
☑ ☑
日本国憲法では、何人も、公共の福祉に反しない限り、職業選択の自由を有すると明記している。

**Q1413**
☑ ☑
日本国憲法では、男女同一賃金の原則を明記している。

**Q1414**
☑ ☑
日本国憲法 28 条が保障する労働三権は、団結権、団体交渉権、勤労権である。

**Q1415**
☑ ☑
最低賃金法に基づく地域別最低賃金は、都道府県知事が決定する。

---

🐱 **参考** 労働三権・労働三法

| | | | |
|---|---|---|---|
| 労働二権 | 団結権 | 労働組合結成の権利 | 日本国憲法 28 条に規定される勤労者の権利 |
| | 団体交渉権 | 経営者との団体交渉の権利 | |
| | 団体行動権（争議権） | ストライキ等を行う権利 | |
| 労働三法 | 労働基準法 | | |
| | 労働組合法 | | |
| | 労働関係調整法 | | |

A1410 ○ ［ディーセント・ワーク］とは、働きがいのある人間らしい仕事のことをいう。1999年の第87回［ILO（国際労働機関）］総会で初めて用いられた。

A1411 × 職業生活と家庭生活の両立を図る政策理念を［ワーク・ライフ・バランス］という。フレキシキュリティ(Flexicurity)は、［柔軟な（Flexibility）労働市場］と、［所得保障などの労働者の保護（Security）］を組み合わせた言葉で、デンマークやオランダの取り組みが有名である。

A1412 ○ 何人も、公共の福祉に反しない限り、［居住］、［移転］及び［職業選択］の自由を有する（日本国憲法22条1項）。

A1413 × ［労働基準］法では、男女同一賃金の原則が定められている（4条）。日本国憲法では性別も含めた法の下の平等について規定されている（14条1項）が、賃金については触れられていない。

A1414 × 労働三権とは、団結権、団体交渉権と［団体行動権］である。［団体行動権］とは、労働者が要求の実現のためにストライキ等を行う権利のことである。勤労権も憲法で保障されている（同法27条）が、労働三権には含まれない。

A1415 × 地域別最低賃金は、最低賃金審議会において審議の上、［厚生労働大臣又は都道府県労働局長］が決定する。地域別最低賃金は、［都道府県］ごとに定められている。

就労支援サービス

18

**Q1416**
☑ ☑

求職者支援制度では、雇用保険の被保険者は対象としていない。

---

**Q1417**
☑ ☑

求職者支援制度の申込みは、福祉事務所で行わなければならない。

---

**Q1418**
☑ ☑

求職者支援制度は、1990年代初めに若年者への失業対策として創設された。

---

**Q1419**
☑ ☑

公共職業安定所（ハローワーク）は、求職者に対して、有料で職業紹介を行っている。

---

**Q1420**
☑ ☑

公共職業安定所（ハローワーク）は、雇用保険に関する業務を行っている。

---

**Q1421**
☑ ☑

公共職業安定所（ハローワーク）は、職業安定法に基づき最低賃金の減額適用の許可に関する事務を行っている。

---

**Q1422**
☑ ☑

公共職業安定所（ハローワーク）は、公共職業訓練のためのコースを開設している。

---

| 🐱 参考 | 「労働力調査」からみた雇用・就労の動向<br>（2022（令和4）年平均の数値） |
|---|---|
| 完全失業率 | ・2.6%（前年比0.2ポイント低下） |
| 就業者 | ・就業者は6,723万人（前年比10万人増加）<br>・正規の職員・従業員は3,597万人（8年連続増加）<br>・非正規の職員・従業員は2,101万人（3年振りに増加）<br>・役員を除く雇用者に占める非正規の職員・従業員の割合は36.9% |
| 労働力人口 | ・6,902万人（前年比5万人減少） |

出典：総務省統計局「労働力調査（基本集計）2022（令和4）年平均結果」
参考

A1416　○　求職者支援制度では、雇用保険の被保険者を対象として［いない］。

A1417　×　求職者支援制度の申込みは、［公共職業安定所（ハローワーク）］で行う。

A1418　×　求職者支援制度は、［2011（平成23）］年に、リーマンショック（2008（平成20）年）の緊急雇用対策を恒久化する形で創設された。

A1419　×　公共職業安定所（ハローワーク）は、［無料］で職業紹介を行っている。職業安定法8条1項に、「公共職業安定所は、職業紹介、職業指導、雇用保険その他この法律の目的を達成するために必要な業務を行い、［無料］で公共に奉仕する機関とする」と規定されている。

A1420　○　公共職業安定所（ハローワーク）は、［雇用保険］に関する業務を行っている（職業安定法8条1号）。

A1421　×　減額適用の許可を含め最低賃金に関する事務を行っているのは［労働基準監督署］である（厚生労働省組織規則790条1号）。

A1422　×　公共職業安定所（ハローワーク）は、求職者に対し、公共職業訓練を受けるための［あっせん］を行う。公共職業訓練は、国・都道府県が、［公共職業能力開発施設］を設置して行うものである（職業能力開発促進法15条の7第1項）。なお、国・都道府県は、実施を他に委託できる。

就労支援サービス

**18**

## 2 低所得者への就労支援制度

**Q1423** 福祉事務所の就労支援員の役割に、健康管理についての指導が含まれる。

☐ ☐

**Q1424** 福祉事務所の就労支援員の役割に、職業紹介は含まれる。

☐ ☐

**Q1425** 公共職業安定所（ハローワーク）には生活保護受給者等就職支援ナビゲーターが設置され、対象者にマンツーマンで関わり、求人開拓から就職に至る一貫した就職支援を実施している。

☐ ☐

**Q1426** 生活保護受給者は、就労支援を受けることが、生活保護受給を継続する条件となる。

☐ ☐

**Q1427** 生活保護受給者の就労支援では、本人の同意を得て自立活動確認書の作成を求める。

☐ ☐

**Q1428** 公共職業安定所（ハローワーク）は、生活困窮者自立支援法による自立相談支援事業を行う責務を有する。

☐ ☐

---

🐱 **参考** 「就労可能な被保護者の就労・自立支援の基本方針について」
(2013（平成25）年5月16日社援発0516第18号厚生労働省社会・援護局長通知)

保護の実施機関（福祉事務所）は、被保護者の同意を得て、自立活動確認書を作成することとしている。自立活動確認書には、勤務形態、職種、労働時間、希望賃金額、さらには求職活動の方法や回数の目標なども含む。生活保護からの早期脱却を目指して行われるものである。

---

A1423　×　福祉事務所の就労支援員の役割に、健康管理についての指導は含まれ［ない］。福祉事務所の就労支援員は、公共職業安定所（ハローワーク）への同行訪問、履歴書の書き方や面接の練習等、［就労の支援］を行う。

. . . . . . . . . . . . . . . . . . . . . . . . . . . . . . . . . . . . . . . . . . . . .

A1424　×　福祉事務所の就労支援員の役割に、職業紹介は含まれ［ない］。職業紹介は、［公共職業安定所（ハローワーク）］の職員等が担う。

. . . . . . . . . . . . . . . . . . . . . . . . . . . . . . . . . . . . . . . . . . . . .

A1425　○　公共職業安定所（ハローワーク）には［生活保護受給者等就職支援ナビゲーター］が設置され、対象者にマンツーマンで関わり、求人開拓から就職に至る一貫した就職支援を実施している。

. . . . . . . . . . . . . . . . . . . . . . . . . . . . . . . . . . . . . . . . . . . . .

A1426　×　（稼働）能力の活用は生活保護を受けるための要件だが、就労支援を受けなければ生活保護を継続して受給できないという条件は［ない］。

. . . . . . . . . . . . . . . . . . . . . . . . . . . . . . . . . . . . . . . . . . . . .

A1427　○　生活保護受給者の就労支援では、［本人］の同意を得て自立活動確認書の作成を求める。

. . . . . . . . . . . . . . . . . . . . . . . . . . . . . . . . . . . . . . . . . . . . .

A1428　×　生活困窮者自立支援法による自立相談支援事業を行う責務を有するのは、［市］及び［福祉事務所を設置する町村］又は［都道府県］である（同法4条1項・2項）。

就労支援サービス

18

**Q1429** 被保護者就労準備支援事業(一般事業分)では、日常生活自立に関する支援は含まれない。

☑ ☑

. . . . . . . . . . . . . . . . . . . . . . . . . . . . . . . . . . . . . . . . . . . . . . . . . . . . . . . . . . . . . . .

**Q1430** 被保護者就労準備支援事業(一般事業分)では、公共職業安定所(ハローワーク)に求職の申込みをすることが義務づけられている。

☑ ☑

. . . . . . . . . . . . . . . . . . . . . . . . . . . . . . . . . . . . . . . . . . . . . . . . . . . . . . . . . . . . . . .

**Q1431** 被保護者就労準備支援事業(一般事業分)では、公共職業訓練の受講が義務づけられている。

☑ ☑

. . . . . . . . . . . . . . . . . . . . . . . . . . . . . . . . . . . . . . . . . . . . . . . . . . . . . . . . . . . . . . .

**Q1432** 被保護者就労準備支援事業(一般事業分)では、利用するために医師の診断書の提出が義務づけられている。

☑ ☑

---

> **参考** 被保護者就労準備支援事業
>
> 　一般就労に向けた準備として、就労意欲の喚起や日常生活習慣の改善の、計画的かつ一貫した実施が目的である。「被保護者就労準備支援事業(一般事業分)の実施について」(2015(平成27)年4月9日社援保発0409第1号厚生労働省社会・援護局保護課長通知)に基づく事業である。生活困窮者自立支援法に基づく生活困窮者就労準備支援事業と同様の事業である。

---

## 3 障害者への就労支援制度

**Q1433** 就労継続支援A型事業では、雇用契約を締結した利用者については最低賃金法が適用される。

☑ ☑

A1429　×　被保護者就労準備支援事業（一般事業分）では、日常生活自立に関する支援は含まれ［る］。他に、［社会生活自立］や［就労自立］に関する支援が含まれる。

. . . . . . . . . . . . . . . . . . . . . . . . . . . . . . . . . . . . . . . . . . . . . . . . . . .

A1430　×　被保護者就労準備支援事業（一般事業分）では、公共職業安定所（ハローワーク）に求職の申込みをすることは義務づけられてい［ない］。

. . . . . . . . . . . . . . . . . . . . . . . . . . . . . . . . . . . . . . . . . . . . . . . . . . .

A1431　×　被保護者就労準備支援事業（一般事業分）では、公共職業訓練の受講は義務づけられてい［ない］。

. . . . . . . . . . . . . . . . . . . . . . . . . . . . . . . . . . . . . . . . . . . . . . . . . . .

A1432　×　被保護者就労準備支援事業（一般事業分）では、利用するために医師の診断書の提出は義務づけられてい［ない］。

就労支援サービス

18

A1433　○　就労継続支援A型事業では、利用者と雇用契約を締結する場合、［最低賃金］法が適用される。

**Q1434**
就労移行支援事業では、利用者が就職できるまで支援を提供するため、利用期間に関する定めはない。
☐ ☐

**Q1435**
就労移行支援事業所は、障害者総合支援法に基づき無料の職業紹介を行っている。
☐ ☐

**Q1436**
就労継続支援B型事業の利用者が一般就労に移行する場合には、就労移行支援事業の利用を経なければならない。
☐ ☐

**Q1437**
民間企業の法定雇用率は、国・地方公共団体の法定雇用率より高く設定されている。
☐ ☐

**Q1438**
重度身体障害者は、障害者雇用率の算定上、1人をもって3人とみなされる。
☐ ☐

**Q1439**
特例子会社とは、事業内容を勘案して障害者の雇用義務を課さないと認められた子会社のことである。
☐ ☐

**参考** 障害者雇用納付金制度

| 名称 | 企業規模・常用労働者数 | 金額 | |
|---|---|---|---|
| 障害者雇用納付金 | 101人以上 | 50,000円／月 | 不足1人当たり徴収 |
| 障害者雇用調整金 | 101人以上 | 27,000円／月 | 超過1人当たり支給 |
| 報奨金 | 100人以下 | 21,000円／月 | |

**A1434** ✕ 就労移行支援事業では、標準利用期間が［2 年間］と定められている。

----

**A1435** ✕ 就労移行支援事業所は、［障害者総合支援法］に基づき就労に向けて必要な［訓練］等を行っている（同法5条13項）。無料の職業紹介を行うのは、［公共職業安定所（ハローワーク）］である（職業安定法8条1号）。

----

**A1436** ✕ ［就労継続支援B型事業］は就労の機会等を通じ、生産活動に係る知識及び能力の向上や維持が期待される障害者を対象とした事業である。一般就労への移行にあたり、就労移行支援事業の利用を経る［必要はない］。

----

**A1437** ✕ 民間企業の法定雇用率は［2.3］％であるのに対し、国・地方公共団体は［2.6］％であり、民間企業の方が［低い］。

----

**A1438** ✕ 重度身体障害者は、障害者雇用率の算定上、週所定労働時間［30］時間以上の場合、1人をもって［2］人、週所定労働時間［20］時間以上［30］時間未満の場合、1人をもって［1］人とそれぞれみなされる。なお、重度の知的障害者も、同様の算定方法である。

----

**A1439** ✕ 特例子会社とは、事業主が設立した子会社に雇用されている障害者を［親会社］に雇用されているものと［みなして］、実雇用率を算定できる子会社である。

**就労支援サービス** **18**

----

**参考** 職業能力開発促進センター

ポリテクセンターとも呼ばれる。職業能力開発促進法に基づき、国が設置する公共職業能力開発施設。求職者の再就職を支援するための職業訓練、在職者対象の職業訓練等を実施する。職業訓練を受ける人すべてを対象とする施設である。

**Q1440**

法定雇用率未達成の事業主は、利益率に応じて障害者雇用納付金を納付しなければならない。

**Q1441**

国や地方公共団体には、一般の民間企業より低い法定雇用率が課せられている。

**Q1442**

法定雇用率未達成の企業は、企業規模にかかわらず障害者雇用納付金が徴収される。

**Q1443**

地域障害者職業センターの職業準備訓練は、障害者雇用促進法に基づく支援である。

**Q1444**

障害者福祉施設におけるソーシャルワーカーの就労支援は、就労支援のための相談援助は直接行わず、利用者に地域障害者職業センターを紹介することである。

**Q1445**

公共職業安定所（ハローワーク）は、障害者雇用を行う事業者に対して技術的助言・指導を行う。

**Q1446**

障害者就業・生活支援センターは、社会福祉法に基づき支援対象障害者からの相談に応じ、関係機関との連絡調整を行っている。

**Q1447**

障害者就業・生活支援センターは、公共職業安定所（ハローワーク）に代わり、職業紹介業務を行っている。

**Q1448**

障害者就業・生活支援センターには、就業支援を担当する者と生活支援を担当する者が配置されている。

**Q1449**

障害者就業・生活支援センターでは、在職中の障害者は、支援対象とならない。

A1440　×　法定雇用率未達成の事業主は、法定雇用障害者数に［不足する障害者数］に応じて障害者雇用納付金を納付しなければならない。

A1441　×　国や地方公共団体の法定雇用率は、一般の民間企業を下回［らない］率をもって定めることとされている。

A1442　×　障害者雇用納付金が徴収されるのは、従業員が［100］人を超える企業である。

A1443　○　地域障害者職業センターの職業準備訓練は、［障害者雇用促進］法に基づく支援である。

A1444　×　障害者福祉施設におけるソーシャルワーカーの就労支援は、地域障害者職業センターや他の専門機関等と［連携］をとりながら、就労支援の［相談援助］を行うことである。

A1445　○　公共職業安定所（ハローワーク）は、障害者雇用を行う事業者に対して、［技術的助言・指導］を行う（障害者雇用促進法18条）。

A1446　×　障害者就業・生活支援センターは、［障害者雇用促進］法に基づき支援対象障害者からの相談に応じ、関係機関との連絡調整を行っている（同法28条1号）。

A1447　×　障害者就業・生活支援センターは、職業紹介業務を行って［いない］。職業準備訓練、職場実習のあっせん、職場定着支援等を行う。

A1448　○　障害者就業・生活支援センターには、就業支援を担当する者（就業支援担当者）と生活支援を担当する者（生活支援担当者）が配置されている。

A1449　×　障害者就業・生活支援センターでは、障害者の就業支援と生活支援を行うため、就労の有無は問［わない］。

就労支援サービス

18

447

**Q1450** 障害者職業能力開発校は、学校教育法に基づき支援対象者の能力に適応した職業訓練を行っている。

☑ ☑

**Q1451** 障害者職業センターに配置されている職場適応援助者（ジョブコーチ）の主な役割は、事業所に出向いて障害者や事業主に対して、雇用の前後を通じて、障害特性を踏まえた専門的な援助を行うことである。

☑ ☑

**Q1452** 職場適応援助者（ジョブコーチ）の就労支援の対象となる障害者は、障害者手帳を持つ者に限られる。

☑ ☑

**Q1453** 職場適応援助者（ジョブコーチ）は、事業所に代わって、職場外で支援対象者の職業訓練を行う。

☑ ☑

**Q1454** 職場適応援助者（ジョブコーチ）は、事業所の求人ニーズに合わせて、求職者をあっせんする。

☑ ☑

**Q1455** 職場適応援助者（ジョブコーチ）は、支援当初は支援対象者と職場で一緒にいる時間を少なくし、徐々にその時間を増やしていく。

☑ ☑

| 🐱 参考 | 職業リハビリテーションに係る主な専門職：その1<br>職場適応援助者（ジョブコーチ） |
|---|---|
| 配置型 | 地域障害者職業センターに配置される |
| 訪問型 | 障害者の就労支援を行う社会福祉法人等に雇用される |
| 企業在籍型 | 障害者を雇用する企業に雇用される |

A1450 × 障害者職業能力開発校は、[職業能力開発促進] 法に基づき支援対象者の能力に適応した職業訓練を行っている（同法15条の7第1項5号）。

A1451 ○ 障害者職業センターに配置されている [職場適応援助者（ジョブコーチ）] の主な役割は、事業所に出向いて障害者や事業主に対して、雇用の前後を通じて、障害特性を踏まえた専門的な援助を行うことである。

A1452 × 職場適応援助者（ジョブコーチ）の就労支援の対象となるのは、職場での支援が必要な [すべての] 障害者である。

A1453 × 職場適応援助者（ジョブコーチ）は、職場外での支援は行 [わない]。職場に出向いて支援を行う。

A1454 × 職場適応援助者（ジョブコーチ）は、求職者のあっせんではなく、[相談] や [援助] を行う。

A1455 × 職場適応援助者（ジョブコーチ）は、支援当初は時間を [かけて] 支援していく。最終的に、支援対象者の自立した職業生活に向けて、徐々に一緒にいる時間を [減らして] いく。

就労支援サービス

18

> 🐾 参考 職業リハビリテーションに係る主な専門職：その2

| 障害者職業カウンセラー | 障害者職業センターに配置 |
| --- | --- |
| 就業支援担当者 | 障害者就業・生活支援センターに配置 |
| 生活支援担当者 | |
| 障害者職業生活相談員 | 5人以上の障害者を雇用する事業主に選任義務 |
| 障害者雇用推進者 | 労働者数43.5人以上の事業主に選任努力義務 |

# 19 更生保護制度

## 出る！出る！

# 要点チェックポイント

 **ポイント ①** 更生保護法

| | |
|---|---|
| 目的 | 犯罪をした者及び非行のある少年に対し、社会内において適切な処遇を行うことにより、再び犯罪をすることを防ぎ、又はその非行をなくし、これらの者が善良な社会の一員として自立し、改善更生することを助けるとともに、恩赦の適正な運用を図るほか、犯罪予防の活動の促進等を行う（1条） |
| 保護観察の種類（対象者） | 1号観察（保護観察処分少年）<br>2号観察（少年院仮退院者）<br>3号観察（仮釈放者）<br>4号観察（保護観察付執行猶予者） |
| 実施機関 | 保護観察所（全国50か所） |
| 保護観察の実施者 | 保護観察官もしくは保護司 |
| 保護観察の内容 | ・釈放後の住居の確保<br>・引受人の確保<br>・改善更生を助けることについて、引受人以外の家族その他の関係人の理解及び協力を求める<br>・就業先又は通学先の確保<br>・釈放後に、公共の衛生福祉に関する機関その他の機関から必要な保護を受けられるようにすること　等 |
| 遵守事項<br>・右は「一般遵守事項」<br>・他に、保護観察所の長又は地方更生保護委員会が個別に設定する「特別遵守事項」がある | ①再び犯罪をすることがないよう、又は非行をなくすよう健全な生活態度を保持する<br>②次の事項を守り、保護観察官及び保護司による指導監督を誠実に受ける<br>　・保護観察官又は保護司による訪問・面接を受ける<br>　・保護観察官又は保護司から求められたときは、労働又は通学の状況や家庭環境、交友関係その他の生活の実態を示す事実を申告・資料を提示する<br>③保護観察に付されたときは、速やかに、住居を定め、その地を管轄する保護観察所の長にその届出をする<br>④前号の届出に係る住居に居住する<br>⑤転居又は7日以上の旅行をするときは、あらかじめ、保護観察所の長の許可を受ける |

## ポイント② 少年法による非行少年の定義

| 少年 | 20 歳に満たない者（成人＝満 20 歳以上）<br>児童福祉法：児童＝満 18 歳に満たない者<br>　　　　　　　少年＝小学校就学始期〜満18歳に達するまでの者 |
|---|---|
| 犯罪少年 | 罪を犯した 14 歳以上 20 歳未満の少年 |
| 触法少年 | 14 歳未満で刑罰法令に触れる行為をした少年（刑事責任を問われるのは 14 歳以上） |
| 虞犯少年 | 20 歳未満で、保護者の正当な監督に従わないなどの不良行為があり、その性格や環境から見て、将来罪を犯す虞（おそ）れのある少年 |

## ポイント③ 更生緊急保護

| 対象 | 刑事上の手続又は保護処分による身体の拘束を解かれた者 |
|---|---|
| 実施者 | 対象者からの申し出があった場合に、保護観察所の長が、その必要があると認めたときに限り行う |
| 内容 | ・金品を給与又は貸与　　　　　・宿泊場所を供与<br>・宿泊場所への帰住を支援　　　・医療や療養を支援<br>・就職又は教養訓練を支援　等 |
| 期間 | 対象となる者は、刑事上の手続又は保護処分による身体の拘束を解かれた後6か月を超えない範囲内において、その意思に反しない場合に限り行う。ただし、特に必要があると認められるときは、さらに6か月を超えない範囲内において、延長できる |

## ポイント④ 医療観察法

- 心神喪失又は心神耗弱の状態で、重大な他害行為を行った者に対して、適切な医療を提供し、社会復帰を促進することを目的とする
- 指定医療機関において医療及び観察を受けさせるべきか地方裁判所に申立てを行う
- 医療観察は、裁判官1名と精神保健審判員（精神科医）1名からなる合議体の判断によって、退院を許可することができる
- 社会復帰調整官は、専門的知識に基づき対象者が指定入院医療機関に入院中には退院後の生活環境の調査・調整に当たり、退院後には精神保健観察を実施する。処遇の初めから終わりまで一貫して関与する

更生保護制度

19

## 1 更生保護制度の概要

**Q1456**

更生保護には、犯罪予防の活動の促進が含まれるが、再犯・再非行の防止は含まれない。

☑ ☑

**Q1457**

更生緊急保護は、対象となる者からの申出がない場合は職権で行うことができる。

☑ ☑

**Q1458**

更生保護行政をつかさどる国の機関は、厚生労働省である。

☑ ☑

**Q1459**

家庭裁判所が決定する保護処分は、保護観察、児童自立支援施設又は児童養護施設送致、少年院送致、検察官送致の4種類である。

☑ ☑

**Q1460**

触法少年は、家庭裁判所の審判に付することを原則としている。

☑ ☑

**Q1461**

保護観察の目的は、犯罪及び非行を行うおそれのある者に対し、社会内で適切な処遇を行うことにより、これらの者の自立と改善更生を助けることである。

☑ ☑

---

🐱 **参考** 刑の一部執行猶予制度（2016（平成28）年6月施行）

　初入者等、薬物使用等の罪を犯した者について、3年以下の懲役又は禁錮を言い渡す場合に、1年以上5年以下の期間、その刑の一部の執行を猶予できる制度である。従来は、全部実刑か全部執行猶予のいずれかであった。本制度により、再犯防止・改善更生を図るため、施設内処遇後、十分な期間の社会内処遇（保護観察）が可能となる。

A1456 × ［更生保護］法は、犯罪をした者及び非行のある少年に対し、［社会内］において適切な処遇を行うことにより、［再犯・再非行を防止］し、自立と改善更生することを助けるとともに、［犯罪予防の活動の促進］等を行い、もって、社会を保護し、個人及び［公共の福祉］を増進することを目的としている（同法1条）。

A1457 × 更生緊急保護は、［対象（本人）からの申出］があった場合において、行うものとされている。

A1458 × 更生保護行政をつかさどる国の機関は、［法務省］であり、保護観察は、保護観察対象者の［居住地］の管轄する［保護観察所］がつかさどっている。［保護観察所］では、［保護観察官］が保護司と協働しながら［指導監督］及び［補導援護］を行う。

A1459 × 保護処分とは、家庭裁判所に送致された少年を更生させるために行われる少年法上の処分のことであり、［保護観察］、［少年院送致］、［児童自立支援施設等送致］の［3］種類である。

A1460 × 触法少年は、［児童福祉］法上の措置が優先される。［家庭裁判所］は、非行事実が重大な場合など、［都道府県知事・児童相談所長］から送致を受けた場合に限り、審判することができる。

A1461 × 保護観察の目的は、［犯罪をした者及び非行のある少年］に対し、［社会内］で適切な処遇を行うことにより、これらの者の自立と改善更生を助けることである。

更生保護制度

19

453

**Q1462** 保護観察の一般遵守事項には、転居又は7日以上の旅行をするときは、あらかじめ保護観察所の長の許可を受けることが定められている。

☑ ☐

**Q1463** 特別遵守事項は、保護観察所の長又は地方更生保護委員会が定める。

☑ ☐

**Q1464** 被害者等は申出により、保護観察中の加害者に対し保護観察所を通じて被害に関する心情等を述べることができる。この制度を「心情等伝達制度」という。

☑ ☐

**Q1465** 仮釈放の審理において、被害者の意見や心情は反映されない。

☑ ☐

**Q1466** 更生保護における被害者等通知制度は、地方更生保護委員会が仮釈放等審理の開始や結果に関する事項について、保護観察所は保護観察の開始と終了、そしてその間の処遇状況に関する事項について担当する。これらは被害者等の申出に基づき実施される。

☑ ☐

**Q1467** 少年院は、保護処分若しくは少年院において懲役又は禁錮の刑の執行を受ける者に対し、矯正教育その他の必要な処遇を行う施設である。

☑ ☐

**Q1468** 矯正施設に収容中の者に対する生活環境の調整は、本人の現状を最も把握している矯正施設職員によって行われる。

☑ ☐

---

🐱 **参考** 更生保護制度と社会福祉制度

　更生保護制度は、刑事司法制度であり、社会福祉制度ではない点に留意しよう。

A1462　○　[届け出た住所に居住] すること、[転居] 又は [7日以上の旅行] をするときは、あらかじめ保護観察所の長の許可を受けることが一般遵守事項に定められている。所在を明らかにすることで保護観察官や保護司の指導監督を確実にすることを目的にしている。

. . . . . . . . . . . . . . . . . . . . . . . . . . . . . . . . . . . . . . . . . . . .

A1463　○　特別遵守事項は、保護観察対象者の改善更生に特に必要と認められる範囲内で [保護観察所の長] 又は [地方更生保護委員会] が定める。

. . . . . . . . . . . . . . . . . . . . . . . . . . . . . . . . . . . . . . . . . . . .

A1464　○　被害者等は申出により、[保護観察] 中の加害者に対し [保護観察所] を通じて被害に関する心情等を述べることができる。この制度を [心情等伝達制度] という。

. . . . . . . . . . . . . . . . . . . . . . . . . . . . . . . . . . . . . . . . . . . .

A1465　×　仮釈放・仮退院は、[地方更生保護委員会] の審理によって決定され、被害者は仮釈放に関する意見や被害に関する心情等を述べることができる (意見等聴取制度)。

. . . . . . . . . . . . . . . . . . . . . . . . . . . . . . . . . . . . . . . . . . . .

A1466　○　更生保護における被害者等通知制度は、[地方更生保護委員会] が仮釈放等審理の開始や結果に関する事項について、[保護観察所] は保護観察の開始と終了、そしてその間の処遇状況に関する事項について担当する。これらは被害者等の申出に基づき実施される。

. . . . . . . . . . . . . . . . . . . . . . . . . . . . . . . . . . . . . . . . . . . .

A1467　○　少年院は、[家庭裁判所] から [保護処分] として送致された少年、懲役又は禁錮の刑の執行を受けることとされた少年に対し、矯正教育、社会復帰支援等を行う [法務省] 所管の施設である。施設からの退所者には保護観察が付されない。

. . . . . . . . . . . . . . . . . . . . . . . . . . . . . . . . . . . . . . . . . . . .

A1468　×　矯正施設に収容中の者に対する生活環境の調整は、更生保護法では、「[保護観察所の長] は……生活環境の調整を行うものとする」(更生保護法82条1項) と規定されている。具体的には、[保護観察官] と [保護司] によって行われる (同法61条1項・84条)。

更生保護制度

19

455

**Q1469** 少年院に収容中の者に対する生活環境の調整は、法務技官によって行われる。

☑ ☑

---

**Q1470** 仮釈放の審理を開始するには、刑務所の長に仮釈放を申し立てなければならない。

☑ ☑

---

**Q1471** 仮釈放を許された者は、仮釈放の期間中は保護観察に付される。

☑ ☑

---

**Q1472** 刑の一部の執行猶予を言い渡された者には、保護観察が付されることはない。

☑ ☑

---

**Q1473** 更生緊急保護は、保護観察所の長が自ら行い、又は更生保護法人やその他の適当な者に委託して行う。

☑ ☑

---

> 🐱 **参考** 再犯防止推進法（2016（平成28）年12月施行）
>
> ・7月を再犯防止啓発月間とする
> ・政府は、再犯防止推進計画を策定
> ・都道府県・市町村は、地方再犯防止推進計画の策定努力義務
> ・国の主な施策
> 　就労の支援／就業の機会の確保等／住居の確保等／更生保護施設に対する援助／保健医療サービス及び福祉サービスの提供

A1469　✕　[生活環境の調整] は、刑事施設や少年院といった矯正施設に収容されている人等の出所後の帰住予定地を管轄する [保護観察所] の [保護観察官] や [保護司] が引受人等と面接するなどして、帰住予定地の状況を調査し、住居、就労先等が改善更生と社会復帰にふさわしい生活環境となるよう調整する（更生保護法82条1項）。

A1470　✕　[刑事施設] の長又は [少年院] の長は、本人を仮釈放し、保護観察に付することが本人の改善更生のために相当と認めるときは、仮釈放の許可権限などを有している [地方更生保護委員会] に対し、仮釈放を許可すべき旨の申出を行う。

A1471　○　仮釈放を許された者は、仮釈放の期間中は [保護観察] に付され、仮釈放の期間満了後に正式に釈放となり刑期を満了したことになる。ただし、罰金以上の刑罰が科された場合遵守すべき遵守事項に違反した場合には仮釈放が取り消される。

A1472　✕　刑の一部の執行猶予を言い渡された者には、[保護観察] が付される。

A1473　○　更生緊急保護は、[保護観察所の長] が自ら行い、又は更生事業法の規定により更生保護事業を営む者その他の適当な者に委託して行う（更生保護法85条3項）。

更生保護制度
19

---

🐱 参考　更生保護制度の担い手

更生保護女性会：啓発活動を行い、犯罪をした人や非行のある少年の改善更生に協力するボランティア団体
BBS会（Big Brothers and Sisters Movement）：兄や姉のような身近な存在として少年を支援し、犯罪や非行のない地域社会を目指す青年ボランティア団体

**Q1474** 更生緊急保護は、その対象となる者が刑事上の手続き又は保護処分による身体の拘束を解かれた後2年を超えない範囲内において行うものとされている。
☑ ☑

**Q1475** 少年院から退院した者、又は仮退院を許され保護観察に付されている者は、更生緊急保護の対象となる。
☑ ☑

## 2 更生保護制度の担い手

**Q1476** 更生保護制度は、刑事政策における施設内処遇を担っている。
☑ ☑

**Q1477** 保護司は、保護観察官とともに、矯正施設に収容されている者の円滑な社会復帰のために、その者の関係者等を訪問するなどして、釈放後の住居や就業先などの生活環境の調整を行う。
☑ ☑

**Q1478** 保護司には給与は支給されないが、職務に要した費用は実費弁償の形で支給される。
☑ ☑

**Q1479** 保護司は、検察官の指揮監督を受けて職務に当たる。
☑ ☑

---

😺 **参考** 地域生活定着支援センター

　高齢や障害により、福祉的な支援を必要としている矯正施設からの退所予定者・退所者に対し、矯正施設に入所中から退所後直ちに福祉サービスにつなげるための準備・調整を、保護観察所と協働し一貫した支援を行っている。

A1474　✕　更生緊急保護は、その対象となる者が刑事上の手続き又は保護処分による身体の拘束を解かれた後 [6 か月] を超えない範囲内において行う。さらに [6 か月] を超えない範囲内で延長できる（更生保護法 85 条 4 項）。

A1475　✕　[少年院] から退院した者、又は [仮退院] を許された者（[保護観察] に付されている者を除く）は、更生緊急保護の対象となる（更生保護法 85 条 1 項 9 号）。

A1476　✕　更生保護法 1 条の目的に、「[犯罪をした者] 及び [非行のある少年] に対し、[社会] 内において適切な処遇を行うことにより」とあるように、更生保護制度は [社会的処遇] を担っている。

A1477　◯　保護司は、保護観察官とともに、矯正施設に収容されている者の円滑な社会復帰のために、その者の関係者等を訪問するなどして、釈放後の住居や就業先などの [生活環境の調整] を行う。

A1478　◯　保護司は、ボランティアのため給与は支給されず、活動内容に応じて、一定の [実費弁償金] が支給される。

A1479　✕　保護司は、保護司法に基づき、[法務大臣] から [委嘱] された [非常勤の国家公務員]（実質的に民間のボランティア）とされている。[地方更生保護委員会（地方委員会)] 又は [保護観察所の長] の指揮監督を受けて職務にあたる。

更生保護制度

19

**Q1480**

☐ ☐

保護観察官は、福祉事務所に配置されている。

**Q1481**

☐ ☐

更生保護施設は、仮釈放になった者が一定期間入所し、食事の提供、就職援助、その他社会に円滑に復帰できるための生活指導を行う施設である。

**Q1482**

☐ ☐

更生保護施設は、地方公共団体が運営しなければならない。

**Q1483**

☐ ☐

更生保護施設が保護観察所の長の委託に基づいて行う更生緊急保護の期間は、最大6か月間と定められており、延長は認められない。

**Q1484**

☐ ☐

協力雇用主は、犯罪歴や非行歴のある者の経歴を理解した上で雇用し、その改善更生に協力する民間の事業者である。

**Q1485**

☐ ☐

保護観察における専門的処遇プログラムを受けるのは、仮釈放者ではなく、保護観察付執行猶予者である。

---

🐱 **参考** 専門的処遇プログラム

・性犯罪者処遇、薬物再乱用防止、暴力防止、飲酒運転防止の4つのプログラムがある
・専門的処遇プログラムには、認知行動療法が導入されている
・薬物再乱用防止プログラムでは、教育課程及び簡易薬物検出検査を併せて実施する

A1480　✕　保護観察官は、[地方更生保護委員会（地方委員会）事務局]（全国8か所）及び[保護観察所]（全国50か所）に、約1,000名配置されている。

. . . . . . . . . . . . . . . . . . . . . . . . . . . . . . . .

A1481　✕　更生保護施設は、主として保護観察所の委託を受けて、[保護観察] に付された者や [更生緊急保護] の対象者が、一定期間入所し、食事の提供、就職援助、その他社会に円滑に復帰できるための生活指導を行う施設である。

. . . . . . . . . . . . . . . . . . . . . . . . . . . . . . . .

A1482　✕　更生保護施設を運営するのは、すべて [民間の法人] であり、[更生保護法人] だけでなく、[社会福祉法人・NPO法人] などもみられる。

. . . . . . . . . . . . . . . . . . . . . . . . . . . . . . . .

A1483　✕　更生保護施設が [保護観察所] の長の委託に基づいて行う [更生緊急保護] の期間は、最大 [6か月] 間と定められている。ただし、特に必要があると認められるときは、最大 [6か月] 間延長できる。

. . . . . . . . . . . . . . . . . . . . . . . . . . . . . . . .

A1484　〇　協力雇用主は、定職に就くことが容易ではない犯罪歴や非行歴のある者の経歴を理解した上で雇用し、その [改善更生] に協力する [民間]の事業者である。

. . . . . . . . . . . . . . . . . . . . . . . . . . . . . . . .

A1485　✕　保護観察における専門的処遇プログラムを受けるのは、[仮釈放者]、[保護観察付執行猶予者] の両者である。

更生保護制度

19

## 3 関係機関との連携・協力

**Q1486**
☑ ☑
法務省と厚生労働省が連携して「刑務所出所者等総合的就労支援対策」を定め、矯正施設、保護観察所及び公共職業安定所等が連携して刑務所出所者等に対する就労支援を実施している。

**Q1487**
☑ ☑
矯正施設収容者に対しては、個別の就職相談や職業紹介は実施しない。

**Q1488**
☑ ☑
高齢又は障害により自立が困難な矯正施設退所者等に対して、退所後直ちに福祉サービスにつなげるなど、地域生活への定着をはかるため、地域生活定着支援センターが都道府県により設置されている。

**Q1489**
☑ ☑
個々の保護司への支援の必要性や、保護司会がより組織的に処遇活動や犯罪予防活動を行う観点から、地域における更生保護の諸活動の拠点としての更生保護サポートセンターが設置された。

---

🐱 **参考** 更生保護サポートセンター

保護司会が市町村や公的機関の一部を借用するなどし、経験豊富な企画調整保護司が常駐している。今後も設置の増加が見込まれ、地域の犯罪予防活動の拠点として様々な社会資源とのつながりが期待される。

A1486　○　法務省と厚生労働省が連携して「刑務所出所者等総合的就労支援対策」を定め、矯正施設、保護観察所及び公共職業安定所等が連携して刑務所出所者等に対する［就労支援］を実施している。

A1487　×　矯正施設収容者に対しては、施設収容中から、円滑な社会復帰の下地作りとして、公共職業安定所（ハローワーク）などと連携した個別の［就職相談や職業紹介］が実施されている。

A1488　○　［高齢］又は［障害］により自立が困難な矯正施設退所者等に対して、退所後直ちに福祉サービスにつなげるなど、地域生活への定着をはかるため、［地域生活定着支援センター］が都道府県により設置されている。

A1489　○　個々の保護司への支援の必要性や、保護司会がより組織的に処遇活動や犯罪予防活動を行う観点から、地域における更生保護の諸活動の拠点としての［更生保護サポートセンター］が設置された。

更生保護制度
19

参考　日本司法支援センター（法テラス）

　犯罪被害者支援、経済的に余裕のない人のための無料法律相談、国選弁護関連業務等を行っている。総合法律支援法に基づき設立され、総合法律支援に関する事業を迅速かつ適切に行うことを目的としている。

## 4 医療観察制度

**Q1490**
☐ ☐
医療観察は、指定入院医療機関の管理者が入院の申立てをする制度である。

**Q1491**
☐ ☐
審判の結果、入院による医療の決定を受けた人は、都道府県知事が指定した医療機関（指定入院医療機関）において専門的な医療の提供が行われる。

**Q1492**
☐ ☐
医療観察は、精神保健審判員の判断によって、退院を許可することができる制度である。

**Q1493**
☐ ☐
社会復帰調整官は、各地方裁判所に配属されている。

**Q1494**
☐ ☐
社会復帰調整官は、医療観察対象者が指定入院医療機関に入院中には退院後の生活環境の調整に当たり、退院後には精神保健観察を実施する。

**Q1495**
☐ ☐
少年院に収容中の者の入院・通院などの適切な処遇は、社会復帰調整官が決定する。

---

> 🐱 **参考** 退院後の生活環境
>
> 　生活環境の調整は、入院初期の段階から、本人を取り巻く（であろう）医療機関や官公署、関係者などと連携して開始する。
> 　本人と面会し今後の希望などを聴き取り、当初の調査結果や他の専門職との協議を交えながら「生活環境の調整計画」を作成する。それに基づき本人の居住予定地の都道府県市区町村にて、本人が必要な支援が円滑に受けられるよう調整する。

A1490 × 医療観察は、[検察官] が入院の申立てをする制度である。

A1491 × 審判の結果、入院による医療の決定を受けた人は、[厚生労働大臣] が指定した医療機関（指定入院医療機関）において専門的な医療の提供が行われる。

A1492 × 医療観察は、[裁判官] 1名と[精神保健審判員（精神科医）] 1名からなる合議体の判断によって、退院を許可することができる制度である。必要に応じて、[精神保健参与員]（精神保健福祉士等）の意見を聴く。

A1493 × 社会復帰調整官は、[保護観察所] に配属され、専門的知識に基づき、社会復帰を促進するため、生活環境の調査・調整、精神保健観察等の業務に従事する。

A1494 ○ 社会復帰調整官は、医療観察対象者が指定入院医療機関に入院中には退院後の[生活環境の調査・調整] に当たり、退院後には[精神保健観察] を実施するなどの必要な指導や助言を行う。

A1495 × 少年院に収容中の者の入院・通院などの適切な処遇は、[地方裁判所] が決定する。なお、通院処遇中に著しい病状悪化や問題行動があり、通院処遇による回復が見込みにくいときは、[保護観察所] の長が再入院を申し立て、地方裁判所がこれを認めると、[指定入院医療機関] で入院処遇を受けることになる。

更生保護制度

19

**Q1496**
☐ ☐
社会復帰調整官の任用資格は、更生保護法によって精神保健福祉士や看護師等とされている。

- - - - - - - - - - - - - - - - - - - - - - - - - - - - - - - - - - - - - - - -

**Q1497**
☐ ☐
精神保健観察は、保護観察所に配置されている社会復帰調整官によって行われる。

- - - - - - - - - - - - - - - - - - - - - - - - - - - - - - - - - - - - - - - -

**Q1498**
☐ ☐
「心神耗弱」とは、精神障害などのため善悪を判断して行動することが全くできない状態である。

- - - - - - - - - - - - - - - - - - - - - - - - - - - - - - - - - - - - - - - -

**Q1499**
☐ ☐
通院決定がなされた場合、指定通院医療機関による医療を受けることができる期間の上限は10年である。

- - - - - - - - - - - - - - - - - - - - - - - - - - - - - - - - - - - - - - - -

**Q1500**
☐ ☐
対象者が、医療観察法に基づく指定通院医療機関に通院中は、精神保健福祉法による入院はできない。

A1496 ✕ 社会復帰調整官の任用資格は、[医療観察]法によって「精神保健福祉士その他の精神障害者の保健及び福祉に関する専門的知識を有する者として政令で定めるもの」(同法20条3項)と規定されている。具体的には、精神保健福祉士、社会福祉士、保健師、看護師、作業療法士等となっている(同法施行令5条)。

. . . . . . . . . . . . . . . . . . . . . . . . . . . . . . . . . . . .

A1497 ○ 精神保健観察は、継続的な医療を確保することを目的としており、[保護観察所]に配置されている[社会復帰調整官]によって行われる。

. . . . . . . . . . . . . . . . . . . . . . . . . . . . . . . . . . . .

A1498 ✕ [心神喪失]とは、精神障害などのため善悪を判断して行動することが全くできない状態である。ただし、認定されるのは極めて稀である。[心神耗弱]とは、善悪の判断能力が著しく低い状態であり、限定的、部分的な責任は負える状態を指す。

. . . . . . . . . . . . . . . . . . . . . . . . . . . . . . . . . . . .

A1499 ✕ 医療観察法が定める医療観察制度について、入院によらない医療を受けさせるいわゆる通院決定がなされた場合、保護観察所の[社会復帰調整官]による[精神保健観察]に付されるが、その通院医療の期間は[3]年間とする。ただし病状等によって、裁判所は[2]年間を超えない範囲でこの期間を延長できる(同法44条)。

. . . . . . . . . . . . . . . . . . . . . . . . . . . . . . . . . . . .

A1500 ✕ 対象者が、[医療観察]法に基づく指定通院医療機関に通院中は、[精神保健福祉]法による入院は[できる](医療観察法115条)。しかし、医療観察法による[入院決定]を受けて指定入院医療機関に入院している期間中は、精神保健福祉法の入院等に関する規定は適用[されない]。

更生保護制度

19

# 執筆者（科目順）【執筆科目名】

**■ 大谷佳子（おおや・よしこ）**
【第1章：人体の構造と機能及び疾病／第2章：心理学理論と心理的支援】
NHK学園社会福祉士養成課程講師、日本知的障害者福祉協会社会福祉士養成所講師
（「心理学理論と心理的支援」他、担当）。コロンビア大学大学院教育心理学修士課程
修了。修士（教育心理学）。昭和大学保健医療学部講師などを経て2023年4月より現
職。
主な著書に『最新介護福祉士養成講座1 人間の理解』（中央法規出版、分担執筆）、『最
新介護福祉士養成講座11 こころとからだのしくみ』（中央法規出版、分担執筆）、『対
人援助のスキル図鑑』（中央法規出版）、『対人援助の現場で使える 傾聴する・受けと
める技術便利帖 便利帖』（翔泳社）など。

**■ 柳 采延（リュウ・チェヨン）**
【第3章：社会理論と社会システム】
常葉大学外国語学部講師。東京大学大学院総合文化研究科国際社会科学専攻修士課程・
博士課程修了。博士（学術）。
主な著書に『専業主婦という選択』（勁草書房、2021年）、『ジェンダーとセクシュア
リティで見る東アジア』（勁草書房、共著、2017年）など。

**■ 高柳瑞穂（たかやなぎ・みずほ）**
【第4章：現代社会と福祉／第9章：低所得者に対する支援と生活保護制度】
愛知県立大学教育福祉学部講師。東京都立大学大学院修士課程・博士後期課程修了。
埼玉・東京・神奈川などの4年制大学で非常勤講師、専任助手、専任講師、准教授と
して社会福祉士養成に従事したのち2023年4月より現職。
主に知的障害児者やその家族の福祉の歴史、ドイツの福祉史について研究している。
2018年、虐待や貧困、不登校等で苦しむ若者を支援する「一般社団法人学生福祉サポー
トセンターMarici」を設立し、2022年12月に女性やシングルマザーの法的支援部門
を新設。同団体代表理事・相談員。博士（社会福祉学）、社会福祉士。

**■ 佐藤 惟（さとう・ゆい）**
【第5章：地域福祉の理論と方法】
淑徳大学総合福祉学部専任講師。日本社会事業大学大学院社会福祉学研究科博士後期
課程満期退学。博士（社会福祉学）。障害福祉サービス事業所勤務、デイサービス相
談員、東京福祉大学講師などを経て2023年4月より現職。社会福祉士、介護福祉士、
保育士、介護支援専門員。
主な著書に『はじめてのソーシャルワーク演習』（ミネルヴァ書房、分担執筆、2020年）、
主な論文に「地域福祉ボランティアとしての市民後見人の位置づけに関する検討」（茶
屋四郎次郎記念学術学会誌12、2022年）など。

**■ 大門俊樹（だいもん・としき）**
【第6章：福祉行財政と福祉計画／第17章：児童や家庭に対する支援と児童・家庭福
祉制度】
東京福祉大学社会福祉学部社会福祉学科准教授。早稲田大学社会科学部・第二文学部
英文学専修卒業後、私立中学・高等学校教諭、東洋大学大学院社会学研究科福祉社会

システム専攻修了、専門学校専任教員を経て現職。社会福祉士国家試験受験指導に携わる（児童・家庭福祉論、福祉科指導法、スクールソーシャルワーク演習等も担当）、東京社会福祉士会スクールソーシャルワーク委員会副委員長、日本学校ソーシャルワーク学会関東・甲信越ブロック運営委員も務める。社会福祉士、精神保健福祉士。主な著書に『福祉社会を創る―社会人学生たちの挑戦―』（文学社、共著）、『スクールソーシャルワーカー養成テキスト』（中央法規出版、共著）、『学校福祉とは何か』（ミネルヴァ書房、共著）。

### ■ 佐々木貴雄 （ささき・たかお）

【第7章：社会保障／第18章：就労支援サービス】

日本社会事業大学社会福祉学部准教授。一橋大学大学院社会学研究科博士後期課程修了。博士（社会学）。

主な著書に『『厚生（労働）白書』を読む 社会問題の変遷をどう捉えたか』（ミネルヴァ書房、共著、2018年）、『世界はなぜ社会保障制度を創ったのか　主要9カ国の比較研究』（ミネルヴァ書房、共著、2014年）がある。主な論文に「市町村国保の保険料（税）における資産割賦課の動向」（週刊社会保障3204、2023年）など。

### ■ 望月隆之 （もちづき・たかゆき）

【第8章：障害者に対する支援と障害者自立支援制度】

聖学院大学心理福祉学部心理福祉学科准教授。東洋大学大学院福祉社会デザイン研究科福祉社会システム専攻修了。障害者グループホーム職員（世話人・サービス管理責任者）、社会福祉協議会専門員、生活介護事業所生活支援員、田園調布学園大学子ども未来学部助教、専任講師を経て現職。神奈川県意思決定支援専門アドバイザー。東京家政大学人文学部教育福祉学科非常勤講師。修士（社会福祉学）、社会福祉士。

主な著書に『つながり、支え合う福祉社会の仕組みづくり』（中央法規出版、共著、2018年）がある。

### ■ 馬場さやか （ばば・さやか）

【第10章：保健医療サービス／第19章：更生保護制度】

国際医療福祉大学東京事務所教務企画部。国際医療福祉大学医療福祉学部卒業後、病院に勤務し、職員教育担当主任や医療ソーシャルワーカーとして業務に従事後、大学での実習助手を経て現職。社会福祉士、精神保健福祉士、公認心理師。

### ■ 高橋修一 （たかはし・しゅういち）

【第11章：権利擁護と成年後見制度】

立命館大学法学部法学科法律コース卒業。社会福祉士。北海道社会福祉士会所属。これまで同会において権利擁護センターぱあとなあ北海道の運営、会員の成年後見受任案件の調整等に携わる。北海道社会福祉協議会に従事。

### ■ 佐藤麻衣 （さとう・まい）

【第12章：社会調査の基礎】

淑徳大学兼任講師。担当科目は社会調査関係科目ほか。岩手大学人文社会学部卒業、淑徳大学大学院総合福祉研究科にて博士号（社会学）取得。専門社会調査士。

### ■ 関 秀司 （せき・しゅうじ）

【第13章：相談援助の基盤と専門職】

東洋大学大学院修士課程福祉社会システム専攻修了。知的障害者通所更生施設生活指

導員、特別養護老人ホームケアワーカー、路上生活者自立支援センター生活相談員、早稲田速記医療福祉専門学校講師を経て、現在はフリーランスで福祉活動を行う。成年後見人活動等にも携わる。神奈川県にある介護保険事務所（株）青龍の特別顧問。障害者認定委員会委員。社会福祉士、介護福祉士、精神保健福祉士、介護支援専門員。

## ■水島正浩（みずしま・まさひろ）
**【第14章：相談援助の理論と方法】**

東京福祉大学社会福祉学部／教育学研究科教授。日本社会事業大学社会福祉学部児童福祉学科卒業、東京福祉大学大学院社会福祉学研究科博士前期課程修了・同博士後期課程単位取得満期退学。博士（社会福祉学）。教育実践としては、東京福祉保育専門学校教務主任・専任教員、群馬大学非常勤講師、東京福祉大学通信教育課長・講師・国家試験対策室長・准教授等を経て、福祉実践としては、特別養護老人ホーム介護職、障害者在宅生活支援、神奈川県教育委員会スクールソーシャルワーカー等を経て現職。茶屋四郎次郎記念学術学会理事等も務める。社会福祉士、介護福祉士。

主な共著書に、『社会福祉概論』（勁草書房）、共編著書に『はじめてのソーシャルワーク演習』（ミネルヴァ書房）等がある。

## ■山本恭久（やまもと・やすひさ）
**【第15章：福祉サービスの組織と経営】**

山本社会福祉士事務所所長。日本社会事業大学大学院福祉マネジメント研究科卒業。修士（福祉マネジメント）。特別養護老人ホーム生活相談員を経て現職。公益社団法人日本社会福祉士会会員、公益社団法人東京社会福祉士会会員も兼ねる。社会福祉士国家試験対策講座講師、東京アカデミー関東ブロック講師、アルファ医療福祉専門学校講師、社会福祉法人千代田区社会福祉協議会講師、株式会社サンシャイン講師。社会福祉士。

## ■渡邉浩文（わたなべ・ひろふみ）
**【第16章：高齢者に対する支援と介護保険制度】**

武蔵野大学人間科学部社会福祉学科教授。日本社会事業大学大学院社会福祉学研究科博士後期課程修了。博士（社会福祉学）。社会福祉法人浴風会 認知症介護研究・研修東京センター研究主幹を経て、2013年4月より、武蔵野大学人間科学部社会福祉学科准教授。2018年4月より現職。

# 本書内容に関するお問い合わせについて

このたびは翔泳社の書籍をお買い上げいただき、誠にありがとうございます。弊社では、読者の皆様からのお問い合わせに適切に対応させていただくため、以下のガイドラインへのご協力をお願い致しております。下記項目をお読みいただき、手順に従ってお問い合わせください。

## ●ご質問される前に

弊社Webサイトの「正誤表」をご参照ください。これまでに判明した正誤や追加情報を掲載しています。

正誤表　https://www.shoeisha.co.jp/book/errata/

## ●ご質問方法

弊社Webサイトの「刊行物Q&A」をご利用ください。

刊行物Q&A　https://www.shoeisha.co.jp/book/qa/

インターネットをご利用でない場合は、FAXまたは郵便にて、下記"翔泳社 愛読者サービスセンター"までお問い合わせください。
電話でのご質問は、お受けしておりません。

## ●回答について

回答は、ご質問いただいた手段によってご返事申し上げます。ご質問の内容によっては、回答に数日ないしはそれ以上の期間を要する場合があります。

## ●ご質問に際してのご注意

本書の対象を越えるもの、記述個所を特定されないもの、また読者固有の環境に起因するご質問等にはお答えできませんので、予めご了承ください。

## ●郵便物送付先および FAX 番号

送付先住所　〒160-0006　東京都新宿区舟町5
FAX番号　　03-5362-3818
宛先　　　　（株）翔泳社 愛読者サービスセンター

## 著者紹介

**社会福祉士試験対策研究会**

社会福祉士養成の履修科目・試験対策研修の講師や、実務経験が豊富な社会福祉士又は医療関係者の有志で構成される研究会。社会福祉に造詣が深く、質の高い保健医療福祉職の合格に向けて尽力している。

試験対策テキスト作成のコンセプトは、効率のよい勉強ができるテキストであり、合格してからも活用できるテキストの両立を目指すことである。

| | |
|---|---|
| 装丁デザイン | 小口 翔平 ＋ 青山 風音 (tobufune) |
| 装丁イラスト | ハヤシ フミカ |
| 本文イラスト | フクモト ミホ |
| DTP | 株式会社トップスタジオ |

## 福祉教科書

# 社会福祉士 出る！出る！一問一答　第5版

2023年　6月14日　初版第1刷発行
2024年　1月15日　初版第2刷発行

| | |
|---|---|
| 著　　者 | 社会福祉士試験対策研究会 |
| 発　行　人 | 佐々木 幹夫 |
| 発　行　所 | 株式会社 翔泳社 (https://www.shoeisha.co.jp) |
| 印刷・製本 | 日経印刷 株式会社 |

©2023 Yoshiko Oya, Cheyon Ryoo, Mizuho Takayanagi, Yui Sato, Toshiki Daimon, Takao Sasaki, Takayuki Mochizuki, Sayaka Baba, Shuichi Takahashi, Mai Sato, Shuji Seki, Masahiro Mizushima, Yasuhisa Yamamoto, Hirofumi Watanabe

本書へのお問い合わせについては、471ページに記載の内容をお読みください。

造本には細心の注意を払っておりますが、万一、乱丁（ページの順序違い）や落丁（ページの抜け）がございましたら、お取り替えいたします。03-5362-3705までご連絡ください。

ISBN978-4-7981-8009-0